유아교육개론

INTRODUCTION TO EARLY CHILDHOOD EDUCATION

유아 교육 개론

연미희·한은경 공저

dm 동문사

머리말 | Preface

본서는 유아교육을 처음 배우는 학생들에게 '유아교육'이라는 학문에 관한 전반적인 이해를 보다 쉽게 할 수 있도록 구성한 책이다. 그리하여 유아교육 전반을 개괄적으로 조망하고 유아교육의 필수적인 내용을 살펴볼 수 있게 하는 데 이 책의 목적이 있다.

이 책은 총 11장으로 구성되어 있으며 각 장의 주제와 내용은 다음과 같다.

1장은 유아교육의 개념 및 중요성으로 유아교육의 개념, 유아교육의 중요성, 유아교육기관의 유형 및 특징을 살펴보았고, 2장은 유아교육의 사상적 고찰로 서양의 유아교육사상과 우리나라의 유아교육사상을 소개하였다.

3장은 유아발달로 발달특성, 발달이론, 영유아발달의 제 측면 등을 살펴보았고, 4장은 유아교육과정으로 유아교육과정의 이해, 우리나라 유아교육과정의 변천, 2019 개정 누리과정 및 4차 표준보육과정을 살펴보았다. 5장은 다양한 유아교육 프로그램으로 몬테소리 프로그램, 레지오 에밀리아 접근법, 발도로프 프로그램, 생태교육 프로그램 등에 관해 살펴보았다.

6장은 유아교육과 교사로 교직 이해, 유아교사의 역할과 자질, 유아교사의 발달, 교사 교육, 교직 윤리를 살펴보았다. 7장은 유아교육과 놀이로 놀이의 개념 및 특성, 놀이이론, 유아발달과 놀이, 놀이 지원 환경구성, 교사의 역할을 소개하였고, 8장은 유아교육과 부모참여로 바람직한 부모-자녀 관계 형성, 유아교육기관과 가정의 연계를 소개하였다.

9장은 유아교육기관 운영관리로 유아교육기관 운영관리의 이해, 유아교육기관의 인사관리, 유아교육기관의 시설 및 설비관리, 유아교육기관의 재정 및 사무관리를 알아보고, 10장은 유아교육평가로 유아교육평가의 이해, 유아교육평가의 영역 및 방법, 유아교육평가 결과의 활용을 살펴보았다. 11장은 통합교육의 이해 및 유아교육기관에서의 통합교육 실제를 알아보았다.

이 책이 유아교육을 전공하는 학생들에게 '유아교육'이라는 학문을 이해하는 데 길잡이가 되길 바라며, 여러모로 부족한 부분은 차후 보완해 나갈 계획이다.

이 책이 나오기까지 애써주신 동문사 이중수 사장님과 관계자 여러분의 노고에 진심으로 감사를 드린다.

2021년 2월
저자 일동

차 례 | Contents

CHAPTER 05 유아교육 프로그램

CHAPTER 06 유아교육과 교사

CHAPTER 07 유아교육과 놀이

CHAPTER 11 통합교육

CHAPTER

01

유아교육의 개념 및 중요성

이 장에서는 유아교육의 개념 및 중요성을 살펴본 후 유아교육기관의 유형 및 특징에 대하여 살펴보고자 한다.

01 유아교육의 개념

Morrison(1980)은 유아교육을 0세부터 8세까지를 대상으로 하는 교육으로 정의하고 있다. 즉, 유아교육의 대상은 출생에서 초등학교 3학년 아동까지를 그 대상으로 하고 있다.

그리하여 Morrison과 동일한 연령으로 유아교육의 대상을 보고 '유아교육은 0~8세 유아 행동의 계획적이며 긍정적인 방향으로의 변화' 또는 '0~8세 유아의 정신적·신체적 성장과 발달을 도와주는 일련의 과정'으로 규정하기도 한다(이기숙 외, 2016).

그러나 OECD의 정의에서는 의무교육 연령 이하의 유아를 위한 모든 서비스로 교육중심 또는 보호중심, 종일제 또는 반일제, 기관 중심 또는 가정 중심 서비스를 모두 포함한다. Kamerman은 유아교육을 주로 2~3세에서 5~6세가 대상으로 사회화와 학교준비를 포함한 취학 전 프로그램으로 정의한다. 우리나라도 유아교육법에서는 만 3세부터 초등학교 취학 전까지의 어린이를 대상으로 한 교육을 유아교육으로 지칭하고 있으며, 영유아보육법에서는 6세 미만의 초등학교 취학 전 아동을 대상으로 하여 건강하고 안전하게 보호 양육하고 영유아의 발달특성에 적합한 교육을 제공하는 사회복지 서비스를 의미한다(김연진 외, 2013).

따라서 유아교육은 좁은 의미에서는 6세 미만의 유아를 대상으로 하지만, 넓은 의미에서는 '출생에서 8세까지의 아동을 대상으로 유아의 신체발달·인지발달·언어발달·사회성 및 정서발달의 전인적 발달을 도와주는 계획적이며 긍정적인 방향으로의 변화'라고 정의할 수 있을 것이다.

일반적으로 유아교육의 개념은 유아를 가르치는 목적을 무엇으로 보느냐에 따라 다르게 규정된다. 이러한 관점에서 유아교육에 대한 다양한 종류의 사회적 이해를 구분하면 유아교육을 국가 발전의 수단으로 보는 입장, 가정과 부모의 역할을 단순히 지원하는 육아의 개념으로 보는 입장, 초등학교 준비교육으로 보는 관점, 조기 재능이나 특수교육으로 보는 관점의 4가지로 볼 수 있다(이기숙 외, 2016).

1) 국가의 발전수단으로서의 유아교육

이 관점은 유아를 잘 교육하는 것은 국가와 사회의 인력을 양성하는 것이므로 유아교육을 통해 사회 및 국가 발전을 이룰 수 있다고 보는 것이다. 플라톤은 '국가론'에서 개인이 각자가 맡은바 임무와 기능을 충실히 수행할 때 이상적인 국가가 성립된다고 보고 시민을 형성해 주는 교육을 중요시하였다. 아리스토텔레스는 시민적 덕이 함양될 때 각 개인은 행복하고 자유로워질 수 있으며 좋은 국가가 건설될 수 있으므로 교육을 통하여 모든 시민의 개인적 덕을 형성해 주어야 한다고 보았다. 현대에도 미국에서는 1960년대 모든 아동을 위한 교육기회 균등을 실현하기 위하여 헤드스타트 프로그램(Head Start Program)을 전개하여 빈부의 차이를 최소화하고 빈곤의 악순환을 막고자 했다. 우리나라에서도 1981년 새마을 유아원을 설립하여 저소득층 및 읍, 면이나 도서 벽지 지역에 사는 유아들에게 유아교육의 혜택을 제공하고자 하였다.

그러나 이러한 관점의 단점은 사회 구성원인 개개인을 위한 교육의 목적이나 이상이 국가의 이념이나 미래 발전 방향과 맞아야 한다는 점이다.

2) 부모역할의 대행이나 단순한 보육으로서의 유아교육

역사적으로 유아교육기관의 발달은 대부분 경제적인 이유로 취업할 수밖에 없는 부모들의 자녀양육을 돕기 위한 목적에서 시작되었다. 이 관점은 유아교육을 부모를 대신하여 유아를 돌보아 주는 육아의 개념으로 이해하게 하였다. 우리나라의 경우에도 최초의 유치원이 설립되면서 '교육' 대신 '보육', '교사' 대신

'보모'라는 용어를 사용하면서 유아교육을 초등학교 교육과는 다른 비형식적 교육으로 생각했었다.

최근에는 여성의 교육 수준 향상이나 의식변화에 따라 여성들의 취업이 단순한 경제적 필요에서가 아니라 자아실현을 위한 하나의 선택이 되면서 여성 취업률이 증가하고 있다. 그리하여 자녀양육에 대한 인식이나 요구가 변화하여 보육의 개념을 단순한 부모역할 대행이나 신체적 보호 중심의 탁아가 아니라 유아의 잠재 가능성을 최대한 성장·발달시키기 위한 종합적인 지원체제로 보게 되었다.

3) 초등학교 준비교육으로서의 유아교육

유아교육을 초등학교 1학년부터 시작되는 학교교육의 준비과정으로 인식하는 관점은 유아교육을 통해 초등학교 학습을 위한 기초능력이나 집단생활에 필요한 적응력과 사회적 기본능력 등을 기름으로써 초등학교에서의 적응과 성취를 도와줄 수 있을 것이라는 기대에서 나온 개념이다.

4) 조기교육 또는 재능 및 특기 교육으로서의 유아교육

유아교육을 조기교육으로 보는 관점은 유아가 가지고 태어나는 선천적 능력과 가능성을 조기에 발견하여 지도함으로써 그 효과를 얻을 수 있다는 입장에서 비롯되었다. 이러한 관점은 20세기 아동을 대상으로 한 블룸(Bloom) 등의 연구에서 유아들의 지적 능력은 고정된 것이 아니라 유동적이며 특히 유아기에 성인지능의 80%가 형성된다는 연구결과에서 시작되었다.

유아교육을 재능교육으로 보는 관점은 유아기에 음악, 미술, 운동 등의 분야에 특별한 기예를 가르쳐 재능을 개발시키는 것을 유아교육의 주요한 목적으로 보는 관점이다. 우리나라의 경우 피아노, 미술, 수영, 태권도, 영어 등 각종 학원에 유치부가 산재해 있고 이런 사설 학원을 유치원과 유사기관으로 인식하는 것도 이런 관점이 지배적이기 때문이다.

한국유아교육학회의 입장에서 제시한 유아교육 목적의 방향은 다음과 같다(양옥승 외, 2015).

첫째, 유아 개개인이 가지고 있는 잠재능력을 최대한으로 계발하여 전인으로 성장하도록 돕는다. 전인교육은 유아의 신체발달, 정서발달, 사회성발달, 언어발달, 인지발달이 균형을 이룰 때 이루어진다.

둘째, 부모가 가정에서 유아를 전인으로 기를 수 있도록 다양한 방법으로 가족을 지원한다. 유아를 전인으로 기르기 위해서는 부모를 비롯한 가족 모두와 유아교육기관의 교사들이 동반자로서 서로 협력할 때 가능하다.

셋째, 유아들이 민주시민으로서의 소양을 갖출 수 있도록 다양한 사회적 경험을 제공한다. 민주시민이란 자신이 느끼고 생각하는 바를 자유롭게 표현할 수 있을 뿐 아니라, 다른 사람을 위해 자신의 요구나 충동을 통제할 줄 아는 사람을 말한다.

넷째, 국가의 인적 자원이 될 수 있도록 유아의 잠재능력을 최대한 계발한다. 유아들이 국가 인적 자원으로 성장하기 위해서는 기초적인 수준이지만 객관적으로 생각한 후 판단하고 창의적으로 문제를 해결하는 기회가 필요하다.

따라서 유아교육의 목적은 학교 및 가정에서 유아들의 전인적 발달과 국가에 기여할 수 있는 민주시민으로 성장하도록 도와주는 것이라고 볼 수 있다.

02 유아교육의 중요성

유아교육의 중요성은 아동관의 변화, 아동발달에 미치는 영향, 사회적 변화의 관점에서 살펴볼 수 있다(김연진 외, 2013).

1) 아동관의 변화

아동을 바라보는 관점은 시대에 따라 변화되어 왔다. 아동의 권리에 대한 적극적인 인식은 대체로 20세기 이후에 와서 이루어진 것이다. 중세 시대에는 아동을 성인에 비해 크기가 작을 뿐 성인과 동일하다는 생각이 지배적이었고, 르네상스시대를 거쳐 17,8세기로 이어지면서 아동에 대한 개념이 변화하였다. 아동은 성인의 축소판이 아닌 아동 그 자체로의 특성과 독립성이 인정되었으며, 20세기에는 UN총회에서 아동의 권리 조약을 생존의 권리, 발달의 권리, 보호의 권리, 참여의 권리로 구분하여 발표함으로써 아동의 권리를 보호하게 되었다. 현재 아동의 양육은 한 가정의 문제에 국한된 것이 아니라 국가적 차원의 문제가 되었다. 아동은 사회의 중요한 구성원으로 인정받고 있으며 존중받고 보호받고 있다.

2) 아동발달에 미치는 영향

아동발달에서 결정적 시기는 어떤 특별한 심리적 특성이나 행동의 획득이 이루어지는 특정한 시기이다. 이 시기가 지나면 지속적인 자극을 제시하여도 특정한 심리적 특성이나 행동의 출현이 어렵기 때문에 이 시기를 결정적 시기라고 한다. 주로 조류의 각인과 관련하여 결정적 시기가 설명되는 경향이 있다. 아동 초기의 양육환경의 중요성, 특히 부모와 자녀의 정서적 애착관계 형성에 결정적 시기가 있음을 잘 설명해 주는 예로 유아교육의 중요성을 강조하고 있다.

프로이트의 정신분석이론(구강기, 항문기, 남근기, 잠복기, 생식기의 5단계)이나 에릭슨의 심리사회적 발달이론(신뢰감 대 불신감, 자율성 대 수치심, 주도성 대 죄책감, 근면성 대 열등감, 자아 정체감 대 역할혼미, 친밀감 대 고립감, 생산성 대 침체감, 통합성 대 절망감의 8단계)은 전 단계의 성격발달이 다음 단계의 성격발달에 영향을 미치므로 초기 부모의 양육태도와 양육환경의 중요성을 시사하고 있다.

3) 사회의 변화

핵가족화, 여성 취업률의 증가, 독신 여성 및 남성의 증가, 만혼 현상, 불임 및 이혼율의 증가 등에 따른 사회의 변화는 유아교육의 기능 및 그 중요성을 더욱 부각하고 있다. 핵가족화 및 여성의 취업에 따른 자녀양육의 문제는 이제 가정의 문제가 아니라 사회적 문제로 등장하게 되어서 자녀양육의 기능을 유치원이나 어린이집에서 부담하게 되었다. 또한 이혼율의 증가로 한부모 가족이나 재혼 가족이 증가하여 어느 한쪽 부모의 결손을 충족시키거나 계부모의 아동학대가 사회문제화되지 않도록 예방교육이 매우 필요하게 되었다.

03 유아교육기관의 유형 및 특징

유아교육기관은 영유아의 체계적인 보육과 교육을 위하여 국가에서 법과 제도로 공인한 영유아를 위한 교육기관과 보육기관을 의미하며, 각 국가들이 취하는 제도와 정책에 따라 그 명칭과 유형은 다양하다.

영국에서 오웬(Owen)이 노동자 자녀를 위한 보호와 학교의 기능을 담당한 성격형성학원을 설립하여 2세에서 5세까지의 유아를 위한 유아학급을 둔 것이 현재 영국의 유아학교(Infant School)가 1816년 설립되는 계기가 된 것이다. 1840년 독일의 프뢰벨은 '어린이의 정원'이라는 의미의 유치원(Kindergarten)을 설립하여 자신의 교육철학을 구현하고자 하였다. 유아원(Nursery School)은 미국에서 1913년 맥밀란(McMillan) 자매가 도시 빈민층의 유아를 대상으로 설립한 교육기관이다(양옥승 외, 2015).

우리나라의 유아교육기관은 교육부 관할인 유치원과 보건복지부 관할인 어린이집으로 이원화된 법과 행정체계로 구성되어 있다. 유치원은 '교육기본법' 제9조에 따라 유아교육에 관한 사항을 정한 '유아교육법'에 의해 설치·운영되며, 어린이집은 '영유아보육법'에 근거하여 설치·운영된다.

1) 유치원

유치원은 2004년 제정·공포된 '유아교육법'에 따라 만 3세에서 초등학교 취학 전까지의 유아들의 교육을 위해 설립, 운영되는 학교를 말한다. 유치원은 설립 주체에 따라 국립유치원, 공립유치원, 사립유치원 등 3개의 유형으로 구분된다(양옥승 외, 2015). 국립유치원은 강릉원주대학교 부설유치원, 공주대학교 사범대학 부설유치원, 한국교원대학교 사범대학 부설유치원의 3곳이 있다.

국립유치원은 국가가 설립, 운영하는 유치원을 말하며, 공립유치원은 지방자치단체가 설립, 운영하는 유치원으로 단설유치원과 병설유치원으로 구분된다. 단설유치원은 독립된 시설과 독자적인 교육과정을 운영하는 유치원으로 독립된 기관장이 원장이다. 병설유치원은 초등학교 내 학교급이 다른 형태로 설치되어 독자적인 교육과정을 운영하지만 인적·물적 자원을 공유하고 일반적으로 초등학교 기관장이 원장을 겸직하게 된다. 사립유치원은 법인, 종교단체, 개인 등에 의해 설립된 유치원이다.

표 1-1 2020년도 전국 국공립 및 사립유치원 유형별 시설수

(단위: 개소, 명)

	국립유치원	공립유치원 (단설유치원)	공립유치원 (병설유치원)	사립유치원 (법인유치원)	사립유치원 (사인유치원)
시설수	3	467	4392	532	3042

출처: 유치원알리미 홈페이지(2020년 2차), 통계서비스(2021. 1. 기준).

표 1-1에 의하면 유치원 유형별 시설수는 공립유치원이 사립유치원보다 더 많은 것으로 나타나고 있다. 그러나 표 1-2를 살펴보면 유치원 학급수와 원아수는 사립유치원이 공립유치원보다 훨씬 더 많은 것을 알 수 있다. 유치원 학급수는 2020년 기준으로 공립유치원(12,440개)보다 사립유치원(24,177개)이 약 2배 정도 많고, 유아수는 공립유치원(178,628명)보다 사립유치원(433,637명)이 2.4배 정도 많은 것으로 나타나고 있다.

표 1-2 2020년도 전국 국공립 및 사립유치원 시설 · 학급 · 교원 · 원아 수

시도	유치원수				학급수				교원수				원아수			
	계	국립	공립	사립	계	국립	공립	사립	계	국립	공립	사립	계	국립	공립	사립
총합계	8,705	3	4,973	3,729	36,634	17	12,440	24,177	53,651	29	19,080	34,542	612,538	273	178,628	433,637
서울	795	–	256	539	4,102	–	1,098	3,004	6,517	–	1,399	5,118	74,657	–	17,193	57,464
부산	403	–	116	287	2,145	–	454	1,691	3,467	–	669	2,798	40,765	–	8,201	32,564
대구	346	–	113	233	1,893	–	402	1,491	2,828	–	598	2,230	35,651	–	7,286	28,365
인천	404	–	180	224	2,119	–	577	1,542	2,920	–	713	2,207	38,319	–	9,531	28,788
광주	298	–	133	165	1,264	–	293	971	1,963	–	541	1,422	23,220	–	4,695	18,525
대전	256	–	102	154	1,323	–	303	1,020	1,933	–	420	1,513	22,132	–	4,306	17,826
울산	198	–	92	106	936	–	281	655	1,208	–	355	853	16,882	–	4,567	12,315
세종	61	–	58	3	423	–	410	13	940	–	925	15	6,763	–	6,580	183
경기	2,206	–	1,237	969	10,632	–	3,508	7,124	13,757	–	4,460	9,297	169,686	–	49,151	120,535
강원	366	1	271	94	969	4	489	476	1,468	5	769	694	14,679	55	6,113	8,511
충북	326	1	245	80	1,083	7	604	472	1,619	10	1,010	599	16,049	113	8,398	7,538
충남	499	1	372	126	1,630	6	717	907	2,510	14	1,214	1,282	25,594	105	9,165	16,324
전북	507	–	365	142	1,565	–	653	912	2,437	–	1,318	1,119	21,188	–	7,655	13,533
전남	530	–	432	98	1,394	–	824	570	2,379	–	1,678	701	17,889	–	9,602	8,287
경북	701	–	473	228	2,136	–	791	1,345	3,198	–	1,268	1,930	35,478	–	10,762	24,716
경남	686	–	426	260	2,718	–	853	1,865	4,080	–	1,536	2,544	47,191	–	12,066	35,125
제주	123	–	102	21	302	–	183	119	427	–	207	220	6,395	–	3,357	3,038

출처: 교육부 홈페이지. 유아교육통계(2021.1.기준).

유치원은 국가수준의 교육과정인 '2019 개정 누리과정'과 이를 토대로 시·도 및 지역교육청에서 편성하는 '유치원 교육과정 편성·운영지침'에 기준하여 각 유치원이 연간 교육계획을 수립하여 운영한다. 유치원의 연간 교육일수는 180일이며 하루 교육시간은 최소 3~5시간 운영되어야 하지만 종일제 요구가 늘어나서 반일제(3~5시간), 연장제(5~8시간), 방과 후(8시간 이상) 프로그램을 운영할 수 있다(양옥승 외, 2015).

2) 어린이집

어린이집은 '영유아보육법'에 근거하여 0세에서 만 6세 미만의 취학 전 유아를 대상으로 보건복지부 관할하에 보육을 제공하는 유아교육기관으로 보육시설이라고도 한다.

국·공립 어린이집은 국가와 지방자치단체가 설치, 운영하는 시설이고 개인이나 단체 또는 법인에게 위탁하여 운영하기도 한다. 사회복지어린이집은 사회복지법인이 설치, 운영하는 시설로 시장·군수·구청장의 인가를 받아야 한다. 법인·단체 등 어린이집은 비영리법인, 비영리단체가 설치·운영하는 시설로 정부재정지원을 받을 수 있다. 민간어린이집은 21명 이상의 영유아를 보육한다. 직장어린이집은 사업주가 사업장의 근로자를 위하여 단독 또는 공동으로 사업장 내 또는 그에 준하는 인근 지역과 사원주택 등 사업자, 근로자 밀집 거주 지역에 설치·운영하는 시설이다. 가정어린이집은 개인이 가정 또는 그에 준하는 곳에서 설치·운영하는 데 5인 이상 20인 이하의 영유아를 보육할 수 있다. 부모협동조합은 0~5세 영유아를 둔 보호자 11인 이상이 상호 출자하여 공동으로 조합을 결성하여 설치·운영하는 시설이다(양옥승 외, 2015).

표 1-3 어린이집 유형 및 연도별 보육아동 현황

(단위: 명)

연도	국·공립	사회복지 법인	법인·단체	민간	가정	부모협동	직장	계
2010	137,604	114,054	51,126	671,891	281,436	1,898	21,901	1,279,910
2011	143,035	112,688	50,676	706,647	308,410	2,286	24,987	1,348,729
2012	149,677	113,048	51,914	768,256	371,671	2,913	29,881	1,487,361
2013	154,465	108,834	51,684	770,179	364,113	3,226	34,479	1,486,980
2014	159,241	104,552	49,175	775,414	365,250	3,774	39,265	1,496,671
2015	165,743	99,715	46,858	747,598	344,007	4,127	44,765	1,452,913
2016	179,929	99,113	45,374	745,663	328,594	4,240	52,302	1,451,215
2017	186,916	96,794	43,404	738,559	321,608	4,508	58,454	1,450,243
2018	200,783	92,787	41,298	711,200	302,674	4,360	62,631	1,415,742
2019	232,123	86,775	38,538	664,106	273,399	4,121	66,023	1,365,085

출처: 한국보육진흥원 홈페이지. 보육통계(2019. 기준).

표 1-3을 보면 2019년도 어린이집 유형 중 원아수는 민간어린이집, 가정어린이집, 국·공립어린이집, 사회복지법인어린이집, 직장어린이집, 법인·단체어린이집, 부모협동어린이집 순으로 높게 나타났다. 따라서 영유아들이 민간어린이집에 가장 많이 다니는 것으로 볼 수 있다.

어린이집에서는 '제4차 어린이집 표준보육과정'에 따라 어린이집의 보육이념과 기관의 상황, 보육대상 유아의 특성에 따라 보육계획을 수립하고 실시해야 한다. 이 표준보육과정은 0~5세 영유아들에게 보편적이고 공통적인 보육의 목표와 내용을 제시한 것으로 0~1세 보육과정, 2세 보육과정, 3~5세 보육과정인 2019 개정 누리과정 등으로 구성된다. 어린이집은 평일 12시간(7:30-19:30) 동안 공휴일을 제외하고 연중 계속 운영하는 것을 원칙으로 하고, 미리 보호자의 동의를 받는 경우는 어린이집 운영일 및 운영시간을 조정하여 운영할 수 있다(양옥승 외, 2015).

핵심내용 및 토의주제

1. 유아교육의 개념에 대하여 이야기 나눠 봅시다.

2. 유아교육기관의 유형과 그 특징에 대하여 이야기 나눠 봅시다(표 1-1, 1-2, 1-3 참조).

3. 국가·사회·부모에게 유아교육 및 유아교육기관의 중요성에 대하여 생각해 보고 각자 의견을 나눠 봅시다.

학습자 활동

1. 유치원알리미 홈페이지에서 유치원 및 어린이집에 관련 정보를 살펴본 후, 중요한 내용을 1쪽으로 요약해 봅시다.

2. 한국보육진흥원 홈페이지에서 보육통계 관련정보를 살펴본 후, 중요한 내용을 1쪽으로 요약해 봅시다.

CHAPTER

02

유아교육의 사상적 고찰

이 장에서는 서양의 유아교육사상과 우리나라 유아교육 사상의 발전과정을 살펴보고자 한다.

01 서양의 유아교육사상

1) 고대의 유아교육사상

고대의 유아교육사상가로는 플라톤과 아리스토텔레스를 들 수 있다(이경화 외, 2013).

(1) 플라톤(Platon, B.C. 427~347)

교육을 통해 인류를 구원하고자 했던 플라톤은 교육의 목적을 '모든 시민이 똑같이 행복을 누릴 수 있는 사회'를 건설하고, '사회적으로 행복한 인간'을 양성하는데 두었다. 플라톤은 교육을 통하여 각 개인의 본성과 천부적인 소질을 개발하고, 이를 개인의 성격에 맞게 계발시켜 줌으로써 개인의 인격과 자질을 함양하여 조화로운 시민을 양성할 수 있다고 생각했다. 플라톤에게 교육의 목적은 이상국가의 유능한 인재양성, 즉 자기의 사명과 시민으로서의 의무를 다하여 국가의 정의를 실현하는데 필요한 인물을 양성하는 것이었다.

플라톤은 유아들의 영혼에 내재하는 이성을 고양하고 합리적 능력의 각성을 통해 조화로운 인격의 발달을 도모하기 위하여 교육이 필요하다고 보았다. 유아들은 자신의 욕구에 의하여 행동을 하는 경향이 있기 때문에 학교는 도덕과 현실적인 질서에 관한 지식이나 최고의 선 등을 가르쳐서 이성적 인간을 만들고, 현실보다는 이상을, 일시적인 것보다는 근본적인 것을 추구하도록 도와야 한다고 주장하였다. 플라톤은 어린이는 단계적으로 교육해야 한다며 출생에서 10세까지는 주로 체육을, 10~18세까지 문학, 음악, 기초과학을 배우는 것이 적합하다고 하였다.

(2) 아리스토텔레스(Aristoteles, B.C. 384~322)

아리스토텔레스는 교육의 목적이 인간의 행복한 생활에 있다고 보고 교육은 개인과 시민의 행복을 증진하는 것이어야 한다고 보았다. 그는 교육을 인간 생활과 도덕의 발달을 위해 필요한 것으로 보고 자유인을 위한 시민 교양교육을 중시하였다. 유아기에는 신체적 발육에 주력하고, 다음으로 습관 형성의 단계, 마지막으로 이성의 도야 단계로 진행해야 한다고 하였다. 그리하여 초등학교에서는 육체적·도덕적 습관의 형성이 중요하며, 중등학교에서는 체육, 음악, 미술 등을 통한 정서의 훈련이 중요하고, 고등교육에서는 수학, 논리학, 과학 등을 통한 이성의 계발을 중시하였다.

아리스토텔레스는 교육방법으로 직접적인 관찰법과 경험을 중시하였고, 집단교육보다는 개인차를 고려한 개별교육의 필요성을 강조하였다. 그는 조기교육의 중요성을 강조하며 어릴 때부터 좋은 습관을 길러주어야 한다고 하였다.

2) 중세의 유아교육사상

중세 교육의 목적은 궁극적으로 기독교 교육으로 그리스도를 이상적 인간상으로 하여 개인들이 참된 그리스도교 신앙인이 되게 하는데 있었다. 그리하여 종교에 입각한 신비주의적 사회로서 인간의 개성을 무시하여 문화가 낙후되었던 암흑기였다. 그러나 에라스무스(Erasmus, 1466~1536)의 교육사상은 종교적 지배하에 있던 교육을 인간주의적인 교육으로 전환하게 된 계기를 제시하였다.

에라스무스는 유아가 경건하고 통찰력 있는 인품을 갖추기 위해서는 가능한 일찍부터 적어도 3세 이전부터 시작하여 교육을 받아야 한다고 생각하였다. 그는 유아교육을 3단계로 구분하여, 1단계(0~2세)는 가정교육의 시기로서 부모에 의한 교육의 시기로 부모는 자녀에게 성장에 세심한 주의를 기울여야 한다고 하였다. 2단계(2~6세)는 교사에 의한 교육의 시기로 유아는 부모로부터 경건과 예의를 배우고 교사로부터 교과내용을 배운다고 하였다. 교사는 유아들로부터 사랑받도록 해야 하며, 이로 인해 유아들이 교사를 존경하게 되어야 교육이 성공할 수 있다고 하였다. 교사는 학생 개개인의 특성과 개성을 발견하고 교육의 획일화와 강요를 피해야 한다고 하였다. 3단계(6~7세)는 언어교육의 시기로 언어에 대한 지식을 습득한 후 사물에 대한 지식을 습득해야 한다고 하였다. 에라스무스는 유아들의 흥미와 욕구를 고려한 교육방법을 중시하고 개별학습과 체벌을 금지하고 격려를 통한 교육을 강조하였다.

3) 근대·현대의 유아교육사상

16세기 자연과학의 발달은 경험을 통한 감각교육이라는 코메니우스의 교육사상에 영향을 주었고, 17세기 이후의 계몽사상은 아동이 성인과는 다른 독자적인 존재라는 로크와 루소의 아동교육사상의 기틀을 형성하게 하였다(김경화 외, 2013).

(1) 코메니우스(Comenius, 1592~1670)

코메니우스는 17세기 최고의 교육자로 과학적 사고를 교육에 적용하여 '교육의 과학화'를 이룬 현대교육의 시조라 할 수 있다. 그의 저서 '대교수학'은 세계 최초의 교육학서로서 출생부터 성인기까지 이루어질 수 있는 4단계 교육제도를 제시하고 있다.

제1단계(0~6세)는 어머니학교로 가정에서 어머니로부터 교육받는 가정교육을 말한다. 영아기를 위한 무릎학교라고도 불리며, 건강과 언어 및 신앙의 기초, 자연계의 사실과 진리 등을 배운다.

제2단계(7~12세)는 모국어학교로 초등학교에 해당되며, 모국어의 읽기, 쓰기. 셈하기 등의 3R과 지리, 역사, 미술 등 어린이들의 생애 전체에 유용한 지식을 가르친다.

제3단계(13~18세)는 라틴어학교로 중등학교에 해당된다. 모국어, 라틴어, 그리스어, 히브리어를 교육하고 물리, 수학, 지리, 역사, 도덕, 종교와 7자유과를 가르쳤다.

제4단계(19~24세)는 청년기교육으로 대학에 해당되는 것으로 신학, 의학, 철학 및 고전과 여행을 통한 교양교육을 중시하고, 지도자의 양성을 목적으로 하였다.

코메니우스는 유아의 놀이를 주요한 교육내용으로 간주하고, 저서인 '세계도회'에서 직관을 강조하며 학습은 감각적인 것을 통하여 가장 잘 이루어진다고 주장하였다.

(2) 로크(Locke, 1632~1704)

로크의 백지설은 인간의 정신세계를 아무것도 그려져 있지 않은 백지상태로 보는 것으로, 경험을 통해서 비로소 지식과 관념이 생기게 되며 이성적 능력을 발휘할 수 있게 된다는 것이다(김연진 외, 2013).

즉, 유아기 동안에 인간정신은 가장 유연하여서 유아기의 훈육은 바라는 대로 정신을 형성하는 데 가장 적절한 시기이며, 선천적인 능력보다 후천적인 교육의 역할을 강조하였다. 로크는 '건강한 신체에 건전한 정신이 깃든다'고 하면서 심신의 조화로운 발달을 강조하였고, 자주성을 존중하였다.

(3) 루소(Rousseau, 1712~1778)

루소는 그의 저서 '에밀'에서 자연 속에서 자유롭게 이루어지는 발달을 강조하였다. 그의 핵심은 자연주의이며, 교육은 건전한 발달을 위하여 자연의 계획에 따라서 이루어져야 한다고 하였다. 그는 아동중심 교육사상에 입각하여 교육은 가르치는 것이 아니라 안내하는 것이므로, 유아 특유의 삶을 존중하고 독촉하거나 교정하면 안 된다고 하였다(김연진 외, 2013).

루소가 주장한 단계별 교육론은 다음과 같다.

첫째, 1단계 유아기(0~2세)는 갓난아이의 양육과정 그대로 수용하고 반응해 준다.

둘째, 2단계 아동기(2~12세)는 건강의 중요성을 강조하였고, 자연환경을 유일한 교육장소로 하고, 말보다 사물을 우선하는 자연주의 교육을 주장하였다. 이 시기는 감각기관과 신체활동 위주의 교육에 힘을 쏟아야 하는 시기이다.

셋째, 소년기(12~15세)는 신체적 발달에 기초를 두지만, 지적 발달에 중점을 두고, 여태까지의 소극적인 교육법에서 탈피하여 적극적인 교육법으로 전환한다.

넷째, 청년기(15~20세)는 사춘기를 맞이하는 시기로 이성이 완전해지도록 도와주어야 한다.

루소는 유아기는 관념이나 이성보다는 감각을 통해서 세계를 경험하며, 아동기에는 놀이를 통하여 감각을 발달시키고, 직관적 추리력을 갖게 한다고 하였다.

(4) 페스탈로치(Pestalozzi, 1746~1827)

페스탈로치는 전통적인 교과중심의 지식교육으로부터 합자연을 바탕으로 인간 본성을 중시하는 인간중심, 유아 중심의 교육을 강조한 교육실천가이다. 그는 교육의 목적을 인간개혁과 사회개혁에 두고, 교육의 본질적 수단으로 인간을 도야하고 도야된 인간을 통하여 인간을 개혁하고 개혁된 인간에 의해 사회개혁이 이루어진다고 보았다.

페스탈로치는 인간에 내재한 무한한 잠재력의 계발을 교육의 목표로 보고, 심정력(가슴), 정신력(머리), 신체력(손)의 세 가지 능력이 조화를 이루도록 교육할 것을 주장하였다. 그는 가정교육을 중시하여 인간 형성의 기초가 가정교육에 있으며, 유아교육은 모성애를 매개로 하여 어머니의 도움을 통해 달성되며, 어머니의 모성애는 교육자의 제1조건이며 원동력이라고 하였다.

페스탈로치의 교육방법은 학습이 감각, 지각, 관찰과 자연과의 접촉들, 즉 경험과 함께 시작해야 한다는 관점에 토대를 두고 있다. 그의 교육사상의 방법적인 원리는 다음과 같다(이경화 외, 2013).

첫째, **합자연의 원리**는 인간 본성에 내재하는 힘과 소질을 자연스럽게 개발하자는 것으로 자연의 도에 일치하는 교육이 인간교육의 방법이라는 것이다.

둘째, **자발성의 원리**는 인간 본성에 내재되어 있는 소질은 스스로 바람직한 방향으로 발전하려는 성향을 지니고 있으며, 스스로의 의지적 노력과 자발적 참여를 통해 실현된다는 것을 뜻한다.

셋째, **직관의 원리**는 자기마음으로 세계의 본질을 체험하는 것으로 사물의 본질과 이 세상의 도덕적인 질서를 자신의 심안으로 예감하는 것을 말한다. 유아기는 지식이나 언어의 추상적·관념적 교육을 배제하고 감각을 통하여 사물을 직접 경험하고 체험하게 하는 것이 효과적이라고 보았다.

넷째, **조화의 원리**는 교육을 통해 인간성 안에 내재되어 있는 소질과 능력을 조화롭게 발전시켜 인격을 도야하는 것을 말한다.

다섯째, **친근성의 원리**는 교육은 가장 가까운 생활에서부터 점진적으로 확대되어 가는 것으로 생활하는 방법을 배우는 것이다. 생활 속에서의 경험을 통해 유아들의 관념은 명확해지고 모든 지식의 기초가 형성된다.

여섯째, **노작의 원리**는 생산활동을 교육의 기초로 삼아 노동을 교육의 방법적 원리로 중시한 것으로 교육과 노동의 결합을 통해 교육의 생활화, 관념의 명료화, 주의력의 집중화가 가능하다고 보았다.

(5) 오웬(Owen, 1771~1858)

오웬은 영국의 사회주의 선구자 및 박애주의자이고, 유아학교의 창시자이다. 오웬은 인간의 성격형성은 태어나면서부터 갖고 나온 자연적 자질과 환경에서 받는 후천적 영향과의 상호작용에 의해 형성되며, 이 환경은 정신적 환경인 교육과 외부적인 환경인 사회생활로 구분하였다. 그리하여 성격의 개선은 환경의 개선으로 시작하여야 한다는 것이다. 즉, 오웬의 사상은 성격형성으로 인한 사회개조이다. 오웬의 성격형성학원의 설립은 1816년 유아학교 설립의 계기가 되었으며, 최초의 유아학교는 2~6세의 유아를 대상으로 하였다. 오웬은 자신의 스승인 페스탈로치의 교육사상을 이어받아 유아학교를 통하여 자신의 교육사상을 실천하였다(김연진 외, 2013).

성격형성학원은 '항상 합리적으로 생각하고 행동하는 심신이 모두 안정된 인간을 형성하는 것'을 교육의 목표로 하였다. 즉, 친절, 우애, 사회적 봉사정신을 가르쳐 동료들과 더불어 행복하게 될 수 있기 위해서는 유아기 때부터 합리적인 성격형성이 이루어지도록 교육하는 것이 중요하다고 여겼다. 또한 영국 최초의 유아학교인 뉴라나크의 유아학교를 설립하여 2~3세의 영유아들에게 좋은 습관과 상호 협동과 친절, 인내심 등의 기본적 성향을 마련해주는 것이 중요하다고 생각했다. 따라서 일상적 지식교육과 함께 무용, 노래 부르기, 악기 연주 등을 함께 지도하고, 주변의 친근한 사물을 활용하여 개념을 지도하고 자연스러운 대화 형태로 유아들의 호기심을 유발하는 교육방법을 사용하였다(이경화 외, 2013).

(6) 프뢰벨(Froebel, 1782~1852)

유치원의 창시자인 프뢰벨은 전인발달, 자발적 놀이, 순응하는 교육을 강조하였고, 교육방법으로 은물과 작업을 사용하였다. 그는 저서 '인간교육'에서 인간은 신성이 내재되어 있으며, 교육의 본질은 인간이 자신의 본질인 신성을 깨닫게 하는 것이라고 하였다. 어린이의 신성은 놀이를 통하여 나타나며, 교육의 과제는 어린이로 하여금 자기활동적 개체로서 자신의 흥미와 요구에 따른 창조적 자기활동을 통해 자기표현을 하도록 도와주는 것이라고 하였다. 프뢰벨의 교육사상을 정리하면 다음과 같다(김연진 외, 2013).

첫째, **통일의 원리**이다. 프뢰벨의 세계관은 신적인 통일에 기초를 두고 있으며, 만물의 활동과 정신력, 창조력과 지력의 근본이며, 끊임없이 발전하고 활동하는 역동적인 개념이다. 그러므로 인간은 자신의 본질인 신성을 충분히 의식하고 통제하여, 자기의 생활 속에서 이것을 체험하고 활동하며, 명료화해야 한다.

둘째, **자기활동의 원리**이다. 유아교육은 유아의 본질인 왕성한 활동성을 해방하여 내면적인 싹을 보호하고 기르며 개발시키는 것을 의미한다. 즉, 자기 자신의 내적인 동기에 입각하여 자신의 흥미와 능력으로 활동하기 때문에 교육은 창조적 자기활동의 과정이다. 즉, 자기 속에 숨어 있는 신적인 것의 자기표현이다.

셋째, **노작의 원리**이다. 신성이 숨겨져 있는 인간은 노동을 함으로써 자기의 내적 본질을 표현하게 되고, 행위를 통하여 구체적으로 표현하게 된다. 그리하여 형체가 있는 것으로 나타나는 노작은 매우 가치 있는 것으로 '인간이 살아가는 그 자체이며, 매우 존귀한 것'이라고 설명한다.

넷째, **사회화의 원리**이다. 프뢰벨은 인간은 사회적 동물이며, 교육은 사회생활의 한 과정이라고 생각하였다. 그래서 협동과 예절이 유아교육의 특징이 되어야 한다고 생각하였다.

프뢰벨의 유치원은 체계적인 유아교육과정과 훈련받은 교사에 의해 교육이 이루어진 점에서 최초의 유아교육기관이라고 할 수 있다. 이 유치원에서의 핵심 교육과정은 은물과 작업 중심의 놀이 활동이었다. '은물'의 종류는 다음과 같다 (이기숙 외, 2016).

제1은물은 6개의 색공(빨강, 노랑, 주황, 초록, 파랑, 보라)으로 통일성과 완전성을 상징한다.

그림 2-1 제1은물

제2은물은 나무로 만든 직경 6cm의 구, 원주, 정육면체의 세 가지 물체로 구성되어 있다.

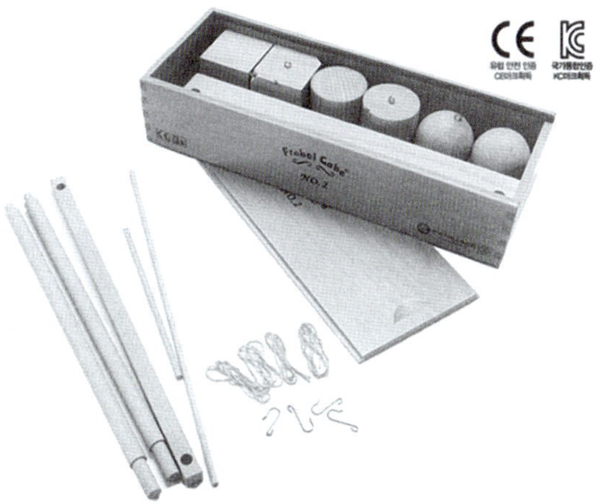

그림 2-2 제2은물

제3은물은 나무로 만든 기본 치수 3cm의 정육면체 8개로 창조적 실체를 구체화한 것이다.

그림 2-3 제3은물

제4은물은 6cm×3cm×1.5cm의 직육면체 8개로 구성되어 있다.

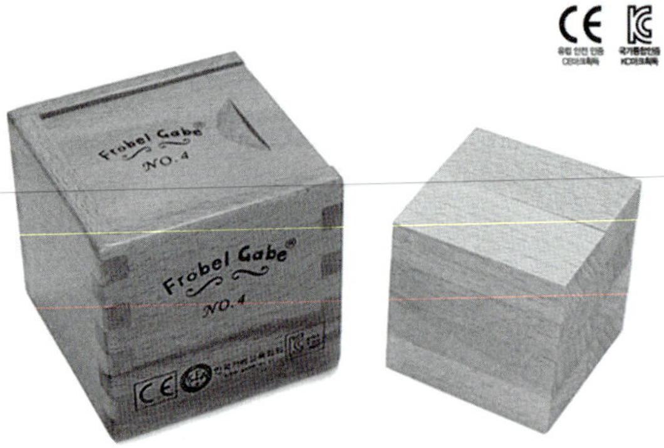

그림 2-4 제4은물

제5은물은 정육면체, 삼각주, 1/2 삼각주로 구성되어 있다.

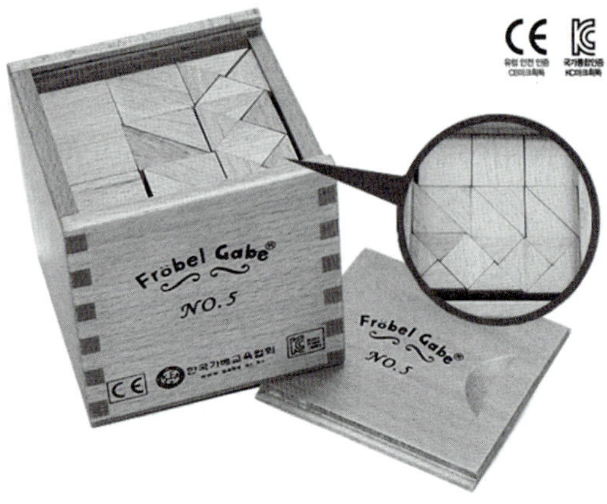

그림 2-5 제5은물

제6은물은 다양한 크기와 모양의 직육면체와 직육면체를 다시 잘라 만든 기둥과 받침으로 구성되어 있어 보다 이상적인 건축물을 구성할 수 있다.

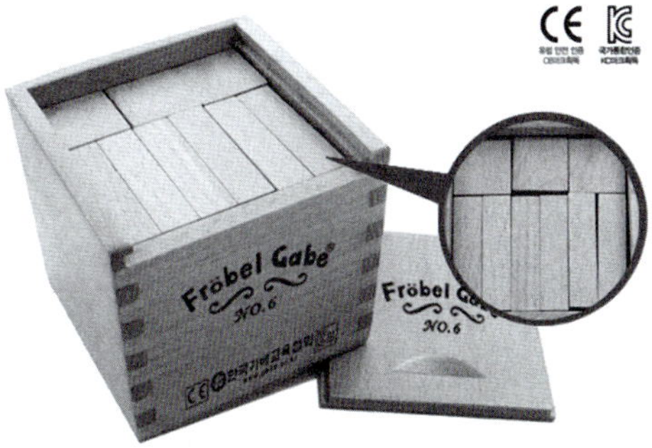

그림 2-6 제6은물

제7은물은 면을 나타내는 은물로서 기본 치수 3cm의 나무로 만든 정사각형, 직각 이등변 삼각형, 정삼각형, 직각 부등변 삼각형, 둔각 이등변 삼각형의 5가지로 구성되어 있다.

그림 2-7 제7은물

제8은물은 선을 구체화한 것으로 3, 6, 9, 12, 15cm의 나무막대로 구성되어 있다.

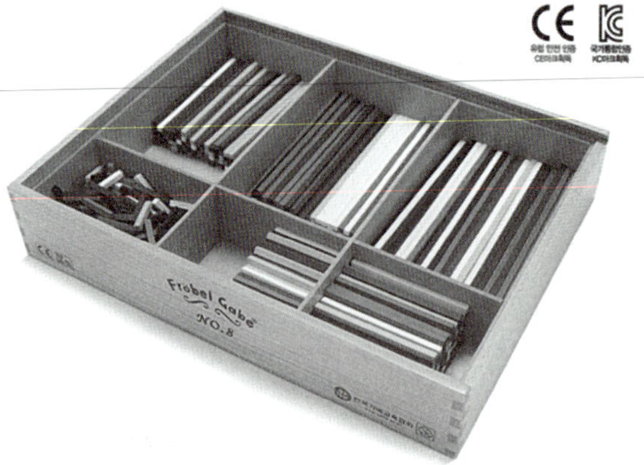

그림 2-8 제8은물

제9은물은 세 가지 크기의 고리와 같은 크기의 반 고리로 구성되어 있다.

그림 2-9 제9은물

제10은물은 추상적인 점을 입자로 구체화한 것이다.

그림 2-10 제10은물

출처: 한국가베교육협회 홈페이지. 2020.

'은물(gift)'은 신이 내린 선물이라는 뜻으로 세계 최초의 유아교육 교구로서 적목 교구의 효시이다. 형태(1-6 은물), 면(7 은물), 선(8 은물), 점(9 은물), 재구성(10 은물)의 10가지로 구성되어 있다(이윤경 외, 2013).

프뢰벨의 '작업'의 종류는 다음과 같다(이기숙 외, 2016).

제1작업: 구멍 뚫기
제2작업: 바느질하기
제3작업: 그리기
제4작업: 색칠하기
제5작업: 종이끈으로 형태 만들기
제6작업: 매트 짜기
제7작업: 종이 접기
제8작업: 종이 오리기
제9작업: 콩 작업
제10작업: 상자 만들기
제11작업: 점토로 만들기

(7) 듀이(Dewey, 1859~1952)

듀이는 20세기 미국을 대표하는 실용주의 철학자로서 현재까지 교육이론의 기초가 될 정도로 전통적인 교육 형태를 민주적으로 바꾸는 데 크게 기여했다. 듀이의 기본 사상은 도구주의, 경험주의, 상대적 진리관으로 요약될 수 있다. 도구주의는 진리와 지식은 인간생활에 도움을 주는 수단이며 도움을 줄 때에만 진리며 지식이라고 생각하는 입장이다. 경험주의는 의미 그대로 경험을 중시하는 입장으로 경험은 인간과 환경과의 상호작용이라는 것이다. 상대적 진리관은 듀이의 실용주의를 대표하는 말로서 모든 실체는 '변화'한다는 사실이다.

그리하여 교육은 생활 그 자체라고 말한다. 유아교육과정을 생활에서 경험할 수 있는 것 중심으로 구성해야 하는 것은 바로 이 때문이다(지옥정 외, 2013).

듀이의 교육방법은 '행함으로써 배운다(learning by doing)'이다. 그는 행하는 과정에서 발생하는 흥미를 중요시했으며 발견되는 문제 상황에서는 반성적 사고에 기초한 문제해결법을 강조했다. 반성적 사고란 문제에 있어서 유아가 성인과 같은 지성적 존재로서 자신의 판단을 스스로 평가해 나가는 과정을 말한다. 반성적 사고의 과정은 다음과 같다(지옥정 외, 2013 재인용)

1단계: 문제의 자각	2단계: 문제의 명료화
3단계: 조사단계	4단계: 가설의 정리
5단계: 가설의 검증	

(8) 몬테소리(Montessori, 1870~1952)

몬테소리는 이탈리아의 의사로서 지적장애아에 대한 교육방법에 관심을 가졌으며, 이들에게 적용한 지도법을 정상아동에게도 적용하였다. 그녀는 의사로서 지적장애아 교육의 선각자인 이타르(Itard)와 세갱(Seguin)의 영향을 받아 감각을 통한 학습방법을 발전시켰다. '어린이의 발견(The Discovery of the Child)'이란 저서에서 아동은 '스스로 성장하고자 하는 내적 생명력을 가지고 있는 자유로운 존재'로 보았다(이기숙 외, 2016).

몬테소리는 아동의 정신을 '흡수하는 정신(the absorbent mind)'으로 정의 내린다. 이는 아동이 그의 내부에 잠재해 있는 흡수하는 정신능력을 통하여 환경을 받아들이며 스스로 경험하여 배우게 되는 특성을 말한다. 또한 유아기에 나타나는 어떠한 능력을 획득하는 특별히 민감한 상태를 '민감기'라고 명명하며, 유아는 '민감기'와 '흡수하는 정신'이라는 내적 특성을 바탕으로 정신이 발달한다고 보았으며 이를 기초로 교육의 기본원리를 다음의 네 가지로 제시하였다(이기숙 외, 2016).

첫째, **자유와 자기활동의 원리**로 자유롭게 교구를 선택하고, 자기가 있고 싶은 장소에서 하고 싶은 만큼 작업할 수 있으며, 간섭을 최소한으로 줄여 아동의 자기활동을 조장하는 원칙으로 일관되며, 이러한 교육을 '자동교육(auto education)'이라고 칭하였다. 이를 위해서 자기 수정적 교구를 개발하였다.

둘째, **감각교육의 중시**로 유아기의 감각적 활동은 지적인 능력과 연관해서 형성되기 때문에 감각기관을 사용하여 관찰력 및 판단력을 연습함으로써 지적 발달의 기초를 이루어야 한다고 보았다. 이를 위해 촉감, 색, 무게, 온도, 미각, 후각 등의 감각을 발달시킬 수 있는 다양한 감각교구를 개발하였다.

셋째, **준비된 환경**은 아동에게 자양분을 주는 장소로서 묘사되며, 아동의 정신적 성장에 최적인 환경적 자극을 계획하고 구성하는 것을 의미한다.

넷째, **교사의 역할**은 안내자(directress)라고 부르며, 교사는 보다 적게 가르치고 보다 많이 관찰하라고 주장한다. 안내자의 역할은 아동의 자기활동을 지켜보는 일이다. 교사는 전면에 나서는 교사 중심의 활동이 아니라 아동의 자발적 활동에 방해가 되지 않도록 후면에 물러서 있어야 한다.

몬테소리는 1907년 로마의 빈민 유아들을 위한 '어린이의 집'을 세워 2~7세 유아 50명에게 이타르와 세갱이 사용한 특수 교구를 개발하여 사용하였다. 이후에는 7~10세 유아를 위한 교구도 개발하였는데 이것이 몬테소리 교구이다(지옥정 외, 2013).

02 우리나라의 유아교육사상

우리나라의 유아교육사상은 시대적 변천에 따라서 불교, 유교, 천도교, 기독교의 관점에서 살펴보면 다음과 같다(김연진 외, 2013).

1) 불교

고려시대 융성했던 불교의 관점에서 아동관은 순수성을 지닌 불성에 가까운 것이라고 보며 아동의 존엄성을 강조하고 있다. 교육의 원리도 결과보다는 원인을 중시하였다. 부모의 특성을 유전적으로 이어받는 것은 부모의 업의 영향이기 때문에 임신 전, 임신 중, 출산 후의 부모의 역할은 매우 중요하게 여겼다. 부모의 육체적 건강과 깨끗한 마음가짐이 중요하다. 또한 '줄탁동시(啐啄同時)'는 불교의 교육관을 잘 드러내는 사자성어이다. '줄탁동시'는 병아리는 달걀 속에서 그리고 어미 닭은 밖에서 껍질을 쫀다는 의미이다. 어미닭이 성급하게 쪼면 병아리는 죽게 된다는 뜻을 가지고 있다. 즉, 교육에는 교사의 인내심과 현명함이 필요하다는 의미이다. 교육은 미성숙한 유아에 대하여 지혜롭게 기다리다가 유아에게 학습의 적기라고 판단되는 시점에 자극을 주는 역할을 수행해야 함을 의미한다.

2) 유교

조선시대에는 유교와 불교가 모두 아동교육에 영향을 주었지만 유교가 더 많은 영향을 주었다. 유교에서 인간 본성은 신분에 관계없이 선하다고 보며, 인간은 교육을 통하여 하늘로부터 부여받은 성품을 잘 보존하고 길러서 성인군자가 됨을 제시하였다.

아동기는 아직 생각과 뜻이 확실히 굳어지지 않아서 좋은 교육을 통해 말과 행동으로 반복해서 들려주면 습관화되어 아동은 교사의 가르침을 거부감 없이 받아들일 수 있다고 생각하였다. 또한 임신 전부터 태교에 이르기까지의 과정도 중요하게 보았다.

성리학에서는 3세까지는 통제없이 무조건적으로 보호하는 것이 필요하고, 7세가 될 때까지는 기본적인 분별력이 없다고 인식하였다. 유교의 교육원리는 남녀 분별 교육, 습관교육, 예의교육, 교육환경의 강조이며, 아동교육의 목적은 수기(修己), 치인(治人)으로 정리될 수 있다.

3) 천도교

천도교는 1860년 최제우에 의해 창도된 종교이다. 동학에 나타난 아동관에서 아동은 인격적인 존재로서 한울님을 모시듯 어린이를 소중하게 길러야 하는 존재이다. 성인과 평등한 존재로 아동은 국가와 민족의 인재이며 국가를 위기에서 구할 수 있는 귀중한 존재로 인식하였고, 아동존중사상을 강조하고 있다.

소파 방정환은 어린이는 하늘나라의 성품을 가진 존재이며, 기성세대인 우리가 할 일은 그 착한 어린이의 성품을 그대로 보존하고 확충해야 하는 두 가지 일이라고 하였다. 소파 방정환은 교육의 원리로 자발성과 흥미, 견학, 놀이, 칭찬과 대화, 발달수준에 맞는 교육을 들고 있다.

4) 기독교

기독교에서 아동은 미숙하고 순수하면서 위험한 존재이다. 따라서 아동이 책임감 있고 자율적인 성인으로 성장할 수 있도록 해야 하며, 이에 대한 책임은 어른에게 있다고 하였다. 유아교육이 현대적으로 발전하는데 1900년대 초기 기독교의 영향이 컸다. 또한 초창기 유치원들은 기독교 정신과 미국의 진보주의 교육이념인 듀이의 교육철학을 실천하였다. 1914년 '이화유치원'을 창설했던 브라운 리는 프뢰벨의 교육원리를 적용하였다. 1916년 중앙유치원, 1917년 배화유치원이 설립되어 1900년 초기 우리나라의 유아교육은 기독교 선교사와 밀접한 관계가 있었다.

또한, 유아교육에서 중요한 영향은 어린이날 제정, 소파 방정환 선생이 주도한 어린이 문화운동을 들 수 있다. 어린이 문화운동의 일환으로 전개한 우리말 노래, 이야기, 가극 등이 유치원에 도입되어 활발하게 활용되었다(김연진 외, 2013).

핵심내용 및 토의주제

1. 우리나라의 고려 및 조선시대, 근대 및 현대의 유아교육의 발전과정을 이야기 나눠 봅시다.

2. 몬테소리 교구와 은물의 종류에 대하여 이야기 나눠 봅시다.

3. 서양의 유아교육사상가들을 고대부터 현대까지 시대순으로 이야기를 나눠 봅시다.

학습자 활동

1. 한국가베교육협회 홈페이지에서 프뢰벨의 은물에 관한 정보를 살펴본 후, 중요한 내용을 1쪽으로 요약 정리해 봅시다.

2. 다원몬테소리 교구 홈페이지에서 몬테소리 교구에 관한 정보를 살펴본 후, 중요한 내용을 1쪽으로 요약 정리해 봅시다.

CHAPTER

03

유아발달

유아의 발달을 이해하는 것은 여러 가지 측면에서 중요하다. 첫째, 학문적 측면에서는 발달과정에 대한 지식 획득과 인간의 행동을 이해하는 것이다. 둘째, 실제적 측면에서는 발달에 적합한 유아교육과정의 구성 및 부모의 자녀양육, 교사의 유아지도, 행정가의 교육 행정 및 정책에 도움을 줄 수 있다. 마지막으로 인본주의적 측면에서는 유아의 성장 발달 및 유아 문제행동의 상담과 치료에 도움을 줄 수 있다(이윤경 외, 2008).

01 발달의 특성

인간은 수태로부터 사망까지 신체적 기능이나 심리적 기능에 있어 변화가 오는데, 이것을 발달이라고 한다. 즉, 발달은 변화를 의미한다. 발달과 유사한 용어로 성장은 유전적 계획에 따라 일어난 신체적 변화만을 의미하기도 한다. 발달은 인생의 긴 과정에서 지속적으로 일어나는 변화이다. 이 변화는 계획된 순서대로 체계적으로 일어나므로 예측할 수도 있다. 발달은 키, 몸무게와 같이 양적인 변화만 뜻하는 것이 아니라 감성적인 능력, 인지 특성과 같은 질적인 변화도 포함하고 있다(조복희, 2010).

1) 발달 영역 간의 상호작용

한 영역에서의 유아의 발달은 다른 영역에 직접적인 영향을 미친다. 즉, 유아의 신체적 성숙은 사회 정서발달에 영향을 줄 수 있다. 예를 들어, 체격이 큰 유아는 친구와 놀 때 집단을 이끌어 가는 기회가 많고 교사들은 그들에게 보다 많은 책임감이 있는 역할을 하도록 요청한다. 이러한 사회적 역할을 실행해 볼 수 있는 기회가 많은 체격이 큰 유아는 사회 정서발달이 체격이 작은 유아보다 촉진될 것이다.

2) 발달에서의 유아 역할

대부분의 연구자들은 유아가 자신의 성장과 발달에 능동적 역할을 한다고 믿는다. 그 이유는 첫째, 주변 세상에 대한 호기심이나 참가 정도가 개인의 인성, 재능, 특성에 따라 다양하다는 것이다. 예를 들면, 개인의 성향 또는 성별에 따라 활동의 범위가 다르며 동물, 음악, 운동에 대해 갖는 흥미 정도가 다르다. 둘째, 유아는 자신이 주변 세계를 이해하고 느끼고 의사소통하는 방식을 스스로 조직하여 주변 사람으로부터 불러일으키는 반응을 달리한다는 것이다.

3) 사회문화적 맥락이 발달에 미치는 영향

유아의 발달은 가족과의 관계 속에서만 일어나는 것은 아니다. 부모의 양육 방식은 그들이 속한 사회문화적 영향을 받으므로, 각 문화마다 양육 방식, 관습, 가치 및 신념이 다르다. 즉, 유아가 속한 사회의 가치는 그들의 신체, 사회성, 정서, 인지발달 과정에 중요한 영향을 미친다. 사회는 부모의 양육 행동을 규정하고 유아가 받아야 하는 교육수준, 신체적 보호 정도 그리고 자존감의 부여나 정서 표현방식 등을 결정하는 데 영향을 준다. 이런 의미에서 사회문화적 배경은 한 개인의 발달에 큰 영향을 준다고 볼 수 있다(Valsiner, 1997).

4) 인간발달의 단계

인간발달의 단계를 연령에 따라 분류하는 것은 개인의 발달과정도 다르고, 각 사회의 구조가 독특하기 때문에 단순하지가 않다. 개인마다 발달의 양상이 다르고 개인이 도달하는 발달단계의 연령에 차이가 있다 하더라도 몇 가지 유사점으로 발달 주기를 묶어 살펴볼 수 있다. 인간의 발달단계는 다음과 같이 8단계로 나누어 볼 수 있다.

(1) 1단계: 태내기(수정~출생)

어머니의 자궁 내에서 태아의 신체 조직이 구성되고 발달하는 시기이다.

(2) 2단계: 영아기(0~24개월)

출생 후 첫 한 달 동안은 신생아로 언급되기도 한다. 영아는 심리적, 신체적 활동에 있어서 성인에게 많이 의존한다.

(3) 3단계: 유아기(2~6세)

급속한 언어의 획득으로 사고의 범위가 넓어지고 부모와의 대화, 친구와의 접촉으로 기본적 사회화도 이루어진다.

(4) 4단계: 아동기(6~12세)

이 시기는 공식적인 교육이 시작되어 초등학교에 다니는 시기이다. 인지적 사고 능력이 높아지고, 학교라는 사회를 통해 넓은 세상과 문화를 접한다.

(5) 5단계: 청년기(12~20세)

급속한 신체적 성숙을 이루게 되며, 자아 정체를 인식하게 된다. 독립적인 성인으로서의 삶을 위한 정신과 신체를 준비하는 시기이다.

(6) 6단계: 성인 전기(20~35세)

부모로부터 독립하여 새로운 가정을 형성한다. 배우자 선택, 자녀 양육, 독립된 직업인으로서의 성장 등으로 매우 변화가 많은 시기이다.

(7) 7단계: 성인 중기(35~60세)

중년기라고 하며, 직장인으로서 책임이 무거운 시기이다. 자녀를 책임감 있고 행복한 성인으로 자라도록 도와주어야 한다. 중년의 생리적 변화에도 적응해야 한다.

(8) 8단계: 성인 후기(60세~사망)

노년기라고 하며, 신체적 능력, 건강이 쇠약해지는 것을 경험하고 직장에서의 은퇴로 인해 감소된 수입에 적응해야 한다.

5) 발달에 대한 논쟁

(1) 유전과 환경

발달에 대한 논쟁 중 하나가 유전과 환경에 대한 것이다. 유전론은 발달의 기제를 본성, 성숙, 생득으로 간주하고 환경론은 양육, 학습, 경험으로 본다. 유전론은 정해진 순서에 의해 인간이 발달해 나간다고 가정한다. 예를 들어, 유아는 길 수 있어야 두 발로 서게 되며, 두 발로 설 수 있는 유아가 걸을 수 있다는 것이다. 이러한 일련의 발달은 배웠기 때문에 일어나는 것이 아니라 대부분의 발달이 유전적으로 예정되었기 때문에 이루어진다고 보는 것이다. 반면 환경론은 인간의 발달에서 개인이 경험할 수 있는 환경, 즉 영양이나 의료시설의 혜택 여부 등의 물리적 환경과 가족, 친구, 학교, 문화 등의 사회적 환경이 매우 중요하다고 보는 것이다.

그러나 유아발달에서 유전과 환경을 분리하는 것은 쉽지 않다. 예를 들어, 태아의 태내환경이 유전인가 환경인가 하는 논쟁이 있을 수 있다. 최근에는 유전과 환경의 상호작용론으로 발달을 설명하는 학자가 늘어나고 있다.

(2) 발달의 연속성과 비연속성

한 개인이 출생해서 성인으로 성장하기까지 그 발달이 서서히 점차적으로 이루어졌는지, 아니면 특정 시기에 급격한 변화를 통해 성장했는지에 대해서는 이견이 있을 수 있다. 전자를 발달에서의 연속성으로 보고 후자를 비연속성으로 본다(Thomas, 1992). 예를 들면, 씨에서 싹이 튼 나무가 점점 크기만 하는 과정은 연속적 발달을 나타낸다. 반면 애벌레가 유충, 나비로 그 변화가 외형이 달라지면서 이루어질 때 비연속성이라고 부른다. 유아가 기는 것부터 시작하여 걷는 것으로 나아가면서 근육의 힘이 생기고 신경계의 협응으로 운동능력이 이루어지는 것은 연속성으로 볼 수 있다. 그러나 청소년기에 들어서면서 이전에는 가능하지 않았던 추상적 사고가 가능한 것은 사고의 양적인 변화가 아니라 질적인 변화이며 비연속적인 견해로 발달을 설명하는 것이다.

02 발달이론

이론이란 특정 현상을 묘사하거나 설명 또는 예측하는 기능을 갖고 있다. 어느 이론도 유아를 이해하는 데 포괄적으로 설명한 것이 없으며, 한 현상을 설명하는 데에는 어떤 특정 이론 체계가 적합하고, 또 다른 현상에는 또 다른 이론 체계가 더 적합하다. 예를 들어, 피아제(Piaget)의 이론은 사고의 발달에 초점을 맞추고 있는 반면에, 정신분석이론은 인성발달이 주요 관심사다. 그리고 게젤(Gesell)의 이론은 신체발달을 잘 설명하고 있다. 즉, 인간의 모든 발달 변화를 설명할 수 있는 통합된 단일 이론은 있을 수 없으므로 각각의 이론은 그 한계성을 지니고 있다고 보는 것이 타당하다(조복희, 2010).

1) 정신분석이론

정신분석이론에서는 의식 밑에 깔려 있는 무의식의 기제가 강조된다. 그러므로 겉으로 드러난 유아의 행동을 이해하기 위해서는 내적인 정신기제를 알아야 한다는 견해이다. 대부분의 정신분석학자들은 어렸을 때의 부모와의 관계가 아동발달에 중요하다고 본다. 특히 어머니와의 애착, 도덕성, 성역할, 공격성 등의 발달은 초기 부모-자녀 관계에서 영향을 받은 것으로 보고 있다. 프로이트(Freud)의 심리성적 이론과 에리슨(Erikson)의 심리사회적 이론을 살펴보면 다음과 같다.

(1) 프로이트의 이론

정신분석학 이론의 창시자인 프로이트(Freud, 1856~1939)는 신체적 이상은 정신적 갈등에서 비롯될 수 있다고 믿었다. 프로이트는 히스테리 환자의 무의식 속에 잠재된 생각이나 욕망을 자유연상과 꿈의 해석, 아동기 때의 경험, 가족관계 분석이라는 기법을 개발하여 치료하였다.

① 성격의 구조

프로이트에 의하면 성격의 구조에는 원 본능(id), 자아(ego), 초자아(super ego)가 있다. 인간이 출생 시 갖고 태어나는 원 본능은 비이성적이고, 무의식적이며 이기적인 본능을 의미한다. 예를 들어 영아에게 있어 먹는다는 것은 강력한 충동적 본능에 즉각적인 만족을 추구하는 행동이다.

그러나 생후 2년째가 되면 유아의 기본적 본능은 현실과 충돌하게 된다는 것을 경험한다. 자아란 현실적으로 가능한 것과 가능하지 않은 것을 깨달을 수 있게 되면서 생기게 되고 만족의 지연이 있을 수 있다는 이성적 수준의 성격이다.

생후 3~4년이 되면서 발달하는 초자아는 출생 시 갖고 태어나는 것이 아니라 학습에 의해 획득되는 것으로 양심이라 불린다. 초자아는 유아가 부모나 타인과의 동일시를 통해 사회적 가치나 문화적 규범을 얻게 되면서 내면화된 표상이다. 초자아는 원 본능과 반대로 갈등상태에 놓이게 되므로 자아가 중재자로서 갈등을 적절히 해결하게 한다.

② 발달단계

프로이트는 인간 발달이 구강기, 항문기, 남근기, 잠복기, 성기기의 5단계를 거친다고 보았다.

첫째, 구강기는 출생에서 1세 또는 1세 반까지이다. 구강기에는 입과 그 주변을 자극하는 데 만족을 느껴 빨고, 깨물고, 삼킴으로써 충동적이고 즉각적인 만족을 얻는다.

둘째, 항문기는 1세 또는 1세 반에서 3세까지로 유아의 성적 에너지가 항문과 그 주위 부분으로 옮겨 왔기 때문에 항문기라 부른다. 유아는 대소변의 배출이나 보유에서 만족을 얻는다.

셋째, 남근기는 3세 이후부터 5~6세까지를 말하는데, 성적 에너지가 항문에서 성기에 관심을 가지고 가치를 부여한다. 이때 남아는 오이디푸스 콤플렉스(Oedipus complex) 현상이 나타나서 어머니를 성적 애착의 대상물로 바라보고, 반면 여아는 사랑의 짝으로 아버지를 원하나 어머니에 의해 좌절되는 엘렉트라 콤플렉스(Electra complex)를 경험한다.

넷째, 잠복기는 6세에 시작하여 사춘기 이전까지의 시기로 성적 욕구에 대한 흥미가 약해지고, 그 욕망을 억누르고 있어 잠복기라 부른다. 이 시기의 아동은 지적 활동인 학업에 열중하고 환경 탐색도 하며, 장래의 사회생활에 필요한 여러 가지 기술도 습득한다. 동성친구와 친하게 놀면서 집단을 이루어 몰려다니고 이성에 대해서는 배타적이다.

마지막 단계인 성기기는 13~19세까지이며 사춘기에 들어서면서 신체적으로 성기능이 성숙되고 성적 관심이 높아진다. 그래서 성기기가 되면 이성과의 접촉에 최대 관심을 둔다. 이성에 대한 성적 욕구는 심미적인 활동을 통해 승화시킬 수 있다. 예를 들면 운동, 독서 등의 취미 활동, 사회봉사 활동 등이 청소년들이 승화하는 대체 활동에 속한다. 이때 성적 에너지를 잘 처리하지 못하면 비행으로 표출될 수 있다.

(2) Erikson(1902~1994)의 이론

에릭슨의 발달이론은 근본적으로 프로이트의 정신분석적 접근에 기초하고 있으나 아동의 사회적, 문화적 환경을 중요하게 본다. 따라서 프로이트의 이론은 심리성적 이론이라면 에릭슨의 이론은 심리사회적 이론이라고 한다.

에릭슨의 심리사회적 발달단계는 다음과 같이 8단계로 구성된다.

① 1단계: 신뢰감 대 불신감

첫 단계인 신뢰감 대 불신감은 생후 1년에 형성된다. 어머니로부터 따뜻하고 애정적인 보살핌을 받게 되면 유아는 이 사회에 대한 신뢰감을 발달시킬 수 있다. 그러나 춥고, 배고플 때 욕구 충족이 되지 않으면 유아는 불신의 감정을 가지고 인생을 시작할 것이다.

② 2단계: 자율감 대 수치심 및 회의감

프로이트의 항문기에 해당하는 시기로 신체 근육의 성숙과 대소변 가리기로 배설물의 방출, 보유에 대한 통제를 훈련받는다. 에릭슨은 엄격한 배변 훈련은 유아를 강박적으로 만들어 소심해지게 하고, 강박적 행동은 회의심, 수치심과 병행된다고 하였다. 반면, 확고하고 친절하며 점진적인 배변 훈련을 받은 유아는 자존감을 잃지 않으며 자기 통제력을 발달시켜 강하면서도 사회적으로 인정받는 자율감을 획득한다고 보았다.

③ 3단계: 주도성 대 죄책감

유아는 3세가 되면 언어를 사용하고, 신체적 능력이 개발되며, 주변의 여러 가지 물건을 마음대로 다룰 수 있게 된다. 그리하여 자신의 행동에 목표와 계획을 세우는 주도성을 지니게 된다. 그러나 부모의 제재가 일관적이지 않고 부드럽지 않다면 유아는 자신의 주도적인 행동에 자신감을 잃을 뿐만 아니라 나쁜 짓을 한다는 죄책감도 갖게 된다.

④ 4단계: 근면성 대 열등감

프로이트의 잠복기에 해당하는 시기로 친구와의 관계에서 아동들이 무엇인가를 주도적으로 할 수 있고, 자신감을 얻게 되면 근면성이 개발된다. 반면, 친구와 비교하여 아동이 자신감이 없다고 느끼거나 계속적인 실수를 하여 자신감과 근면성이 개발되지 않으면 열등감을 느낄 것이다.

⑤ 5단계: 정체감 대 정체감 혼돈

청년기로 신체가 급격히 성장하며 자신의 능력, 존재 의미를 탐색하면서 많은 고민과 갈등을 겪는다. 사회에서 자신의 역할을 정확히 인식하고 목적의식이 뚜렷한 청년은 자아 정체감을 확립하여 이 위기에 대처할 수 있다. 반면 혼돈의 위기를 성공적으로 극복하지 못한 청년들은 부정적 자아 정체감을 형성하여 건전하지 못한 사회생활을 하게 된다.

⑥ 6단계: 친밀감 대 고립감

청년기에서 성인기로 전이되는 시기로 친밀감을 발달시키지 못하면 고립감을 갖게 된다. 이 시기에는 특정 이성과의 친밀한 관계를 유지하려는 욕구가 생겨나서 궁극적으로 배우자를 선택하게 된다. 그러나 청년기에 자아 정체감을 확립하지 못하면 타인과의 관계에서도 친밀감을 형성하지 못하고 사회적인 위축을 느끼게 되어 결국 고립감을 느끼게 된다.

⑦ 7단계: 생산성 대 침체감

결혼한 부부가 자녀를 낳아서 교육하여 사회적 전통을 전수하고 가치관을 전달하는 부모로서의 역할을 하면 생산성을 획득하는 것이다. 반면 자기 자신의 물질적인 또는 신체적인 안녕에만 치중하게 되면 타인에 대한 관대함이 결여되어 침체성이 형성된다.

⑧ 8단계: 자아 통합감 대 절망감

마지막 단계인 노인기에는 자신의 생애를 돌아보면서 보람이 있고 가치가 있었다고 인식하고 오랜 삶을 통해 지혜를 획득하면 자아 통합감을 얻게 된다. 반면에 젊음을 잃고 직업에서 은퇴한 후 신체적·경제적 무력감을 느끼며, 지나온 자신의 삶이 무의미했다고 느끼면 절망감을 느끼게 된다.

2) 학습이론

학습이론에서는 아동의 발달을 설명하기 위해서는 과학적 방법으로, 즉 인간의 눈으로 본 것을 측정해야 한다는 전제가 강조되고 있다.

학습이론에서는 인간의 발달에 단계가 있다고 보지 않으며, 발달 변화에 있어 연령의 언급도 없다. 인간의 기본적인 생물학적, 심리적인 동기는 환경에 의해 좌우되므로 보상과 벌이 중요시 된다. 학습이론은 아동의 문제행동을 위한 교육적 프로그램에 큰 영향을 미쳤다. 그러나 학습이론의 한계점은 다음과 같다.

첫째, 발달에 있어서 환경을 강조한 나머지 생물학적 영향을 무시하였다.

둘째, 아동 발달 전반을 설명하지 못한다.

셋째, 인간을 기계처럼 통제된다고 보지만 조작과 통제는 하급 동물에게만 적용될 수 있다.

넷째, 대부분의 연구가 실험실에서 행해졌기 때문에 단편적인 행동은 설명되지만 실험실 밖의 일상생활에서의 이해에는 한계가 있다(조복희, 2010).

(1) 파블로프의 고전적 조건형성

학습이론의 창시자인 파블로프(1849~1936)는 개를 실험대상으로 하여 고전적 조건형성 이론을 제시하였다. 개의 침 분비량이 자동으로 기록되도록 장치한 실험실에서 침의 분비와 관련이 없는 다른 자극을 주어 중립 자극이 선천적인 반응을 유발하는 것을 관찰하였다. 중립 자극으로 불빛을 사용하였다. 불이 켜진

몇 초 후 음식을 제공하는 절차가 여러 번 반복된 후, 실험자는 불을 켜고 음식을 제공하지 않았다. 그럼에도 불구하고 개는 불빛과 음식을 연합하는 학습을 하여 침을 분비하였다. 파블로프는 이러한 학습을 조건 반응이라고 부르고, 반면 음식물에 대한 침의 분비는 무조건 반응이라고 하며 학습이 아니라고 하였다. 빛 자체는 침의 분비를 유발하지 않지만 빛과 음식을 연합하여 조건화되었을 때에만 타액을 분비하므로 빛은 조건 자극이 된다.

예를 들어, 유아가 뜨거운 물체를 만지다가 데인 경험이 있는 경우 뜨거운 물체를 만지려고 할 때, 부모가 "앗 뜨거"라고 말하면 회피반응을 유도할 수 있는데, 이런 과정이 조건형성이다.

(2) 왓슨의 실험

미국 행동주의의 창시자인 왓슨(Watson, 1878~1958)은 과학을 인간이 실제 어떻게 행동하는가를 볼 수 있는 것으로 한정시켰다. 그는 인간의 모든 행동은 학습된 것으로 간주하였으며 생물학적인 유전을 전혀 인정하지 않았다. 그의 "나에게 12명의 아이를 준다면 그들을 자신이 원하는 의사든, 변호사든, 도둑이든, 거지든 만들 수 있다"라는 유명한 말은 환경주의 입장을 잘 나타낸 것이다.

왓슨의 실험은 파블로프의 고전적 조건형성 실험을 인간에게 적용한 것이다. 행동주의자들은 인간의 정서뿐만 아니라 가치관이나 태도도 이와 유사한 과정을 통해 학습되는 것으로 본다. 어머니가 영아의 얼굴에 "푸" 하고 불어주면(무조건 자극), 영아는 눈을 깜박이게(무조건 반응) 된다. 이때 음악소리(조건 자극)가 무조건 자극과 합쳐지면 눈 깜박이기의 조건 반응을 보인다. 즉, 영아가 음악소리만 들어도 눈을 깜박이는 반응을 보이는 고전적 조건형성 과정이다.

(3) 스키너의 실험

조작적 조건형성을 발표한 스키너(Skinner, 1904~1990)는 고전적 조건형성이 특정 자극에 대해 반응하는 간단한 반사 행동의 학습을 설명하기에는 유용하지만 유기체 스스로 조작하는 행동을 설명하기에는 부적당한 것으로 보았다. 예를 들어, 개를 앉도록 훈련할 때 개가 앉으면 음식을 주는 것이 보통이다. 즉, 음식이 '앉는다'는 반응 뒤에 제공되므로 유기체는 자신의 행동을 조작한다. 따라서 고전적 조건화에서는 자극이 반응을 유도하지만 조작적 조건화에서는 반응이 자극을 유도한다.

스키너는 쥐의 실험에서 보상이 주어지거나 긍정적 강화를 받는 방향으로 행동하거나 조작하도록 학습된다는 것을 밝혔다. 강화된 행동은 반복하는 경향이 있고, 강화되지 않거나 처벌된 행동은 발생률이 줄어든다. 예를 들어 다른 사람을 도와주었을 때 '고맙다'는 반응을 보이면 이 행동은 계속되고, 뜨거운 물에 손을 데이면 앞으로 데지 않도록 주의할 것이다.

그러므로 조작적 조건형성에서는 강화의 역할과 기능이 학습에 중요하다. 강화는 즉각적인 강화가 효과적이며, 신중한 강화 계획에 따라 행동수정이 가능하다.

(4) 반두라의 사회학습이론

발달이 환경에 의해 학습된 것이라는 행동주의와는 달리 사회학습이론에서는 인지 과정을 중요시 하였다. 사회학습이론에서는 개인의 행동은 외부의 자극에 의해 영향을 받는다고 여기지만 자극-반응 이론가들과는 달리 인간은 환경을 스스로 통제할 뿐만 아니라 구성해 나간다고 본다. 관찰한 모델의 행동을 자신의 행동으로 적용할 때 스스로 판단하고 평가함으로써 자신의 행동을 통제한다고 본다.

반두라(Bandura, 1925~)는 모방과 보상을 이끄는 인지 과정에 초점을 맞춘 사회학습이론의 선구자로서 사고와 행동을 연결하는 데 기여했다.

아동의 행동은 사회학습이론으로 설명할 수 있는 부분이 많다. 예를 들면, 성역할의 발달, 공격적 행동, 친사회적 행동 등은 다른 사람을 관찰하고 모방하여 획득될 수 있는 행동이다.

3) 인지발달이론

정신분석이론가들은 성격발달에 관심을 가졌던 반면, 인지발달이론가들은 사고발달 과정에 초점을 두었다. 인지발달이론가들은 아동의 사고발달 과정에 초점을 두고, 인간을 단순히 외부 자극에 대한 반응자나 무의식적 욕구를 지닌 유기체로 보지 않고 의사결정에서 사고 과정을 중요시 하였다.

(1) 피아제의 인지발달이론

인지발달이론의 대표적 학자인 피아제(Piaget, 1896~1980)는 자신의 세 자녀가 성장하는 것을 관찰하면서 아동의 사고는 성인의 사고방식과 다르다는 것을 발견하였다. 또한 아동은 성인이 가르치는 대로 배우는 것이 아니라 스스로의 방법으로 배운다는 것도 알아내었다. 이러한 사고발달의 질적인 본질에 대한 피아제의 관점은 높이 평가되어 아동학 분야에서는 매우 뛰어난 학자로 인정받고 있다.

① 피아제이론의 기본 개념

피아제의 인지발달이론을 이해하려면 다음과 같은 개념의 이해가 필요하다.

첫째, 도식(schema)은 사물이나 사실에 대한 전체적인 윤곽이나 개념을 말한다. 예를 들어, 빨기 반사를 갖고 태어난 아기는 젖을 빨음으로써 빤다는 것에 대한 도식을 지니게 되고 이것이 계속 기억 속에 남아서 반복하게 된다.

둘째, 유기체의 환경에 대한 적응(adaptation)은 동화(assimilation)와 조절(accommodation)의 상호작용에 의해 일어난다. 동화는 이미 경험이나 학습으로 형성된 개념, 즉 기존의 도식에 맞게 새로운 자극을 이해하는 것을 말한다. 예를 들어, 유아가 고양이를 보고 개라고 하면 부모는 "그건 개가 아니라 고양이야." 라고 말할 것이다. 이 유아는 발이 네 개이고 털이 난 짐승이 '개'라는 자기 나름의 도식을 지니고 있다. 이 기존의 도식에 새로운 물체인 '고양이'를 끌어들여 이해하고자 하는 것이 조절이다. 유아는 이미 지니고 있던 도식과 새로운 물체와의 사이에 차이를 인식해 나가면서 기존의 도식을 변용시켜야 한다.

셋째, 동화와 조절은 인지발달 과정의 두 측면으로 서로 분리될 수 없으며, 상호작용을 반복하며 조화를 이룬 균형(equilibrium) 상태로 발달한다.

② 인지발달단계

피아제의 인지발달단계는 감각운동기, 전조작기, 구체적 조작기, 형식적 조작기의 4단계이다.

첫째, 감각운동기(sensory-motor stage)는 영아기인 생후 첫 2년을 의미하며, 이 말은 영아의 행동이 자극에 대한 반응으로 보기 때문이다. 즉, 자극은 감각으로 반응은 운동으로 간주하였다. 감각운동기의 초기에는 생득적인 반사 활동으로 행동하나 후기에는 지적 활동을 한다.

둘째, 전조작기(preoperational period)는 유아기인 2~7세로 사고의 논리적인 조작이 가능하지 않아 전조작기라 부른다. '조작'이란 과거에 일어났던 사건을 내면화시켜 서로 관련을 지을 수 있는, 즉 논리적인 관계를 지을 수 있는 것을 뜻한다. 예를 들어 한 살 된 영아는 열쇠를 주면 열쇠의 고유기능은 생각하지 않고 입에 넣거나 다른 장난감을 치면서 논다. 그러나 이 시기의 유아는 열쇠의 기능을 알기 때문에 문을 여는 흉내를 낸다. 이러한 흉내를 낸다는 것은 과거에 열쇠로 문을 여는 것을 보았던 것을 기억하였다가 재생시키기 때문이다. 즉, 눈앞에 없는 것을 상징하는 능력이 생긴 것이다. 이 시기 유아는 언어의 급격한 습득과 함께 사물이나 사건을 내재화할 수 있는 능력이 생기고 보이지 않는 것을 기억하는 표상이 나타난다.

셋째, 구체적 조작기(concrete-operational stage)의 아동은 사고를 논리적으로 조작할 수 있는 능력을 획득한다. 이 시기(6~12세) 아동의 논리적 사고는 관찰이 가능한 구체적 사건이나 사물에 한정되어 있기 때문에 구체적 조작기라고 말한다. 가상적인 상황을 만들어서 추론할 수 없어 추상적이고 복잡한 가설의 정신적 사고는 아직 가능하지 않다. 전조작기의 아동은 보존, 분류화, 서열화의 개념을 획득하지 못하나, 구체적 조작기의 아동은 이 개념을 얻게 된다.

마지막으로 형식적 조작기(formal-operational stage)는 12세 이후에 시작된다. 이 시기의 아동은 논리적인 사고가 가능한 인지적 성숙이 이루어진 단계이다. 구체적 조작기의 아동은 문제를 사전에 계획해서 해결하고자 하는 것이 아니라 시행착오적 방법을 택한다. 반면, 형식적 조작기의 청소년은 문제해결을 위해 가능한 방법을 생각하고 그 결과를 가정하여 여러 방법 중에서 가장 정확한 것을 시도해 보는 가설 설정이 가능하다. 또한, 이 시기의 청소년은 추상적인 사고를 할 수 있으며, 추상적인 개념을 이해할 수 있다.

(2) 비고츠키의 사회문화 이론

아동심리학자인 비고츠키(Vygotsky, 1896~1934)는 인간 발달에 대한 사회문화적 접근을 하였다. 비고츠키는 개개인의 발달 과정은 그가 속한 문화의 산물이기 때문에 부모를 문화를 전수하는 존재로 보았다. 부모와의 사회적 상호작용은 대화를 통해서 이루어지므로 언어적 대화는 비고츠키 이론에서 매우 중요하다. 비고츠키는 문화마다 사고와 행동의 발달이 다양하게 이루어진다고 보았다.

피아제는 인지발달에 있어 아동의 자발적이고 능동적인 태도를 강조하여 성인의 직접적인 교수를 중요시하지 않았으나, 비고츠키는 성인과의 대화가 지적 내면화를 형성하는 기초로 보았다. 따라서 언어가 매우 중요한 수단이 되는 것이다.

① 근접발달 영역과 비계설정

비고츠키 이론의 중심개념인 근접발달 영역(Zone of Proximal Development: ZPD)은 유아가 실제 스스로 할 수 있는 영역과 다른 사람의 도움으로 할 수 있는 영역과의 차이를 의미한다. 이때 스스로 할 수 있는 영역은 실제 발달수준(level of actual development)이다.

유아 스스로 할 수 있는 능력이 없지만 유아의 수행능력에 따라 협력자가 도움을 주게 되면 유아 스스로 할 수 있는 능력이 증가하고 궁극적으로 과제를 수행할 수 있는 능력을 습득하는 교수방법, 즉 비고츠키의 비계설정(scaffolding)에 대한 연구가 근래 활발히 진행되고 있다.

② 혼잣말의 역할

피아제는 전조작기 유아는 다른 사람의 관점에서 사고할 수 없으므로 자기중심적 언어(ego centric speech)를 사용한다고 보았고 이것을 인지적 미숙으로 간주했다.

비고츠키는 피아제와 달리 자기 조절을 위해서, 즉 자신의 행동에 대해 생각하고 행동을 주도해 나가는 과정을 선택하기 위해 다른 사람과 상대하지 않고 자기 자신과 의사소통을 하는 혼잣말(private speech)을 한다고 보았다. 혼잣말의 첫 단계는 행동 후에 하는 말이며, 두 번째 단계는 행동과 동시에 그리고 마지막 단계는 행동 전에 하는 말이다.

4) 비교 행동학이론

비교 행동학(ethology)이론은 다윈의 진화론에서 유래된다. 인간 행동의 설명을 생물학적 기초에 두는 비교 행동학자들은 행동주의자들의 환경론에 반론을 제기하였다. 즉, 인간이 생물학적으로 갖고 태어난 선천적인 행동특성을 무시하고 학습에만 치중하는 환경론적 접근은 잘못이라고 지적하고 있다.

비교 행동학 이론의 창시자는 동물학자 로렌츠(Lorenz)와 팀버겐(Timbergen)이다. 로렌츠는 한 어미오리가 낳은 알을 두 집단으로 나눠 한 집단의 알은 어미 오리가 부화하게 하고 다른 집단의 알은 로렌츠 자신이 부화시켰더니, 두 번째 알에서 태어난 새끼오리들은 로렌츠를 어미처럼 졸졸 따라다니는 것을 관찰하였다. 로렌츠는 이런 새끼오리의 어미에 대한 추종행동을 '각인(imprinting)'이라 명명하였다.

비교 행동학의 영향을 받아 가장 깊이 연구된 심리학적 영역이 '애착(attachment)'이다. 볼비와 에인스워스(Bowlby & Ainsworth)는 신생아는 선천적으로 인간에 접근하고자 하는 성향, 즉 애착욕구를 갖고 태어난다고 보았다.

5) 생태학적 이론

비교 행동이론이 발달에서 생물학적 요인에 강조를 두는 데 비해 생태학적 이론에서는 환경을 매우 중요시한다. 생태학적 이론의 선구자인 Bronfenbrenner (1917~2005)는 사회문화적 관점에서 아동의 발달을 체계화시켰다.

브론펜브레너에 의하면 유아가 살고 있는 가장 직접적인 체계에서 넓게는 문화에 기초한 체계까지 다섯 체계가 있는 것이다. 즉, 미시 체계(microsystem), 중간 체계(mesosystem), 외 체계(exosystem), 거시 체계(macrosystem), 시간 차원(chronosystem)이다.

미시 체계는 유아의 가족, 친구, 학교 등이 속하며, 이 체계의 부모, 친구, 교사들은 유아와 밀접하게 상호작용함으로써 영향력을 행사한다. 중간 체계는 미시 체계 속에서 성장하는 개체가 특정한 시점에서 상호작용하는 것을 의미한다. 예를 들어, 부모와 관계가 원만하지 않은 유아가 친구와의 관계도 원만하지 않다면 중간 체계가 유아의 발달에 영향을 미치는 것이다. 외 체계는 지역사회 수준에서 기능하고 있는 사회의 주요 기관으로 직업 세계, 대중 매체, 정부 기관, 교통 통신시설 등이 포함된다. 거시 체계는 형식적인 법률과 비형식적인 관습 및 일상생활습관 등이 포함된다. 시간 차원은 시간적으로 한 시점의 사건이나 경험이 아닌 사회 역사적 환경을 의미한다.

03 영유아발달의 제 측면

1) 신체발달 및 운동발달

(1) 영아의 신체 및 운동 발달

① 영아의 신체적 특징

영아기의 신체 성장은 일생 중 가장 급속도로 이루어지는 시기로, 생후 1년이 되면 몸무게는 출생 시의 3배가 되고 키는 1.5배가 된다. 출생 시 신생아의 키는 약 50cm이던 것이 1년이 되면 75cm가 되고, 2년이 되면 85cm로 성인 키의 절반이 된다.

몸무게는 태어날 때에 약 3kg이 조금 넘지만 3~4개월이 되면 출생의 2배, 1년이 되면 3배, 2년이 되면 11~12kg으로 성인의 1/5 내지 1/6이 된다.

출생 시의 머리둘레는 가슴둘레보다 약간 큰데 생후 6개월 무렵이 되면 머리둘레와 가슴둘레는 비슷해진다. 생후 1년이 되면 가슴둘레가 머리둘레보다 커진다. 머리통의 크기는 출생 시에는 전 신장의 1/4을 차지하던 것이 만 1세경에는 약 1/5이 된다.

신체의 발달은 여러 가지 요인에 영향을 받는데 선천적인 요인으로 종족, 기후, 유전 등이 있고 이외에도 어머니의 영양상태, 아기의 출생순위, 성별, 영양섭취 상태, 질병 등의 영향을 받을 수 있다.

젖니는 생후 6~7개월이 되면 아래 앞니부터 나기 시작한다. 개인차가 있어 태어날 때 이를 갖고 태어날 수도 있고, 돌이 되도록 이가 안 나는 아기도 있다. 8~9개월이 되면 위 앞니 2개가 나며, 곧 위 바깥 앞니 그리고 아래 바깥 앞니가 나고 1년이 되면 6~8개의 앞니가 난다. 그 다음 어금니와 송곳니 등이 나서 생후 2~2년 반이 되면 20개의 젖니가 모두 난다.

② 신체발달의 원칙

첫째, 신체발달은 머리에서 시작하여 팔, 다리 등의 발달로 진행된다(cephalo-caudal direction). 운동능력도 동일하게 발달되어 아기는 먼저 머리와 목의 근육을 조절한 후 팔과 복부를 움직이고, 제일 나중에 다리를 쓰게 된다.

둘째, 신체발달 방향은 몸의 중심에서 말초로 향한다(proximodistal direction). 즉, 몸 중심에 가까운 어깨의 근육을 먼저 조절한 후 팔, 손, 손가락의 순서로 발달하고 다리 부분도 마찬가지로 진행된다.

이러한 신체발달은 분화와 통합의 과정을 통해 점차 그 기능을 세분화한다고 볼 수 있다. 아기의 머리, 입, 팔, 손 등의 각각을 움직일 수 있는 능력의 습득은 분화라 할 수 있고, 신체의 각 부분을 총체적으로 움직여서 컵의 물을 마실 때는 통합된 능력이라 볼 수 있다.

③ 운동기능 발달의 표준

영아가 생후 1년에 획득할 수 있는 운동기능은 길 수 있는 것이고, 2년째 획득할 수 있는 기능은 걸을 수 있는 것이다. 대부분의 영아가 보편적으로 월령에 따라 할 수 있는 운동기능을 살펴보면 다음 표 3-1과 같다.

표 3-1 영아의 운동발달규준

월령	내용
1개월	턱을 들 수 있다.
3개월	물체를 주면 손을 뻗치나 잡지 못한다.
4개월	목을 가눈다. 딸랑이를 흔들고 응시한다.
5개월	물체를 잡는다.
6개월	어린이용 의자에 앉을 수 있다. 물체를 잡으려고 손을 뻗친다.
7개월	혼자 앉는다.
8개월	받쳐 주면 선다. 엄지손가락을 이용해서 작은 물체를 잡는다.
9개월	붙잡고 선다.
10개월	잘 기어 다닌다.
11개월	손을 잡고 이끌어 주면 걷는다.

월령	내용
13개월	계단을 기어오른다.
14개월	혼자서 선다.
15개월	혼자서 걷는다.
16개월	손잡이를 잡고 계단을 오르내린다. 공을 던질 수 있다. 옆으로 또는 뒤로 걷는다.
24개월	달릴 수 있다. 혼자 계단을 오르내릴 수 있다.

④ 눈과 손의 협응

영아가 손을 사용할 수 있게 됨에 따라 외부 세계와 접촉이 시작된다. 생후 3개월간은 물체를 눈으로 보고 인식하지만 물체를 잡기 시작하면 눈과 손의 협응이 이루어진다. 물건을 잡고, 입으로 가져가고, 치고, 흔드는 것은 모두 눈과 손의 협응으로 가능한 것이다.

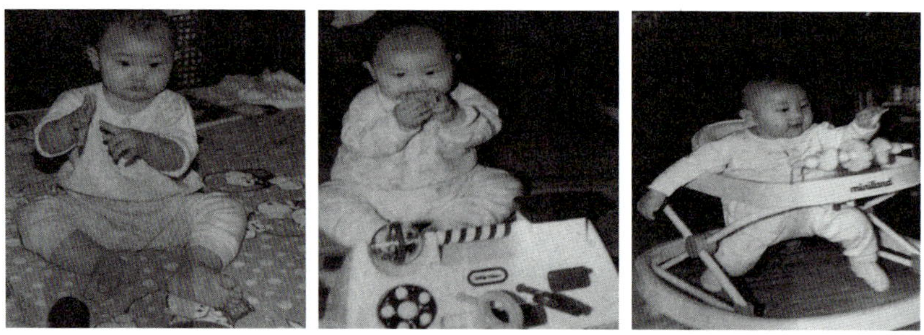

그림 3-1 눈과 손의 협응

⑤ 수면 및 대소변 가리기

신생아는 16~20시간을 자며 밤낮의 차이가 별로 없이 일정한 간격으로 깬다. 아기의 잠은 깊은 수면이 아니어서 조그만 소리에도 깨기 쉬우므로 주위 환경에 신경을 써야 한다. 우리나라 1세 미만의 영아 약 45%가 수면 시간이 불규칙하고, 1~2세 영아의 27%가 수면 문제를 가지고 있는 것으로 나타났다(아동발달백서, 2001).

대변과 소변을 통제할 수 있는 근육과 신경의 성숙은 생후 6~7개월 무렵에 이루어지고, 뇌에서 조절할 수 있는 통제는 1년 반이나 2년이 되어야 가능하다. 대변은 소변보다 일찍 가리게 되어 13~15개월이 되면 가능하고, 소변은 20개월이 되어야 가린다. 변기는 약 24~30개월이 되어야 혼자서 사용이 가능하다.

(2) 유아의 신체 및 운동 발달

① 신체의 성장

유아기 때 키는 성인이 되었을 때의 키와 상관관계가 0.7 정도를 나타내어 유아기의 키가 나중 성인의 키를 예측할 수 있는 지표가 된다. 두뇌의 크기는 3세 무렵 성인 크기의 75%, 5세 무렵 성인의 90%까지 커진다.

② 신체발달의 영향 요인

자녀가 건강한 신체를 지니기 위해서는 영양의 섭취, 정서의 안정, 수면, 사고로부터의 보호가 필요하다.

③ 운동발달

2세가 되면 유아는 계단을 혼자 오르내릴 수 있으며, 3세에는 발뒤꿈치를 들고 걸을 수 있고 세발자전거도 탈 수 있다. 4세에는 양발을 교대로 계단을 내려갈 수도 있다. 5세 유아의 40% 정도가 두발자전거를 탈 수 있는 것으로 나타났다. 5세가 되면 한 발로 10번 이상 깡충깡충 뛰어갈 수 있으며 줄넘기를 할 수 있다.

남녀의 운동능력의 차이는 놀이 활동에서 차이를 보인다. 일반적으로 여아는 실내에서 하는 놀이를 즐기지만 남아는 밖에서 할 수 있는 거친 놀이를 좋아한다.

④ 눈과 손의 협응

2세가 되면 블록을 6~7층 쌓을 수 있고, 유리잔을 혼자 잡을 수 있으며, 크레

용으로 선을 그릴 수 있다. 3세에는 던지는 공을 받으며, 옷의 단추를 풀고 신발을 신을 수 있다. 4세가 되면 혼자 옷을 입고 벗으며, 가위를 갖고 종이에 그려진 선을 따라 자를 수 있다. 5세가 되면 숟가락 사용이 가능하고 옷의 단추를 채울 수 있다.

⑤ 야뇨증

우리나라 유아는 대개 20개월이 되어야 소변을 가리고, 24~30개월이 되어야 대변을 혼자 볼 수 있다. 그러나 25~30개월의 유아 50% 이상이 소변가리기를 실수하며 4세가 되어서도 30~40%가 실수한다(아동발달백서, 2001). 3~4세가 되면 자다가도 소변이 마려우면 깨서 소변을 누거나 밤새 소변을 누지 않는다. 그러나 4~5세까지도 잘 때 요에 소변을 싸는 실수를 하게 되는데 이것을 야뇨증이라 한다. 야뇨증의 원인에는 신체적 원인과 심리적 원인이 있다. 신체적 원인에는 방광의 이상 등이 있고, 심리적 원인에는 정서적 불안 및 흥분이나 질투 등을 들 수 있다.

2) 인지발달

(1) 영아의 인지발달

영아 인지발달은 피아제의 감각운동기에 속하며, 다음과 같은 6단계로 세분화된다.

① 반사 활동기(reflex activity, 출생~1개월)

신생아에게 학습되지 않는 생득적 반사로서 주위 환경에 적응하려는 시기이다. 환경의 자극에 빨고, 울고, 숨쉬고, 재채기하는 등의 자연적인 반사로 대처한다.

② 일차 순환 반응(primary circular reactions, 1~4개월)

순환 반응이란 우연히 일어났던 흥미를 끄는 행동을 반복한다는 의미에서 붙여진 이름이며, 일차적이란 이러한 행동이 생물학적인 반사에 그 근원이 있기 때문에 붙여졌다. 흥미를 끄는 행동은 영아의 신체를 중심으로 반복해서 나타나는 매우 단순한 것이다. 예를 들어, 영아가 자신의 엄지손가락을 반복해서 빤다면 이것은 우연적인 행동이 아니라 손과 입의 협응을 통해서 이루어진 행동이다. 그러나 엄지손가락을 빠는 행동은 우연히 시작된 것으로 재미있기 때문에 반복하는 것이다. 이 단계에서 반사활동에 의해 형성된 도식은 습관으로 나타난다. 요약하면, 일차 순환 반응은 환경이 주어지는 대로 학습하거나 획득하는 것이 아니라 영아 스스로 발견하고, 창조된 자신의 신체에 대한 탐구 과정이며 이해 과정인 것이다.

③ 이차 순환 반응(secondary circular reactions, 4~8개월)

이차 순환 반응은 영아가 자신의 신체에 한정하는 것이 아니라 주위에 존재하는 물체까지 확대된다는 것이다. 예를 들어, 영아가 딸랑이를 우연히 흔들어 딸랑이가 낸 소리가 즐거우면 또다시 딸랑이를 흔들어 봄으로써 아름다운 소리에 만족을 느낄 것이다. 일차 순환 반응에도 딸랑이를 흔들어 반복할 수 있으나, 이때는 활동 자체에 흥미를 느껴 반복하는 것이다. 즉, 딸랑이를 흔드는 근육 자극에 흥미를 느끼지만, 이차 순환 반응에는 활동이 일으킨 변화에 흥미를 갖는다. 딸랑이를 흔들어 나는 소리에 관심이 있는 것이다. 이런 영아의 행동은 주변 물체를 인식한 의도적이고 목적을 지닌 행동이라고 할 수 있다. 이 시기에는 여러 가지 협응 활동이 나타난다. 딸랑이를 흔드는 것은 소리를 듣기 위한 것이므로 손과 귀의 협응이며 공을 잡는 것은 손과 눈의 협응이다.

④ 이차 반응의 협응(co-ordination of secondary reactions, 8~12개월)

이 시기는 특별한 목적을 달성하기 위해 획득된 여러 가지 도식을 새로운 상황에도 사용하게 된다. 예를 들어, 장난감을 꺼내기 위해 막대기를 사용하는 것은 목적을 위한 수단의 선택이 된다. 세 번째 단계에서의 도식의 협응은 완전히 의도적이지 않고 목적에 직접적이지 않다. 그러나 네 번째 단계에서는 수단과 목적이 분리될 수 있는 의도성을 가지고 있다.

⑤ 삼차 순환 반응(tertiary circular reactions, 12~18개월)

일차 순환 반응은 흥미를 끄는 단순한 행동을 반복하는 단계이며, 이차 순환 반응은 이전에 만족을 주었던 행동을 목적을 갖고 반복하는 것이다. 삼차 순환 반응은 단순한 목적을 지닌 반복이 아니라 새로운 행동이 어떤 결과를 가져올 것인가를 알아보기 위해 다양한 시도를 하는 것이다. 즉, 시행착오의 학습을 도모한다.

⑥ 사고의 시작(mental combination, 18~24개월)

이 시기의 영아는 문제를 해결하기 위해 실재의 물체뿐만 아니라 상징이나 이미지를 인지적으로 조합하고 조정하기도 한다. 예를 들어, 이 단계의 영아는 컵을 들고 가다가 문에 도달하면 문을 열어야 한다는 상황을 판단하여 손에 들었던 컵을 다른 곳에 놓는다. 이것은 손의 컵이 문을 여는 데 방해가 된다는 것을 인식했기 때문이다.

(2) 대상영속성

감각운동기 영아가 획득하는 중요 개념 중 하나가 대상영속성(object permanence)이다. 대상영속성 개념은 자신과 주변 세계에 대한 두 가지의 논리적 사고를 할 수 있어야 획득된다. 첫째, 자아는 주변 세계와는 물리적으로 분리된 독립된 존재이며 둘째, 주변의 물체는 시야에 있지 않더라도 계속적으로 존재한다는 것이다. 감각운동기가 끝나는 2세 정도의 영아는 분명한 대상영속성 개념을 지니고 있다.

감각운동기의 1단계와 2단계에서는 영아 앞에 놓인 물체를 감추어 버리면 그 물체는 이미 존재하지 않은 것처럼 여겨 관심을 보이지 않는다. 그러나 3단계에서는 물체가 사라지면 찾고자 하는 대상영속성의 기초개념을 획득하고, 4단계에서는 사람과 사물을 구별하고 숨긴 물건을 찾을 수 있다. 5단계에서는 영아가 보는 앞에서 빠른 속도로 장난감을 옮겨 놓아도 찾을 수 있다. 마지막 단계에서는 장난감을 옮기는 과정을 전부 보지 않더라도 찾을 수 있다. 이것은 유아가 사라진 물건을 마음속에서 여기에서 저기로 갔을 것이라고 상상을 할 수 있어서 가능하다.

(3) 유아의 인지발달

피아제의 인지발달단계에서 전조작기에 속한다. 이 발달단계는 전 개념적 사고 단계(preconceptional stage)와 직관적 사고 단계(intuitive stage)로 나뉜다. 전 개념적 사고 단계는 2세부터 4세까지인데 조작적 사고가 거의 나타나지 않으나, 5세에서 7세까지는 직관적 사고 단계로 조작적 사고가 어느 정도 가능하다.

전 개념적 사고 단계에서는 물리적으로 눈앞에 없는 것을 머릿속에 그릴 수 있는 능력을 획득한다. 이 시기의 특징에는 상징놀이, 자기중심적 사고(egocentrism), 물활론(animism) 등이 있다.

① 보존개념

수의 보존개념은 5~6세, 무게나 액체, 길이의 보존개념은 7~8세, 부피는 11~12세에 획득된다.

② 분류화

4~6세가 되면 부분적으로 분류를 하지만 그 기준이 명확하지 않고 수시로 변한다. 7~8세가 되어야 분류기준을 두고 정확히 분류할 수 있다. 대개 5~6세가 되면 색깔에 따라 분류할 수 있다.

③ 서열화

4~5세 유아는 가장 긴 막대기와 가장 짧은 막대기를 골라낼 수 있으나 순서대로 나열하지는 못한다. 5~6세가 되면 여러 막대기를 일부분은 순서대로 할 수 있으나, 완벽하게 나열하지 못한다.

④ 인과 관계

4~5세의 유아에게 원인과 결과를 아는 사고의 추론은 쉽지 않다. 이 시기의 유아는 비논리적이면서 주관적인 인과 관계, 즉 물활론(animism)과 인공론(artificialism)이 있다.

3) 언어발달

(1) 영아의 언어발달

영아기 초기에는 언어를 사용하지 않고 의사소통을 시작하지만 영아가 2세경이 되면 언어능력의 발달이 급격하여 150~200개 정도의 어휘를 갖게 된다. 아기가 처음 내는 소리는 울음이다. 울음은 가장 강력한 의사소통의 방법이다. 생후 1주가 된 아기가 내는 울음은 세 가지로, 배 고파서 우는 소리, 고통의 울음, 분노의 울음이 있는 것으로 나타났다. 2개월 정도가 되면 젖 먹고 난 후나 장난감을 쳐다볼 때와 같이 즐거운 경우에 소리를 낸다. 이것은 목을 울려 낮게 내는 소리로서 쿠잉(cooing)이라고 한다. 3개월이 되면 울음과 쿠잉이 빈번한 의사소통 방법이 된다.

5~6개월이 되면 옹알이(babbling)를 시작한다. '바바바바'와 같이 자음과 모음을 합쳐서 내는 옹알이는 일종의 신체의 성숙으로 인해 나타나는 현상이다. 그러므로 청각장애를 지닌 영아도 옹알이를 한다. 영아들의 의미 있는 한 단어의 말은 대개 12개월에서 14개월 사이로 나타나며, 우리나라 영아들의 첫 단어는 '엄마'가 71%로 가장 많고, 그 다음은 '아빠', '맘마' 순으로 보고되었다(아동발달백서,

2001).

12개월 무렵 평균 10개의 낱말을 말하고, 20개월이 되면 50개의 낱말을 표현한다. 2세 무렵이면 200단어를 사용하여 말한다. 대체로 영아가 50개 정도의 단어를 말할 수 있을 때 두 단어를 결합한다. 이때 중요 단어만 나열하여 전보식 언어라고 표현한다. 전보식 언어는 '엄마 빵', '사탕 여기', '아빠 신' 등의 표현이다. 영아에 따라 말을 늦게 배울 수도 있으나 지나치게 지체 현상을 보이거나 말을 배우지 못하는 경우가 있다. 이것은 귀나 성대의 이상, 언청이, 뇌의 손상 등의 신체적 이상이 원인이 될 수 있다. 또한 정신적 장애가 있는 경우 말더듬이 현상이 나타나기도 한다.

(2) 유아의 언어발달

2~3세 유아의 언어는 여전히 전보식 언어를 사용하며, 3~4개의 단어를 사용하고 문장을 구성한다. 2세 유아는 일상생활에서 볼 수 있는 물건의 이름을 알고 말할 수 있으며, 존댓말을 사용할 수 있다.

3~4세 유아는 단수 대명사와 복수 대명사를 사용하며, 4~5세가 되면 '밑에', '위에' 등의 부사를 구사하여 4~5개의 단어로 문장을 만들어 사용한다. 5~6세가 된 유아는 문법에 맞는 언어를 사용한다. 2세에는 200단어 정도만 알고 있으나, 6세가 되면 2,000~2,500단어를 알고 사용한다. 초등학교 입학 이전까지의 유아는 과잉 일반화, 부정문, 확인 부가 의문문을 사용한다.

4) 사회성 및 정서발달

(1) 영아의 사회성 및 정서발달

① 에릭슨의 발달단계

에릭슨에 의하면 영아와 양육자와의 초기 관계에 따라 사회성 발달과 정서발달의 기초가 형성된다. 생후 첫 해에 얻어질 수 있는 신뢰감은 평생을 통해 자신과 타인에 대한 신뢰감의 기초가 된다. 아기가 배고플 때 먹여주고, 기저귀가 젖었을 때 갈아주고, 불안할 때 안아주면 신뢰감은 발달된다. 인간에 대한 신뢰감이 얻어져야 외부 세계를 탐색할 수 있는 기회가 주어지며 외부 세계의 인식은 결국 자신의 존재를 파악하는 길인 것이다. 돌이 지나면서 걷게 된다. 걷게 되면서부터 영아 스스로 주위를 탐색할 수 있게 되고 장난감과 같은 물체를 마음대로 할 수 있는 기쁨을 맛볼 수 있게 된다. 자신의 의지에 따른 행동을 주위로부터 격려받게 되면 자율성을 얻게 된다. 생후 1년이 지나면서 "싫어"라는 표현은 자율감이 싹트고 있는 증거이다.

② 애착 및 낯가림

영아가 태어나서 자신을 돌보는 사람 특히 어머니와 강한 정서적 유대를 맺게 되는데, 이러한 친숙한 사람과의 강력한 정서적 유대를 애착이라고 한다. 애착의 형성은 어머니의 미소, 다정한 말, 피부 접촉을 통해 어머니에게 의존하며 형성한다고 본다. 우리나라 영아의 반 정도는 애착물건을 갖고 있었는데 이들의 50%가 이불, 담요, 베개가 애착물인 것으로 나타났다.

낯가림은 애착 행동과 마찬가지로 생후 6~8개월에 시작하여 1~2세까지 지속된다.

③ 정서의 분화

출생 시의 정서는 흥분상태였다가 2~3개월이 되면 쾌, 불쾌의 두 가지 감정으로 나누어진다. 그 후 5~6개월이 되면 불쾌의 감정은 분노, 혐오, 공포의 감정으로 나누어지나 쾌의 감정은 1년이 지날 때까지 하나로 지속된다. 2세가 되면 성인에게서 볼 수 있는 대부분의 정서가 모두 나타난다. 긍정적 정서에는 행복, 기쁨 등이 있으며, 부정적 정서에는 분노, 공포, 불안 등이 있다.

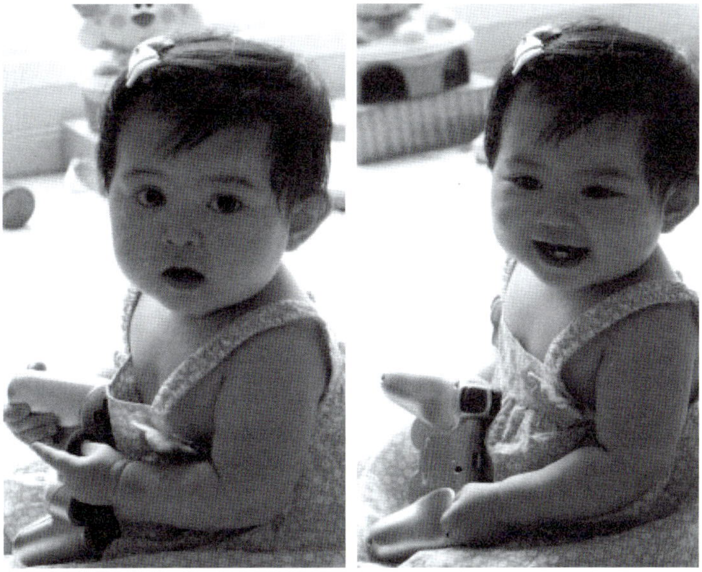

그림 3-2 영아의 정서 표현

(2) 유아의 사회성 및 정서발달

① 에릭슨의 발달단계

이 시기에 유아가 길러야 할 발달과업은 독립심과 주도성 발달이다. 유아가 독립적 행동을 했을 때 칭찬으로 격려해 주어 그들의 독립적인 욕구가 자발적으로 생기도록 유도하는 것이 바람직하다.

2세가 되면 유아는 혼자 숟가락으로 밥을 먹고 싶어 하고 혼자서 옷을 입으려고 시도한다. 유아가 자율적으로 뭔가 하고 싶어 하고 새로운 일을 완성해 보고 싶어 할 때 자신감을 갖도록 격려해 주어야 주도성이 발달된다.

② 성역할의 발달

2~3세 영아는 자신이 남자아이인지 여자아이인지 정확하게 알지 못한다. 3~5세가 되어야 자신의 성을 명확히 알고 인형이 남자 인형인지 여자 인형인지 구별한다. 6~7세가 되면 남녀의 구분이 성기에 의해 구별된다는 것을 이해하게 된다.

③ 도덕성의 발달

2세 이전에는 외부의 규칙을 인식하지 못하므로 자기중심적인 행동을 아무런 갈등없이 한다. 3~6세까지는 사회규칙을 내면화하는 시기로 본 학자도 있다. 7세 무렵에 규칙이란 정해진 것이고 마음대로 변경시킬 수 없다는 것을 알게 된다.

④ 정서발달

2세 유아의 감정은 성인과 유사하다. 기쁨, 즐거움, 분노, 공포, 걱정, 질투, 좌절과 같은 감정을 가지고 있다. 3~4세 유아는 어둠에 두려움을 느끼지 않지만 5~6세 유아는 어둠에 공포를 느낀다. 이것은 5~6세 유아가 상상력이 발달되어 있기 때문이다.

공격성은 1세 전후에는 거의 없으나, 2세부터 남자아이의 공격성이 증가한다. 2세 유아는 분노 및 기쁨의 감정을 있는 그대로 노출하지만, 6세 유아는 보다 세련된 방법으로 표현한다.

핵심내용 및 토의주제

1. 발달의 개념 및 특성에 대하여 이야기 나눠 봅시다.

2. 발달이론들을 비교하여 이야기 나눠 봅시다.

3. 영유아발달을 촉진하기 위한 교사(또는 부모)의 역할에 대하여 각자 의견을 나눠 봅시다.

학습자 활동

1. 프로이트의 정신분석이론, 에릭슨의 심리사회적 발달이론, 피아제의 인지발달이론의 발달단계들을 비교하여 살펴본 후, 중요한 내용을 1쪽으로 요약하여 정리해 봅시다.

2. 학습이론, 비교동물학적 이론, 생태학적 이론을 비교하여 살펴본 후, 중요한 내용을 1쪽으로 요약하여 정리해 봅시다.

CHAPTER

04

유아교육과정

01 유아교육과정의 이해

1) 교육과정의 개념

교육과정(Curriculum)이라는 용어가 교육학 분야에 대두된 것은 Bobbit가 1918년 『교육과정(The curriculum)』 책을 출판하면서부터이다. 교육과정(Curriculum)의 어원은 '달린다'라는 뜻의 라틴어 'currere'에서 유래된 말로 그 의미는 '경주로' 혹은 '달려야 할 과정'에 해당된다. 이는 교육과정은 교육에서 목표를 향해 거쳐야 하는 과정, 가르쳐야 할 교수요목(coures of race)을 의미한다. 교육과정이라는 용어는 추상적인 개념이어서 하나로 정의 내리기 어려우며 학자마다 다양한 철학적 배경과 견해에 따라 다른 정의들을 내리고 있다. 교육활동 자체가 학습자와 학습환경, 나아가 전체적인 사회·문화적 맥락에서 변화되는 역동적인 과정이기 때문에 교육을 바라보는 시각이 다양한 만큼 교육과정에 대한 관점과 시각이 다를 수 있기 때문이다.

교육과정은 무엇을, 왜, 어떻게 가르칠 것인가를 선정하고 조직하여 교육의 방향을 정하는 중요한 요소로 인식되었으나 그 개념은 시대적 요구, 교육에 대한 생각, 학습자 이해, 학자들의 시각과 관점 등에 따라 다양하게 해석되고 정의될 수 있다.

2) 유아교육과정의 개념

교육과정은 학습자에게 학습 경험을 선정하고 조직하여 교육 경험의 질을 구체적으로 관리하는 교육의 기본 설계도이다(교육부, 1998). 일반적으로 교육과정이라 함은 의도적인 학교교육에서 교육적 목표를 성취하기 위하여 일정한 수준의 교육내용을 선정하고 조직해 놓은 공통적 기준이라고 정의한다.

알미(Almy, 1975)는 유아교육에서 교육과정은 프로그램이라는 용어로 사용되는

데, 프로그램이란 유아교육기관 내의 계획적인 경험뿐 아니라 가정과 지역사회에까지 연장될 수 있는 교육적 경험이라고 하였다. 슈바르츠와 로빈슨(Schwartz & Robison, 1982)은 유아교육과정의 개념을 다음과 같이 정리하였다.

(1) 우연히 일어난 것으로서의 교육과정

유아의 놀이를 중심으로 각 유아에게 활동의 결정권을 주어 유아 주도적으로 교육활동이 진행되는 유아교육과정을 말한다. 교사가 미리 교육내용을 계획하기보다는 유아들에게 교육활동의 선택권을 주어서 개별 유아의 요구와 흥미를 중심으로 교육활동이 진행된다. 교사는 유아가 스스로 학습할 수 있으며 선택한 것에 능동적으로 참여하여 학습해 나갈 수 있도록 믿는다. 따라서 유아의 흥미와 요구가 다양하게 이루어질 수 있도록 교사는 교육환경을 체계적으로 마련해 주어야 한다. 교사는 유아의 요구와 흥미를 기초로 하여 자연스럽게 활동할 수 있는 분위기를 마련해 주고 끊임없는 관찰과 배려로 그들을 안내하도록 힘써야 한다. 유아를 중심으로 하는 개별화된 교육이라는 장점은 있으나 교육과정의 범위가 모호하여 유능한 교사를 필요로 하는 단점이 있다.

이 교육과정의 특징은 인본주의 교육사상을 바탕으로 유아가 모든 선택의 중심이 된다는 점이다. 이는 교사의 입장에서 볼 때 유아의 욕구와 흥미를 자극할 수 있는 것들을 선택하고 시간표와 환경을 배치하는 등의 많은 업무가 따르며, 더욱이 바람직한 즉석 결정을 내릴 수 있는 경험 있는 교사를 필요로 한다는 점이다.

(2) 유아가 교육기관에서 갖게 되는 모든 경험으로서의 교육과정

유아가 학교에서 갖게 되는 모든 경험을 교육과정으로 보는 입장으로 교사의 의도적인 경험뿐 아니라 의도하지 않았지만 유아에게 영향을 줄 수 있는 잠재된 교육과정까지를 포함하는 것이다. 따라서 의도된 경험뿐 아니라 계획되지 않은 많은 요인이 유아에게 영향을 미친다는 점에서 교사의 민감성이 요구된다.

경험으로서의 교육과정에서는 교실의 분위기, 교사와 유아 및 유아와 유아 간의 정서적 유대관계, 유아와 유아 간의 역동적인 상호작용, 유아와 교구와의 상호작용 등과 같은 모든 물적·인적 환경이 중요시된다. 기관에서 갖게 되는 모든 경험으로서의 교육과정은 교사가 각 유아의 인성, 성격, 외모, 신념, 행동 등 모든 면에 세심한 주의를 기울여야 하고 또한 다른 유아와의 관계, 환경과의 관계에 대해서도 세심한 배려를 해야 한다. 교사는 유아의 교육에서 의도한 경험뿐 아니라 의도하지 않은 경험까지 유아들의 학습 결과에 영향을 미칠 수 있다는 점을 감안하고 교사가 기대하지 않은 학습 결과나 통제할 수 없는 요소가 존재한다는 사실을 염두에 두어야 한다.

(3) 교수계획으로서의 교육과정

교수계획으로서의 교육과정은 교사 중심의 교육과정으로서 교육과정은 매우 구체적일 수도 있고 포괄적일 수도 있으며 장기적 계획일 수도 있고 단기적 계획일 수도 있다. 교육과정의 계획안에는 유아를 위한 활동의 교육목표, 내용, 방법, 평가가 포함되며 그 형태는 매일매일의 교육내용을 진술하고 있는 것에서부터 주제나 내용 영역에 따라 일련의 활동들을 진술하는 것까지 다양하다.

이 교육과정은 활동 중심, 내용 중심, 과정 중심 또는 이 세 가지가 혼합된 형태로 볼 수 있다. 교사와 유아들의 활동을 묘사하는 활동에 대한 계획이고, 내용 중심은 유아들이 학습해야 할 사실, 기능, 정보 등을 강조하는 내용에 대한 계획이며, 과정 중심은 분류능력과 같은 장기적 발달 측면을 강조하고 있다.

따라서 이 입장은 계획을 유아를 위한 교수의 기초로 보는 것이다. 왜냐하면 이러한 교수계획은 유아의 욕구, 흥미, 활동을 예견하고 자료와 환경을 체계화하도록 도와줌으로써 경험이 풍부한 교사나 초보적인 교사 모두에게 큰 어려움이 없게 하기 때문이다. 그러나 이러한 교사의 미리 짜여진 교수계획은 유아의 매일매일의 요구, 흥미에 대한 융통성 있는 교육을 감소시킬 수 있다고 비판받고 있다.

(4) 교수요목으로서의 교육과정

교사가 유아에게 가르치고자 하는 교육목표와 내용, 순서를 교과나 영역으로 계열성 있게 열거해 둔 일련의 문서화된 교수요목을 교육과정으로 보는 입장으로 교육과정의 범위 중 가장 협소한 개념이다.

교수요목으로서의 교육과정은 일정 시기에 단원별로 학습할 내용이 교수요목으로 짜여져 있어 누가 운영하든 그 순서대로 진행할 수 있게 되어 있기 때문에 실제 교사들의 학습 계획안 작성에 있어 기준을 줄 수 있는 중앙집권적인 성격을 지닌 교육과정이라고 볼 수 있다. 이 교육과정은 무엇을 가르칠 것인가에 대한 구체적인 내용이 제시되어 있다는 점과 교육 성과를 확인할 수 있다는 점에서 초임교사에게 유용하게 적용될 수 있다. 그러나 유아의 개인차나 개성을 무시한 획일화된 교육과정 및 지역사회 특성이나 교육기관의 실정을 반영하지 못하는 교육과정이라는 비판과 실효성 있는 교육과정의 정의라고 보기는 어렵다는 비판이 있다.

(5) 프로그램으로서의 교육과정

교육과정을 특정한 프로그램으로 정의하는 입장은 유아교육 분야에서만 볼 수 있는 관점이다. 유아교육에서의 프로그램은 유아의 발달과 학습을 바라보는 3가지 관점인 성숙주의, 행동주의, 구성주의 등의 이론을 중심으로 구성되어 있는 디스타 프로그램, 몬테소리 프로그램, 레지오 에밀리아 접근법 등의 다양한 프로그램을 의미한다.

프로그램을 대표하는 것으로는 1960년 이후 사회·문화적 보상운동의 일환으로 개발된 헤드스타트 프로그램을 중심으로 그 후의 팔로스루(Follow Through) 프로그램 모델들은 유아교육과정을 유아교육 프로그램으로 부르게 되는 경향을 가져왔다. 유아교육 프로그램이라고 하면 특정 이론에 기초하여 조직된 교육과정 모델로서 일반적인 교육과정의 개념보다는 구체화되고 실제 현장에서 가르치는 교육내용을 상세하게 진술한 협의의 개념으로 이해된다.

02 유아교육과정의 접근법

유아교육과정 유형은 발달과 학습에 관한 입장에 따라 세 가지로 구별할 수 있다. 이 세 가지 입장은 성숙주의, 행동주의, 구성주의로 대별할 수 있으며 이러한 기본 입장으로부터 많은 유아교육 프로그램 모델들이 개발되었다.

유아교육 프로그램의 주된 이론적 배경이 된 세 가지 입장에 근거하여 프로그램의 특징을 논의해 보는 것은 1970년대 이후 개발된 많은 유아교육 프로그램 모델들을 이해하는 데 도움이 된다.

1) 성숙주의 접근법

성숙주의 입장은 인간의 발달에 영향을 미치는 환경적 요소의 영향을 최소한으로 인정하였고 인간발달의 가장 중요한 힘은 유아의 내부로부터 나온다고 믿었다. 대표적인 학자로는 루소와 게젤 등을 들 수 있으며, 루소는 유아에게 자연적인 방법으로 성장할 수 있는 기회를 주는 것이 가장 중요하다고 보았다. 발달은 유전적으로 이미 가지고 태어나는 부분이 성장하면서 개화(unfolding)되어 진다고 보았다.

따라서 유아는 자신의 잠재 가능성을 최대한 발달시키는 것이 중요하며, 교사와 부모는 유아의 자연적 성장을 방해하지 말아야 한다고 보았다. 교사와 성인의 역할은 직접적·체계적 지도가 아니라 유아의 요구를 들어주고 그에 따르는 것으로 보았다.

교육활동의 일반적 원리

① 유아에게 선택의 기회를 주고 성인의 개입을 최소화한다. 유아 자신이 스케줄에 따라 활동을 선택하도록 하며, 유아의 성숙을 재촉하는 성인의 지나친 개입은 바람직하지 않다.
② 유아에게 다양하고 풍부한 자료를 사용함으로써 발달을 촉진한다. 특정한 유형의 활동을 매일 일정한 시간에 진행하고, 사고 표출 활동을 위한 충분한 시간의 제공이 필요하다.
③ 자신의 발달수준에 적합한 활동이 제공되어져야 한다. 집단구성은 발달수준이 같은 또래 집단으로 구성하는 것이 가장 효과적이다.
④ 작업이나 놀이의 결과에 대한 성인의 수정은 최소한으로 제한한다. 대부분의 많은 것은 시간이 지나면 저절로 달성될 수 있다.
⑤ 유아의 발달은 자신의 내적 성장의 힘에 따라 이루어진다. 따라서 바람직하고 적절한 경험이 조건 없이 제공되어져야 한다.

2) 행동주의 접근법

행동주의 입장은 환경의 영향이 유아의 행동을 어떻게 형성하게 하는지에 관심을 갖고 있었고, 외적인 환경을 조직하고 변화시킴으로써 유아의 행동을 촉진, 변화, 감소시킬 수 있다고 보았다. 대표적인 학자로는 로크, 손다이크, 스키너, 왓슨 등이 있으며 환경주의, 문화전달주의라고도 한다. 왓슨의 "나에게 12명의 아이를 준다면 그들을 자신이 원하는 의사든 변호사든 도둑이든 거지든 만들 수 있다"라는 말은 행동주의의 입장을 잘 나타낸 것이라 할 수 있다. 인간의 모든 행동은 학습된 것으로 간주하였으며 생물학적 유전은 전혀 인정하지 않았다. 교사와 성인의 역할은 강화, 보상 등을 유아에게 적절히 주어 사회화를 경험하고 학습하게 하는 것으로 보았다.

대표적인 프로그램으로는 잉글만-베커(Englemann-Becker), 디스타(DISTAR) 프로그램, 행동분석모델 등이 있다.

교육활동의 일반적 원리

① 달성하기 위한 구체적인 목표가 제시되어야 한다.
② 학습의 내용을 단순화, 위계화, 순서화시켜서 조직한다.
③ 학습과정에서 교사의 지시, 수정, 강화의 역할이 강조된다.
④ 직접적 경험을 통한 학습의 단계를 넘어선 추상적인 학습내용을 다루기 위한 도구로서 언어적 능력이 강조된다.

3) 구성주의 접근법

구성주의 입장은 유아의 능동적 활동능력을 강조하였으며 환경과의 상호작용의 중요성을 지적하였다. 발달은 성숙주의에서 주장하는 내적 개화의 개념이 아니고 유기체의 내적 구조변화에 따른 활동의 결과라고 보았다. 유기체는 자신이 처한 환경 속에서 환경과의 상호작용을 통하여 내적 구조의 변화를 가져오게 된다. 또한 발달을 질적으로 다른 여러 단계가 순차적, 즉 연속적으로 진행되는 것으로 본다.

대표적인 학자로는 듀이, 피아제, 비고츠키 등을 들 수 있으며 피아제는 지능을 개인과 환경의 끊임없는 상호작용이라 보았으며, 인지발달이란 환경에 대한 적응능력의 발달을 의미하며 이것은 동화와 조절에 의해 가능하다고 주장하였다.

부모나 교사는 유아가 자발적으로 관심을 갖는 것을 허용해야 한다. 유아가 사물에 대해 강한 관심을 보일 때 그것은 인지적 불평형을 호소하는 것이고 인지적 성장의 동기를 갖게 된 것이기도 하다.

교육활동의 일반적 원리

① 각 개인은 사회적, 물리적 환경과의 상호작용을 통해 인지구조를 재구조화한다. 따라서 다양한 물리적, 사회적 현상과의 풍부한 경험을 제공하는 것이 필요하다.
② 유아의 직접적 활동을 강조한다. 가장 풍부한 발달은 유아 중심적 경험에서 이루어지며, 그 과정에는 적절한 교사 및 또래와의 상호작용이 수반될 때 더 효과적이다.
③ 활동 구성은 유아 주도적 활동과 교사 주도적 활동이 균형을 맞추도록 하는 것이 요구된다.
④ 유아의 호기심을 자극하고 유아가 능동적으로 활동할 수 있는 환경을 제공한다.

성숙주의, 행동주의, 구성주의의 유아에 대한 이해 및 교육방법을 비교하면 다음과 같다.

표 4-1 기본가정 비교(Peters, Neisworth & Yawkey, 1985)

구분	성숙주의	행동주의	구성주의
목적	전 인격적 유아로서 성장	특별한 지식이나 기술을 강조, 내용 지향적	학습과정과 관련된 태도와 성향의 형성
유아	적응적	능동적이고 수동적	능동적
	정서 측면에서 성인과 질적 다름	학습에서 성인과 질적으로 동일함	성인과 사고과정이 질적으로 다름
발달	갈등해결 결과로 발달단계별로 이루어짐	양적, 점차적인 확장	상황에 따라 그때 그때 일어남
	풍부한 환경 속에서 예정적, 유전적으로 계획된 과정임	환경적 자극과 조작을 통하여 유아의 행동발달이 이루어짐	생물학적인 단계가 정해지나 환경과 유아와의 상호작용을 통하여 더 높은 수준의 발달로 나아감
학습	발달에 기초하여 내적, 외적 동기 유발	환경으로부터의 동기 유발	내면으로부터의 동기 유발
	사회적 경험에 기초를 둠	언어에 기초를 둠	감각교육에 기초를 둠
	자연적 전개	특별한 훈련에 기초를 둠	다양한 경험에 기초를 둠
	개인적 표현 / 과정	결과 접근법	과정 접근법

03 우리나라 유아교육과정의 변천

1) 제1차 유치원 교육과정(1969~1979)

제1차 유치원 교육과정은 1962년 유치원 시설기준령을 통한 유치원 교육의 외적 정비가 이루어지면서 내적인 정비를 위하여 1969년 제정·공포되었다. 제1차 유치원 교육과정은 유치원 교육의 목표, 영역, 수업 일수, 운영 방법 등을 제시함으로써 전국의 유치원 교육에 중요한 지침이 되었다.

교육목적은 건강한 신체와 건전한 정신으로 생활할 수 있는 유능한 한국인 양성으로 하고 있다. 교육과정 구성은 건강, 언어, 사회, 자연, 예능 등 5개 생활 영역으로 나누고 경험중심, 생활 중심, 유아 중심, 흥미중심의 학습 형태를 취하고 있다. 특히 바람직한 인격 형성, 건강과 위생, 신체발달을 강조하며 5개 생활 영역의 목표 모두가 습관과 태도를 기르는 것을 중요시하고 있다. 연간 교육일수는 200일 이상으로 하고 하루 3시간(180분) 기준으로 하되 기후, 계절, 유아의 발달정도, 교육내용의 특성을 감안하여 시간을 조절할 수 있음을 밝히고 있다.

2) 제2차 유치원 교육과정(1979~1981)

제2차 유치원 교육과정은 국민교육헌장의 이념 아래 국민적 자질의 함양, 인간교육의 강화, 지식·기술 교육의 쇄신을 기본 방침으로 자아실현, 국가 발전 및 민주적 가치를 강조하는 일반 목표를 갖고 제정되었다. 교육과정 영역은 사회·정서, 인지, 언어, 신체 및 건강 등 4개 발달 영역으로 구성되었다.

이 교육과정은 1970년대 인지발달을 강조하는 세계적 추세에 맞추어 인지발달을 강조하고 있으며 학문 중심의 교육과정 성격을 띠고 있다. 제2차 유치원 교육과정은 당시 경제개발 5개년 계획의 추진에 여성 노동 의존도가 높아지고 장기 종합 교육계획(1972~1986)에 따라 유치원의 교육적·사회적 기능을 강조하고 있다. 또한 제1차 유치원 교육과정과 마찬가지로 실제적인 활동, 놀이, 흥미, 경험중심의 학습을 표방하고 있으나 인지발달의 교육내용이 광범위하고 개념적이어서 현장 적용이 용이하지 못하였다(문미옥, 2008). 연간 교육일수는 200일로 하고 교육시간은 주당 18~24시간, 하루 3~4시간으로 운영하도록 하였다.

3) 제3차 유치원 교육과정(1981~1987)

제3차 유치원 교육과정의 목적은 민주·복지·정의사회의 건설에 적극적으로 이바지할 수 있는 자주적이고 창의적인 국민을 길러내는 것이었고, 유치원 교육의 목적은 유아에게 알맞은 교육환경을 마련해 주어 전인적으로 성장하도록 돕는 것이었다.

교육과정 영역은 신체발달 영역, 정서발달 영역, 언어발달 영역, 인지발달 영역, 사회성 발달 영역 등 5개 영역으로 내용을 편성하고 놀이중심, 경험중심, 흥미중심의 교육을 주류로 하고 있다. 제2차 유치원 교육과정에서 하나로 제시되었던 사회·정서발달이 사회성 발달 영역과 정서발달 영역으로 분리가 되었으며, 신체발달 및 건강영역이 신체발달 영역으로 흡수 통합되어졌다.

이 교육과정에서는 피아제의 인지발달이론, 타일러 등의 교육과정 이론의 영향을 받으며 학문중심 교육과정의 형태를 표방했다. 연간 교육일수가 기존의 200일에서 180일 이상으로 하향 축소되었고, 하루 교육시간은 3~4시간 기준으로 필요에 따라 변동할 수 있도록 하였다.

4) 제4차 유치원 교육과정(1987~1992)

제4차 유치원 교육과정은 제3차 유치원 교육과정이 개정된 이후 5년 후 교육과정의 내용 및 운영상의 문제점을 개선하도록 개정되었다. 교육의 목적은 건강한 사람, 자주적인 사람, 창조적인 사람, 도덕적인 사람으로 기르는데 역점을 두었다. 교육과정 영역은 신체발달 영역, 언어발달 영역, 인지발달 영역, 정서발달

영역, 사회성 발달 영역으로 제3차 유치원 교육과정과 영역이 동일하며 교육과정은 내용 부분을 없애고 목표 수준만을 제시하였으며 지도상의 유의점이 신설되었다. 이것은 각 영역별로 목표와 내용이 제시되는 경우, 각 발달 영역이 교과로 잘못 인식될 가능성이 크기 때문에 이런 단점을 배제하고 제시된 목표 수준에 따라 유치원 현장에서 교육활동을 선정하고 재구성하기 위함이었다.

이 교육과정에서는 흥미중심, 경험중심, 놀이중심의 개별 지도를 강조하는 교육에 초점을 두었으며 교육내용의 통합적 구성을 제시하였다. 평가 부분에서는 유아의 발달을 이해하고 도와주기 위한 교육의 과정으로 실시하며 평가의 대상과 내용에 따라 다양한 평가방법을 사용하도록 하고 있다. 연간 교육일수는 연간 180일 이상, 하루 3시간 기준으로 상황과 여건에 따라 조정할 수 있도록 하고 있다.

5) 제5차 유치원 교육과정(1992~1998)

제5차 유치원 교육과정은 한국유아교육학회에 연구·개발을 위탁하여 개정이 이루어졌다. 1991년 교육법이 개정되면서 유치원 입학 연령이 기존의 만 4~5세에서 만 3~5세로 조정되었다. 대상 연령의 폭이 넓어짐에 따라 교육내용도 수준에 따라 Ⅰ수준, Ⅱ수준, 공통수준으로 구분이 되었다.

1995년도부터 지방자치제에 의한 교육자치가 실시되었기 때문에 국가수준의 교육과정을 기초로 각 시·도 교육청과 유치원은 지역의 실정에 맞는 교육과정을 편성·운영하도록 하였다. 부모의 요구에 따라 취업모 가정 자녀를 위한 방과후과정 운영과 읽기·쓰기에 대한 구체적 지침을 제시하는 등 학부모의 요구도 교육과정에 반영하였다.

제5차 유치원 교육과정에서는 사회적 관계와 기본생활습관을 강조하도록 하였다. 교육목표는 건강한 사람, 자주적인 사람, 창의적인 사람, 도덕적인 사람을 이상적인 인간상으로 추구하며, 기본생활교육의 강조, 창의적인 문제해결 능력 신장 등을 강조하고 있다. 이 교육과정은 듀이, 피아제, 매슬로우, 아이즈너 등의 다학문적 배경을 바탕으로 유아의 흥미·요구·개별성의 존중, 놀이중심교육,

유아의 전인적 성장 발달 등의 교육을 중점으로 하는 인간중심 교육과정으로 분류된다. 교육 영역은 건강생활, 사회생활, 표현생활, 언어생활, 탐구생활의 5개 생활영역으로 구성되었다. 학습은 능동적 학습 경험과 흥미를 중시하여 통합적으로 운영하도록 하였다. 평가는 각 영역별 목표에 준하여 교육내용, 교육환경 및 교육자료, 교육방법 그리고 유아에 대한 평가가 이루어지도록 하였다. 연간 교육일수는 180일 기준으로 지역적 여건과 상황에 따라 변경 가능하도록 하였고, 하루 180분 기준으로 하고 조정 가능하도록 하였다.

6) 제6차 유치원 교육과정(1998~2007)

제6차 유치원 교육과정은 21세기의 세계화·정보화시대를 주도할 자율적이고 창의적인 한국인 육성을 기본 방향으로 건강생활, 사회생활, 표현생활, 언어생활, 탐구생활 영역으로 내용을 구성하였다. 교육과정은 수준별 적절성 고려, 교육시간 운영의 다양화 추구, 기본생활습관 및 협동적 생활태도 강조, 감성계발 교육 강조, 창의성과 정보능력 함양 강화, 세계화에 대비한 전통문화교육 등에 강조점을 두고 개정되었다.

교육과정은 건강생활, 사회생활, 표현생활, 언어생활, 탐구생활 영역으로 구성하고 있고 교육일수는 연간 180일 이상으로 하며 하루의 교육시간은 180분을 기준으로 하되 유아의 연령과 발달수준, 기후, 계절, 학부모의 요구 등을 고려하여 실정에 맞도록 조정한다. 1일 3시간 이상 5시간 미만 반일제, 5시간 이상 8시간 미만 시간 연장제, 8시간 이상의 종일제 프로그램으로 구분·운영하여 부모들이 선택하도록 한다.

7) 2007 개정 유치원 교육과정(2007~2012)

2007 개정 유치원 교육과정은 2005년 초·중등교육과정 전체의 교육과정 개정을 담당하게 된 한국교육과정평가원에서 유치원 교육과정 개정까지 담당한 것에 의미가 있으며, 유·초·중·고로 이어지는 각급 학교 간 연계가 원활하게 이

루어질 수 있는 여건이 조성되어졌다고 볼 수 있다. 5개 생활영역을 고루 반영하여 교육목표를 영역 간 연계되도록 진술하였으며 유아중심 교육과정이어야 한다는 관점에서 과정중심어와 유아 관점 진술방식으로 목표를 진술하였다. 생활영역별로 교육과정 내용을 제시하였으며 전 영역에서 창의성을 강조하고 있다. 생활영역은 전인발달의 요소로 구분하되 각 영역별로 유아들이 학습해야 할 내용을 구체화한 것으로 건강생활, 사회생활, 표현생활, 언어생활, 탐구생활의 영역 구분은 신체발달, 사회성 발달, 정서발달, 언어발달, 인지발달의 전인발달 영역에 근거를 둔 것이다(한국유아교육학회, 1996).

표 4-2 유치원 교육과정 변천 과정 비교

구분	제1차(1969~1979)	제2차(1979~1981)	제3차(1981~1987)
교육목적	건강한 신체와 건전한 정신으로 생활할 수 있는 유능한 한국인 양성	1. 자아실현 2. 국가 발전을 위한 주체 의식 확립 및 사명감 인식 3. 민주적 가치의 강조	유아들의 전인적 성장 조력
영역별 교육목표	1. 건강 및 안전교육 철저 2. 기초적인 생활습관과 기능 익히기 3. 자연과 사회의 제 현상에 관심을 가지며 과학적이고 민주적인 사고력 싹트기 4. 바르게 듣고 말하기 5. 심미적인 태도와 창조적인 표현력 기르기	1. 사회화에 필요한 경험 습득하기 2. 사회와 자연현상에 대하여 흥미를 가지고 다양하게 표현하기 3. 탐구력과 적응력 기르기 4. 언어 습관 및 태도 기르기 5. 신체 건강 및 안전에 대한 습관 및 태도 기르기	1. 감각 및 운동기능 기르고 신체의 조화로운 발달 이루기 2. 긍정적인 자아 개념 형성 및 창의적으로 표현하기 3. 기초적 언어 기능 습득하기 4. 자연과 사회현상에 대한 기초적인 이해와 문제해결 능력 기르기 5. 가족과 이웃을 사랑하는 태도 및 일상생활에 필요한 기본적인 예절과 규범 지키기
학습형태	생활, 경험, 흥미중심	놀이·경험중심, 흥미 고려	활동·놀이·생활 중심 개별화 교육, 통합교육
편제	건강, 사회, 자연, 언어, 예능	사회·정서발달 영역, 인지발달 영역, 언어발달 영역, 신체발달 및 건강 영역	신체발달 영역, 정서발달 영역, 언어발달 영역, 인지발달 영역, 사회성 발달 영역
연간 교육 일수 및	1. 연간 200일 이상 2. 하루 3시간(180분) 기준	1. 연간 200일 2. 주당 18~24시간	1. 연간 180일 이상 2. 하루 3~4시간 기준(조정

구분	제1차(1969~1979)	제2차(1979~1981)	제3차(1981~1987)
하루의 교육시간	기후, 계절, 유아의 발달 정도, 교육내용의 특성을 감안하여 시간 단위 조절	3. 하루 3~4시간 기준(조정 가능)	가능)
평가	—	—	유아의 발달을 이해하고 도와주는 긍정적인 측면의 목표 지향적 평가가 이루어지도록 한다.
교육과정 유형	경험중심 교육과정	학문중심 교육과정	학문중심 교육과정

구분	제4차(1987~1992)	제5차(1992~1998)
교육목적	유아의 전인적 발달 조력	교육과정에 미제시
영역별 교육목표	1. 건강 및 안전 생활에 대한 올바른 습관과 신체의 조화로운 발달 도모 2. 언어 이해 및 언어 표현의 기초 기능 습득 3. 주변현상에 대한 관심 및 탐구 태도 배양 4. 자부심 및 생활 주변에서의 느낌과 생각을 자주적으로 표현하기 5. 기본적인 생활습관 및 가족과 이웃을 사랑하는 태도 배양	1. 기본적인 감각운동능력을 길러 신체와 정신의 조화로운 발달을 이루며 건강하고 안전한 생활하기 2. 기초적인 자기조절 능력을 기르고 사회적 지식과 태도를 익히게 하여 자신과 다른 사람을 존중하며 즐겁게 더불어 생활하기 3. 풍부한 감성과 상상력을 기르고, 자신이 느끼고 경험한 바를 창의적으로 표현하기 4. 말과 글에 관심을 가지게 하고 기초적인 언어능력을 기르게 함으로써 즐거운 언어생활하기 5. 여러 가지 사물과 현상을 탐구하고, 기초적인 사고능력과 창의적인 문제해결 능력을 기르기
학습형태	흥미 · 경험 · 놀이중심 개별지도 통합구성	통합적 운영, 능동적 학습 경험 · 흥미 중시
편제	신체발달 영역, 정서발달 영역, 언어발달 영역, 인지발달 영역, 사회성 발달 영역	건강생활, 사회생활, 표현생활, 언어생활, 탐구생활
연간 교육 일수 및 하루의 교육시간	1. 연간 180일 이상 2. 하루 3시간 기준(조정 가능)	1. 연간 180일 기준(조정 가능) 2. 하루 180분 기준(교육과정 편성, 운영지침에 의하여 교육일수와 시간에 관하여 따로 제시 가능)
평가	유아의 발달을 이해하고 도와주기 위한 교육의 과정으로 실시하며 평가의 대상과 내용에 따라 다양한 방법을 사용한다.	각 영역별 목표에 준하여 교육내용, 교육환경 및 교육자료, 교육방법 그리고 유아에 대하여 평가한다.
교육과정 유형	학문중심 교육과정	인간중심 교육과정

구 분	제6차(1998~2007)	2007 개정(2007~2012)
교육목적	교육이념으로 교육 전반에 대한 목적 진술: 전인적 성장을 위한 기초교육, 유아의 일상생활에 필요한 기본능력과 태도를 기르는 데 중점	유아에게 알맞은 교육환경을 제공하여 유아를 교육하고 심신의 조화로운 발달을 돕는 것을 목적으로 함
영역별 교육목표	1. 몸과 마음의 건강 2. 기본생활습관과 더불어 생활하는 태도 3. 생각과 느낌 창의적으로 표현 4. 바르게 언어 사용하는 경험 5. 일상생활 문제에 대해서 스스로 궁리하는 태도 기르기	1. 몸과 마음을 건강하게 기본생활습관 기르기 2. 더불어 사는 태도와 전통문화를 사랑하는 마음 3. 자신의 생각과 느낌 자유롭고 창의적으로 표현하는 경험 4. 의사소통을 위한 언어능력 및 바른 언어 사용 습관 기르기 5. 호기심을 가지고 주변 세계를 탐구하며 자연을 존중하는 태도 가지기
학습형태	통합 교육, 흥미와 유아중심 교수활동	통합교육, 놀이중심, 흥미와 유아 중심 교수활동, 활동 간의 균형, 개별화, 긍정적·수용적 교사의 역할 강조
편제	5차와 동일	5차와 6차 승계
연간 교육 일수 및 하루의 교육시간	연간 180일 이상, 하루 180분 기준(유아 연령과 발달수준, 기후, 계절, 학부모 요구 고려하여 조정가능)	연간 180일, 하루 교육시간은 180분을 최소 기준(시·도 교육청의 지침과 유치원 실정에 따라 유치원에서 자율적으로 결정)
평가	모든 영역 평가, 다양한 평가방법 사용: 관찰, 일화기록 등 평가결과 문장 진술, 평가결과 활용: 학습개선, 부모상담 등	목표와 내용에 기초한 평가, 유아의 태도, 지식, 기능 세 가지 측면 모두 반영된 평가, 유치원 일과와 관련한 포괄적 평가, 다양한 평가방법 사용: 관찰, 포트폴리오 등 평가결과 활용: 부모상담, 학습지도 시 반영
교육과정 유형	인간 중심 교육과정	인간 중심 교육과정

8) 3~5세 연령별 누리과정

(1) 제정 배경

정부는 국가지원을 통한 공정한 교육 기회의 보장과 양질의 교육 제공 및 교육비 부담 완화 등에 대한 적극적인 대책으로 만 3~5세 유아들에게 유아교육·보육과정이 통합된 「3~5세 연령별 누리과정」을 무상으로 제공됨으로써 취학 전 교육의 질을 제고하고 생애 초기의 공정한 출발선을 보장할 수 있게 되었다.

심신의 건강과 조화로운 발달을 도와 바른 인성을 갖춘 민주시민의 기초를 형성하는 것을 목적으로 하는「3~5세 연령별 누리과정」은 0~2세 표준보육과정(어린이집) 및 초등학교 교육과정과의 연계를 강화하였다. 바른 생활습관 형성을 위한 기본생활습관을 강조하고 남을 배려하고 존중하며 더불어 함께 하는 다양한 내용으로 구성하여 누리과정부터 인성교육에 중점을 두었다. 또한, 건강한 몸과 마음을 기르도록 다양한 신체활동 참여를 강화하고 유아 단계에 맞는 인터넷 미디어 중독 예방, 녹색성장교육 및 다른 문화에 대한 이해 등의 내용도 강조하였다.

(2) 구성 방향

① 질서, 배려, 협력 등 기본생활습관과 바른 인성을 기르는데 중점을 두어 구성하였다.
② 자율성과 창의성을 기르는데 중점을 두고 전인발달을 이루도록 구성하였다.
③ 사람과 자연을 존중하고, 우리 문화를 이해하는 데 중점을 두어 구성하였다.
④ 3-5세 유아의 발달특성을 고려하여 연령별로 구성하였다.
⑤ 신체운동·건강, 의사소통, 사회관계, 예술경험, 자연탐구 5개 영역을 중심으로 구성하였다.
⑥ 초등학교 교육과정과 0~2세 표준보육과정과의 연계성을 고려하여 구성하였다.

(3) 목적과 목표

① 목적

누리과정은 만 3~5세 유아의 심신의 건강과 조화로운 발달을 도와 민주시민의 기초를 형성하는 것을 목적으로 한다.

② 목표

가. 기본운동능력과 건강하고 안전한 생활습관을 기른다.
나. 일상생활에 필요한 의사소통 능력과 바른 언어사용 습관을 기른다.
다. 자신을 존중하고 다른 사람과 더불어 생활하는 능력과 태도를 기른다.
라. 아름다움에 관심을 가지고 예술경험을 즐기며 창의적으로 표현하는 능력을 기른다.
마. 호기심을 가지고 주변 세계를 탐구하며 일상생활에서 수학적·과학적으로 생각하는 능력과 태도를 기른다.

(4) 편성과 운영

① 편성

가. 1일 4~5시간을 기준으로 편성한다.
나. 5개 영역의 내용을 균형 있게 통합적으로 편성한다.
다. 유아의 발달특성 및 경험을 고려하여 놀이를 중심으로 편성한다.
라. 반(학급) 특성에 따라 융통성 있게 편성한다.
마. 성별, 종교, 신체적 특성, 가족 및 민족 배경 등으로 인한 편견이 없도록 편성한다.
바. 일과 운영시간에 따라 심화 확장할 수 있도록 편성한다.

② 운영

가. 연간, 월간, 주간, 일일 계획에 의거하여 운영한다.
나. 실내·외 환경을 다양한 흥미영역으로 구성하여 운영한다.
다. 유아의 능력과 장애 정도에 따라 조정하여 운영한다.
라. 부모와 각 기관의 실정에 따라 부모교육을 실시한다.
마. 가정과 지역사회와의 협력과 참여에 기반하여 운영한다.
바. 교사 재교육을 통해서 누리과정 활동이 개선되도록 운영한다.

③ 교수-학습 방법

가. 놀이를 중심으로 교수·학습활동이 이루어지도록 한다.

나. 유아의 흥미를 중심으로 활동을 선택하고 지속할 수 있도록 한다.

다. 유아의 생활 속 경험을 소재로 하여 지식, 기능, 태도 및 가치를 습득하도록 한다.

라. 유아와 교사, 유아와 유아, 유아와 환경 간에 능동적인 상호작용이 이루어지도록 한다.

마. 주제를 중심으로 여러 활동이 통합적으로 이루어지도록 한다.

바. 실내·실외활동, 정적·동적 활동, 대·소집단활동 및 개별 활동, 휴식 등이 균형 있게 이루어지도록 한다.

사. 유아의 관심과 흥미, 발달이나 환경 특성 등을 고려하여 개별 유아에게 적합한 방식으로 학습하도록 한다.

④ 평가

가. 누리과정 운영 평가

가) 운영내용이 누리과정의 목표와 내용에 근거하여 편성·운영되었는지 평가한다.

나) 운영내용 및 활동이 유아의 발달수준과 흥미·요구에 적합한지를 평가한다.

다) 교수·학습 방법이 유아의 흥미와 활동의 특성에 적합한지를 평가한다.

라) 운영환경이 유아의 발달특성과 활동의 주제, 내용 및 효율성 등을 고려하여 구성되었는지를 평가한다.

마) 계획안 분석, 수업 참관 및 모니터링, 평가척도 등 다양한 방법을 활용하여 평가한다.

바) 운영평가의 결과를 반영하여 운영계획을 수정·보완하거나 이후 누리과정 편성·운영에 활용한다.

나. 유아 평가

가) 누리과정 목표와 내용에 근거하여 유아의 특성과 변화 정도를 평가한다.
나) 유아의 지식, 기능, 태도를 포함하여 평가한다.
다) 유아의 일상생활과 누리과정 활동 전반에 걸쳐 평가한다.
라) 관찰, 활동 결과물 분석, 부모면담 등 다양한 방법을 사용하여 종합적으로 평가하고, 그 결과를 기록한다.
마) 유아평가결과는 유아에 대한 이해와 누리과정 운영 개선 및 부모 면담 자료로 활용할 수 있다.

9) 2019 개정 누리과정(교육부 고시 제2019-189호)

(1) 누리과정의 성격

누리과정은 3~5세 유아를 위한 국가수준의 공통 교육과정이다.
가. 국가수준의 공통성과 지역, 기관 및 개인 수준의 다양성을 동시에 추구한다.
나. 유아의 전인적 발달과 행복을 추구한다.
다. 유아 중심과 놀이중심을 추구한다.
라. 유아의 자율성과 창의성 신장을 추구한다.
마. 유아, 교사, 원장(감), 학부모 및 지역사회가 함께 실현해가는 것을 추구한다.

(2) 누리과정의 구성방향

① 추구하는 인간상

누리과정이 추구하는 인간상은 다음과 같다.

가. 건강한 사람
나. 자주적인 사람
다. 창의적인 사람
라. 감성이 풍부한 사람
마. 더불어 사는 사람

② 목적과 목표

누리과정의 목적은 유아가 놀이를 통해 심신의 건강과 조화로운 발달을 이루고 바른 인성과 민주 시민의 기초를 형성하는 데에 있다. 이를 실현하기 위한 목표는 다음과 같다.

가. 자신의 소중함을 알고, 건강하고 안전한 생활습관을 기른다.
나. 자신의 일을 스스로 해결하는 기초능력을 기른다.
다. 호기심과 탐구심을 가지고 상상력과 창의력을 기른다.
라. 일상에서 아름다움을 느끼고 문화적 감수성을 기른다.
마. 사람과 자연을 존중하고 배려하며 소통하는 태도를 기른다.

(3) 구성의 중점

누리과정 구성의 중점은 다음과 같다.

가. 3~5세 모든 유아에게 적용할 수 있도록 구성한다.
나. 추구하는 인간상 구현을 위한 지식, 기능, 태도 및 가치를 반영하여 구성한다.
다. 신체운동·건강, 의사소통, 사회관계, 예술경험, 자연탐구의 5개 영역을 중심으로 구성한다.
라. 3~5세 유아가 경험해야 할 내용으로 구성한다.

마. 0~2세 보육과정 및 초등학교 교육과정과의 연계성을 고려하여 구성한다.

(4) 누리과정의 운영

① 편성·운영

다음의 사항에 따라 누리과정을 편성·운영한다.

가. 1일 4~5시간을 기준으로 편성한다.
나. 일과 운영에 따라 확장하여 편성할 수 있다.
다. 누리과정을 바탕으로 각 기관의 실정에 적합한 계획을 수립하여 운영한다.
라. 하루 일과에서 바깥놀이를 포함하여 유아의 놀이가 충분히 이루어지도록 편성하여 운영한다.
마. 성, 신체적 특성, 장애, 종교, 가족 및 문화적 배경 등으로 인한 차별이 없도록 편성하여 운영한다.
바. 유아의 발달과 장애 정도에 따라 조정하여 운영한다.
사. 가정과 지역사회와의 협력과 참여에 기반하여 운영한다.
아. 교사 연수를 통해 누리과정의 운영이 개선되도록 한다.

② 교수·학습

교사는 다음 사항에 따라 유아를 지원한다.

가. 유아가 흥미와 관심에 따라 놀이에 자유롭게 참여하고 즐기도록 한다.
나. 유아가 놀이를 통해 배우도록 한다.
다. 유아가 다양한 놀이와 활동을 경험할 수 있도록 실내외 환경을 구성한다.
라. 유아와 유아, 유아와 교사, 유아와 환경 간에 능동적인 상호작용이 이루어지도록 한다.
마. 5개 영역의 내용이 통합적으로 유아의 경험과 연계되도록 한다.

바. 개별 유아의 요구에 따라 휴식과 일상생활이 원활히 이루어지도록 한다.
사. 유아의 연령, 발달, 장애, 배경 등을 고려하여 개별 특성에 적합한 방식으로 배우도록 한다.

③ 평가

평가는 다음 사항에 중점을 두고 실시한다.

가. 누리과정 운영의 질을 진단하고 개선하기 위해 평가를 계획하고 실시한다.
나. 유아의 특성 및 변화 정도와 누리과정의 운영을 평가한다.
다. 평가의 목적에 따라 적합한 방법을 사용하여 평가한다.
라. 평가의 결과는 유아에 대한 이해와 누리과정 운영 개선을 위한 자료로 활용할 수 있다.

(5) 영역별 목표 및 내용

① 신체운동·건강

가. 목표

실내외에서 신체활동을 즐기고, 건강하고 안전한 생활을 한다.

1) 신체활동에 즐겁게 참여한다.
2) 건강한 생활습관을 기른다.
3) 안전한 생활습관을 기른다.

나. 내용

내용 범주	내 용
신체활동 즐기기	신체를 인식하고 움직인다.
	신체 움직임을 조절한다.

내용 범주	내 용
	기초적인 이동 운동, 제자리 운동, 도구를 이용한 운동을 한다.
	실내외 신체활동에 자발적으로 참여한다.
건강하게 생활하기	자신의 몸과 주변을 깨끗이 한다.
	몸에 좋은 음식에 관심을 가지고 바른 태도로 즐겁게 먹는다.
	하루 일과에서 적당한 휴식을 취한다.
	질병을 예방하는 방법을 알고 실천한다.
안전하게 생활하기	일상에서 안전하게 놀이하고 생활한다.
	TV, 컴퓨터, 스마트폰 등을 바르게 사용한다.
	교통안전 규칙을 지킨다.
	안전사고, 화재, 재난, 학대, 유괴 등에 대처하는 방법을 경험한다.

② 의사소통

가. 목표

일상생활에 필요한 의사소통 능력과 상상력을 기른다.

1) 일상생활에서 듣고 말하기를 즐긴다.
2) 읽기와 쓰기에 관심을 가진다.
3) 책이나 이야기를 통해 상상하기를 즐긴다.

나. 내용

내용 범주	내 용
듣기와 말하기	말이나 이야기를 관심 있게 듣는다.
	자신의 경험, 느낌, 생각을 말한다.
	상황에 적절한 단어를 사용하여 말한다.
	상대방이 하는 이야기를 듣고 관련해서 말한다.
	바른 태도로 듣고 말한다.
	고운 말을 사용한다.
읽기와 쓰기에 관심 가지기	말과 글의 관계에 관심을 가진다.
	주변의 상징, 글자 등의 읽기에 관심을 가진다.
	자신의 생각을 글자와 비슷한 형태로 표현한다.

내용 범주	내 용
책과 이야기 즐기기	책에 관심을 가지고 상상하기를 즐긴다.
	동화, 동시에서 말의 재미를 느낀다.
	말놀이와 이야기 짓기를 즐긴다.

③ 사회관계

가. 목표

자신을 존중하고 더불어 생활하는 태도를 가진다.

1) 자신을 이해하고 존중한다.
2) 다른 사람과 사이좋게 지낸다.
3) 우리가 사는 사회와 다양한 문화에 관심을 가진다.

나. 내용

내용 범주	내 용
나를 알고 존중하기	나를 알고 소중히 여긴다.
	나의 감정을 알고 상황에 맞게 표현한다.
	내가 할 수 있는 것을 스스로 한다.
더불어 생활하기	가족의 의미를 알고 화목하게 지낸다.
	친구와 서로 도우며 사이좋게 지낸다.
	친구와의 갈등을 긍정적인 방법으로 해결한다.
	서로 다른 감정, 생각, 행동을 존중한다.
	친구와 어른께 예의 바르게 행동한다.
	약속과 규칙의 필요성을 알고 지킨다.
사회에 관심 가지기	내가 살고 있는 곳에 대해 궁금한 것을 알아본다.
	우리나라에 대해 자부심을 가진다.
	다양한 문화에 관심을 가진다.

④ 예술경험

가. 목표

아름다움과 예술에 관심을 가지고 창의적 표현을 즐긴다.

1) 자연과 생활 및 예술에서 아름다움을 느낀다.
2) 예술을 통해 창의적으로 표현하는 과정을 즐긴다.
3) 다양한 예술 표현을 존중한다.

나. 내용

내용 범주	내 용
아름다움 찾아보기	자연과 생활에서 아름다움을 느끼고 즐긴다.
	예술적 요소에 관심을 갖고 찾아본다.
창의적으로 표현하기	노래를 즐겨 부른다.
	신체, 사물, 악기로 간단한 소리와 리듬을 만들어 본다.
	신체나 도구를 활용하여 움직임과 춤으로 자유롭게 표현한다.
	다양한 미술 재료와 도구로 자신의 생각과 느낌을 표현한다.
	극놀이로 경험이나 이야기를 표현한다.
예술 감상하기	다양한 예술을 감상하며 상상하기를 즐긴다.
	서로 다른 예술 표현을 존중한다.
	우리나라 전통 예술에 관심을 갖고 친숙해진다.

⑤ 자연탐구

가. 목표

탐구하는 과정을 즐기고, 자연과 더불어 살아가는 태도를 가진다.

1) 일상에서 호기심을 가지고 탐구하는 과정을 즐긴다.
2) 생활 속의 문제를 수학적, 과학적으로 탐구한다.
3) 생명과 자연을 존중한다.

나. 내용

내용 범주	내 용
탐구 과정 즐기기	주변 세계와 자연에 대해 지속적으로 호기심을 가진다.
	궁금한 것을 탐구하는 과정에 즐겁게 참여한다.
	탐구 과정에서 서로 다른 생각에 관심을 가진다.
생활 속에서 탐구하기	물체의 특성과 변화를 여러 가지 방법으로 탐색한다.
	물체를 세어 수량을 알아본다.
	물체의 위치와 방향, 모양을 알고 구별한다.
	일상에서 길이, 무게 등의 속성을 비교한다.
	주변에서 반복되는 규칙을 찾는다.
	일상에서 모은 자료를 기준에 따라 분류한다.
	도구와 기계에 대해 관심을 가진다.
자연과 더불어 살기	주변의 동식물에 관심을 가진다.
	생명과 자연환경을 소중히 여긴다.
	날씨와 계절의 변화를 생활과 관련짓는다.

04 표준보육과정(보건복지부 고시 제2020-75호)

1) 표준보육과정의 성격

어린이집 표준보육과정(이하, '표준보육과정'이라 함)은 0~5세 영유아를 위한 국가수준의 보육과정이며 0~1세 보육과정, 2세 보육과정, 3~5세 보육과정(누리과정)으로 구성한다.

가. 국가수준의 공통성과 지역, 기관 및 개인 수준의 다양성을 동시에 추구한다.

나. 영유아의 전인적 발달과 행복을 추구한다.

다. 영유아 중심과 놀이중심을 추구한다.

라. 영유아의 자율성과 창의성 신장을 추구한다.

마. 영유아, 교사, 원장, 부모 및 지역사회가 함께 실현해 가는 것을 추구한다.

2) 표준보육과정의 구성 방향

(1) 추구하는 인간상

표준보육과정이 추구하는 인간상은 다음과 같다.

가. 건강한 사람
나. 자주적인 사람
다. 창의적인 사람
라. 감성이 풍부한 사람
마. 더불어 사는 사람

(2) 목적과 목표

표준보육과정의 목적은 영유아가 놀이를 통해 심신의 건강과 조화로운 발달을 이루고 바른 인성과 민주 시민의 기초를 형성하는 데 있다. 이를 실현하기 위한 목표는 다음과 같다.

가. 0~2세 보육과정 목표

1) 자신의 소중함을 알고, 건강하고 안전한 환경에서 즐겁게 생활한다.
2) 자신의 일을 스스로 하고자 한다.
3) 호기심을 가지고 탐색하며 상상력을 기른다.
4) 일상에서 아름다움에 관심을 가지고 감성을 기른다.
5) 사람과 자연을 존중하고 소통하는 데 관심을 가진다.

나. 3~5세 보육과정 목표

1) 자신의 소중함을 알고, 건강하고 안전한 생활습관을 기른다.

2) 자신의 일을 스스로 해결하는 기초능력을 기른다.
3) 호기심과 탐구심을 가지고 상상력과 창의력을 기른다.
4) 일상에서 아름다움을 느끼고 문화적 감수성을 기른다.
5) 사람과 자연을 존중하고 배려하며 소통하는 태도를 기른다.

(3) 구성의 중점

표준보육과정 구성의 중점은 다음과 같다.

가. 영유아는 개별적인 특성을 지닌 고유한 존재임을 전제로 구성한다.
나. 0~5세 모든 영유아에게 적용할 수 있도록 구성한다.
다. 추구하는 인간상 구현을 위한 지식, 기능, 태도 및 가치를 반영하여 구성한다.
라. 표준보육과정은 다음의 영역을 중심으로 구성한다.
  1) 0~1세 보육과정과 2세 보육과정은 기본생활, 신체운동, 의사소통, 사회관계, 예술경험, 자연탐구의 6개 영역을 중심으로 구성한다.
  2) 3~5세 누리과정은 신체운동·건강, 의사소통, 사회관계, 예술경험, 자연탐구의 5개 영역을 중심으로 구성한다.
마. 0~5세 영유아가 경험해야 할 내용으로 구성한다.
바. 초등학교 교육과정과의 연계성을 고려하여 구성한다.

3) 표준보육과정의 운영

(1) 편성·운영

다음의 사항에 따라 표준보육과정을 편성·운영한다.
가. 어린이집의 운영시간에 맞추어 편성한다.
나. 표준보육과정을 바탕으로 각 기관의 실정에 적합한 계획을 수립하여 운영

한다.

다. 하루 일과에서 바깥 놀이를 포함하여 영유아의 놀이가 충분히 이루어지도록 편성하여 운영한다.

라. 성, 신체적 특성, 장애, 종교, 가족 및 문화적 배경 등에 따른 차별이 없도록 편성하여 운영한다.

마. 영유아의 발달과 장애 정도에 따라 조정하여 운영한다.

바. 가정과 지역사회와의 협력과 참여에 기반하여 운영한다.

사. 교사 연수를 통해 표준보육과정의 운영을 개선할 수 있도록 한다.

(2) 교수·학습

교사는 다음 사항에 따라 영유아를 지원한다.

가. 영유아의 의사 표현을 존중하고 민감하게 반응한다.

나. 영유아가 흥미와 관심에 따라, 놀이에 자유롭게 참여하고 즐기도록 한다.

다. 영유아가 놀이를 통해 배우도록 한다.

라. 영유아가 다양한 놀이와 활동을 경험할 수 있도록 실내외 환경을 구성한다.

마. 영유아와 영유아, 영유아와 교사, 영유아와 환경 사이에 능동적인 상호작용이 이루어지도록 한다.

바. 각 영역의 내용이 통합적으로 영유아의 경험과 연계되도록 한다.

사. 개별 영유아의 요구에 따라, 휴식과 일상생활이 원활히 이루어지도록 한다.

아. 영유아의 연령, 발달, 장애, 배경 등을 고려하여 개별 특성에 적합한 방식으로 배우도록 한다.

(3) 평가

평가는 다음 사항에 중점을 두고 실시한다.

가. 표준보육과정 운영의 질을 진단하고 개선하기 위해, 평가를 계획하고 실시한다.
나. 영유아의 특성 및 변화 정도와 표준보육과정의 운영을 평가한다.
다. 평가의 목적에 따라 적합한 방법을 사용하여 평가한다.
라. 평가의 결과는 영유아에 대한 이해와 표준보육과정 운영 개선을 위한 자료로 활용할 수 있다.

4) 0~1세 영역별 목표 및 내용

(1) 기본생활

가. 목표

건강하고 안전한 일상생활을 경험한다.
1) 건강한 일상생활을 경험한다.
2) 안전한 일상생활을 경험한다.

나. 내용

내용 범주	내 용
건강하게 생활하기	• 도움을 받아 몸을 깨끗이 한다. • 음식을 즐겁게 먹는다. • 하루 일과를 편안하게 경험한다. • 배변 의사를 표현한다.
안전하게 생활하기	• 안전한 상황에서 놀이하고 생활한다. • 안전한 상황에서 교통수단을 이용해 본다. • 위험하다는 말에 주의한다.

(2) 신체운동

가. 목표

감각으로 탐색하고 신체활동을 즐긴다.

1) 감각 탐색을 즐긴다.
2) 신체활동을 즐겁게 경험한다.

나. 내용

내용 범주	내 용
감각과 신체 인식하기	• 감각적 자극에 반응한다. • 감각으로 주변을 탐색한다. • 신체를 탐색한다.
신체활동 즐기기	• 대소근육을 조절한다. • 기본 운동을 시도한다. • 실내외 신체활동을 즐긴다.

(3) 의사소통

가. 목표

의사소통 능력의 기초를 형성한다.

1) 일상생활에서 듣고 말하기를 즐긴다.
2) 읽기와 쓰기에 관련된 관심을 가진다.
3) 책과 이야기에 관심을 가진다.

나. 내용

내용 범주	내 용
듣기와 말하기	• 표정, 몸짓, 말과 주변의 소리에 관심을 갖고 듣는다. • 상대방의 이야기를 들으면서 말소리를 낸다. • 표정, 몸짓, 말소리로 의사를 표현한다.
읽기와 쓰기에 관심 가지기	• 주변의 그림과 상징에 관심을 가진다. • 끼적이기에 관심을 가진다.
책과 이야기 즐기기	• 책에 관심을 가진다. • 이야기에 관심을 가진다.

(4) 사회관계

가. 목표

나를 인식하고, 친숙한 사람과 관계를 맺는다.

1) 나를 고유한 존재로 안다.
2) 안정적인 애착을 형성하고, 또래, 교사와 함께 지낸다.

나. 내용

내용 범주	내 용
나를 알고 존중하기	• 나를 인식한다. • 나의 욕구와 감정을 나타낸다. • 나와 친숙한 것을 안다.
더불어 생활하기	• 안정적인 애착을 형성한다. • 또래에게 관심을 가진다. • 다른 사람의 감정과 행동에 관심을 가진다. • 반에서 편안하게 지낸다.

(5) 예술경험

가. 목표

아름다움을 느끼고 경험한다.

1) 자연과 생활에서 아름다움에 관심을 가진다.
2) 예술적 경험을 표현한다.

나. 내용

내용 범주	내 용
아름다움 찾아보기	• 자연과 생활에서 아름다움을 느낀다. • 아름다움에 관심을 가진다.
창의적으로 표현하기	• 소리와 리듬, 노래로 표현한다. • 감각을 통해 미술을 경험한다. • 모방 행동을 즐긴다.

(6) 자연탐구

가. 목표

주변 환경과 자연에 관심을 가진다.

1) 일상에서 탐색을 즐긴다.
2) 주변 환경을 탐색한다.
3) 생명과 자연에 관심을 가진다.

나. 내용

내용 범주	내 용
탐구 과정 즐기기	• 주변 세계와 자연에 대해 호기심을 가진다. • 사물과 자연 탐색하기를 즐긴다.
생활 속에서 탐구하기	• 친숙한 물체를 감각으로 탐색한다. • 물체의 수량에 관심을 가진다. • 주변 공간과 모양을 탐색한다. • 규칙성을 경험한다.
자연과 더불어 살기	• 주변의 동식물에 관심을 가진다. • 날씨의 변화를 감각으로 느낀다.

5) 2세 영역별 목표 및 내용

(1) 기본생활

가. 목표

건강하고 안전한 생활습관의 기초를 형성한다.

1) 건강한 생활습관의 기초를 형성한다.
2) 안전한 생활습관의 기초를 형성한다.

나. 내용

내용 범주	내 용
건강하게 생활하기	• 자신의 몸을 깨끗이 해 본다. • 음식에 관심을 가지고 즐겁게 먹는다. • 하루 일과를 즐겁게 경험한다. • 건강한 배변 습관을 갖는다.
안전하게 생활하기	• 일상에서 안전하게 놀이하고 생활한다. • 교통수단을 안전하게 이용해 본다. • 위험한 상황에 대처하는 방법을 경험한다.

(2) 신체운동

가. 목표

감각을 활용하고, 신체활동을 즐긴다.

1) 감각을 활용하고, 신체를 인식한다.
2) 신체활동을 즐긴다.

나. 내용

내용 범주	내 용
감각과 신체 인식하기	• 감각능력을 활용한다. • 신체를 인식하고 움직인다.
신체활동 즐기기	• 대소근육을 조절한다. • 기본 운동을 즐긴다. • 실내외 신체활동을 즐긴다.

(3) 의사소통

가. 목표

의사소통 능력과 상상력의 기초를 형성한다.

1) 일상생활에서 듣기와 말하기를 즐긴다.
2) 읽기와 쓰기에 관심을 가진다.
3) 책과 이야기에 재미를 느낀다.

나. 내용

내용 범주	내 용
듣기와 말하기	• 표정, 몸짓, 말에 관심을 갖고 듣는다. • 상대방의 이야기를 듣고 말한다. • 표정, 몸짓, 단어로 의사를 표현한다. • 자신의 요구와 느낌을 말한다.
읽기와 쓰기에 관심 가지기	• 주변의 그림과 상징, 글자에 관심을 가진다. • 끼적이며 표현하기를 즐긴다.
책과 이야기 즐기기	• 책에 관심을 가지고 상상한다. • 말놀이와 이야기에 재미를 느낀다.

(4) 사회관계

가. 목표

나를 알고, 다른 사람과 더불어 생활하는 경험을 한다.

1) 나를 알고 긍정적으로 여긴다.
2) 다른 사람과 즐겁게 지내기 위한 태도를 기른다.

나. 내용

내용 범주	내 용
나를 알고 존중하기	• 나와 다른 사람을 구별한다. • 나의 감정을 표현한다. • 내가 좋아하는 것을 한다.
더불어 생활하기	• 가족에게 관심을 가진다. • 또래와 함께 놀이한다. • 다른 사람의 감정과 행동에 반응한다. • 반에서의 규칙과 약속을 알고 지킨다.

(5) 예술경험

가. 목표

아름다움을 느끼고 즐긴다.

1) 자연과 생활에서 아름다움을 느끼고 관심을 가진다.
2) 예술을 통해 자유롭게 표현한다.

나. 내용

내용 범주	내 용
아름다움 찾아보기	• 자연과 생활에서 아름다움을 느끼고 즐긴다. • 아름다움에 관심을 갖고 찾아본다.
창의적으로 표현하기	• 익숙한 노래와 리듬을 표현한다. • 움직임과 춤으로 자유롭게 표현한다. • 미술 재료와 도구로 표현해 본다. • 일상생활 경험을 상상놀이로 표현한다.

(6) 자연탐구

가. 목표

주변 환경과 자연을 탐색하는 과정을 즐긴다.

1) 일상에서 탐색하는 과정을 즐긴다.
2) 주변 환경에 관심을 가지고 탐색한다.
3) 생명과 자연에 관심을 가진다.

나. 내용

내용 범주	내 용
탐구 과정 즐기기	• 주변 세계와 자연에 대해 호기심을 가진다. • 사물과 자연을 반복하여 탐색하기를 즐긴다.
생활 속에서 탐구하기	• 친숙한 물체의 특성과 변화를 감각으로 탐색한다. • 물체의 수량에 관심을 가진다. • 주변 공간과 모양을 탐색한다. • 규칙성에 관심을 가진다. • 주변 사물을 같고 다름에 따라 구분한다. • 생활 도구에 관심을 가진다.
자연과 더불어 살기	• 주변의 동식물에 관심을 가진다. • 날씨와 계절의 변화를 감각으로 느낀다.

6) 3~5세 영역별 목표 및 내용

(1) 신체운동 · 건강

가. 목표

실내외에서 신체활동을 즐기고, 건강하고 안전한 생활을 한다.

1) 신체활동에 즐겁게 참여한다.
2) 건강한 생활습관을 기른다.
3) 안전한 생활습관을 기른다.

나. 내용

내용 범주	내 용
신체활동 즐기기	신체를 인식하고 움직인다.
	신체 움직임을 조절한다.
	기초적인 이동 운동, 제자리 운동, 도구를 이용한 운동을 한다.
	실내외 신체활동에 자발적으로 참여한다.

내용 범주	내 용
건강하게 생활하기	자신의 몸과 주변을 깨끗이 한다.
	몸에 좋은 음식에 관심을 가지고 바른 태도로 즐겁게 먹는다.
	하루 일과에서 적당한 휴식을 취한다.
	질병을 예방하는 방법을 알고 실천한다.
안전하게 생활하기	일상에서 안전하게 놀이하고 생활한다.
	TV, 컴퓨터, 스마트폰 등을 바르게 사용한다.
	교통안전 규칙을 지킨다.
	안전사고, 화재, 재난, 학대, 유괴 등에 대처하는 방법을 경험한다.

(2) 의사소통

가. 목표

일상생활에 필요한 의사소통 능력과 상상력을 기른다.

1) 일상생활에서 듣고 말하기를 즐긴다.
2) 읽기와 쓰기에 관심을 가진다.
3) 책이나 이야기를 통해 상상하기를 즐긴다.

나. 내용

내용 범주	내 용
듣기와 말하기	말이나 이야기를 관심 있게 듣는다.
	자신의 경험, 느낌, 생각을 말한다.
	상황에 적절한 단어를 사용하여 말한다.
	상대방이 하는 이야기를 듣고 관련해서 말한다.
	바른 태도로 듣고 말한다.
	고운 말을 사용한다.
읽기와 쓰기에 관심 가지기	말과 글의 관계에 관심을 가진다.
	주변의 상징, 글자 등의 읽기에 관심을 가진다.
	자신의 생각을 글자와 비슷한 형태로 표현한다.
책과 이야기 즐기기	책에 관심을 가지고 상상하기를 즐긴다.
	동화, 동시에서 말의 재미를 느낀다.
	말놀이와 이야기 짓기를 즐긴다.

(3) 사회관계

가. 목표

자신을 존중하고 더불어 생활하는 태도를 가진다.

1) 자신을 이해하고 존중한다.
2) 다른 사람과 사이좋게 지낸다.
3) 우리가 사는 사회와 다양한 문화에 관심을 가진다.

나. 내용

내용 범주	내 용
나를 알고 존중하기	나를 알고 소중히 여긴다.
	나의 감정을 알고 상황에 맞게 표현한다.
	내가 할 수 있는 것을 스스로 한다.
더불어 생활하기	가족의 의미를 알고 화목하게 지낸다.
	친구와 서로 도우며 사이좋게 지낸다.
	친구와의 갈등을 긍정적인 방법으로 해결한다.
	서로 다른 감정, 생각, 행동을 존중한다.
	친구와 어른께 예의 바르게 행동한다.
	약속과 규칙의 필요성을 알고 지킨다.
사회에 관심 가지기	내가 살고 있는 곳에 대해 궁금한 것을 알아본다.
	우리나라에 대해 자부심을 가진다.
	다양한 문화에 관심을 가진다.

(4) 예술경험

가. 목표

아름다움과 예술에 관심을 가지고 창의적 표현을 즐긴다.

1) 자연과 생활 및 예술에서 아름다움을 느낀다.
2) 예술을 통해 창의적으로 표현하는 과정을 즐긴다.
3) 다양한 예술 표현을 존중한다.

나. 내용

내용 범주	내 용
아름다움 찾아보기	자연과 생활에서 아름다움을 느끼고 즐긴다.
	예술적 요소에 관심을 갖고 찾아본다.
창의적으로 표현하기	노래를 즐겨 부른다.
	신체, 사물, 악기로 간단한 소리와 리듬을 만들어 본다.
	신체나 도구를 활용하여 움직임과 춤으로 자유롭게 표현한다.
	다양한 미술 재료와 도구로 자신의 생각과 느낌을 표현한다.
	극놀이로 경험이나 이야기를 표현한다.
예술 감상하기	다양한 예술을 감상하며 상상하기를 즐긴다.
	서로 다른 예술 표현을 존중한다.
	우리나라 전통 예술에 관심을 갖고 친숙해진다.

(5) 자연탐구

가. 목표

탐구하는 과정을 즐기고, 자연과 더불어 살아가는 태도를 가진다.

1) 일상에서 호기심을 가지고 탐구하는 과정을 즐긴다.
2) 생활 속의 문제를 수학적, 과학적으로 탐구한다.
3) 생명과 자연을 존중한다.

나. 내용

내용 범주	내 용
탐구 과정 즐기기	주변 세계와 자연에 대해 지속적으로 호기심을 가진다.
	궁금한 것을 탐구하는 과정에 즐겁게 참여한다.
	탐구 과정에서 서로 다른 생각에 관심을 가진다.
생활 속에서 탐구하기	물체의 특성과 변화를 여러 가지 방법으로 탐색한다.
	물체를 세어 수량을 알아본다.
	물체의 위치와 방향, 모양을 알고 구별한다.
	일상에서 길이, 무게 등의 속성을 비교한다.
	주변에서 반복되는 규칙을 찾는다.
	일상에서 모은 자료를 기준에 따라 분류한다.
	도구와 기계에 대해 관심을 가진다.
자연과 더불어 살기	주변의 동식물에 관심을 가진다.
	생명과 자연환경을 소중히 여긴다.
	날씨와 계절의 변화를 생활과 관련짓는다.

핵심내용 및 토의주제

1. 국가수준 교육과정에 대하여 정의하고 국가수준 교육과정이 필요한 이유와 역할, 단위 유치원 교육과정에 미치는 영향 등에 대하여 이야기를 나눠 봅시다.

2. 국가수준 표준보육과정을 연령별 구분하여 구성하는 이유와 그 필요성에 대하여 생각해보고 각자 의견을 나눠 봅시다.

학습자 활동

1. 교육부 홈페이지의 2019 개정누리과정 해설서를 참고하여 『3~5세 연령별 누리과정』과 『2019 개정누리과정』의 편성·운영 내용을 비교하여 정리해 봅시다.

2. 유치원의 『2019 개정누리과정』과 어린이집의 『표준보육과정』 구성의 중점 내용을 비교하여 정리해 봅시다.

CHAPTER

05

유아교육 프로그램

유아교육 프로그램이라는 용어는 교육목표, 교사 역할, 일과시간 운영, 공간 배열, 시설·설비 등과 같은 요인에서 명확히 윤곽을 가지고 있는 특정 프로그램들을 말한다(Lay-Dopyera & Dopyera, 1987). 이러한 프로그램들은 서로 다른 접근법에 기초하고 있으며, 다양한 유아교육 프로그램을 비교할 근거를 마련해 준다고 할 수 있다.

01 카미·드브리스 프로그램

카미·드브리스(Kamii & Devries) 프로그램은 피아제의 인지발달이론에 기초한 구성주의 프로그램으로, 유아의 전체적인 인지구조를 발달시켜 문제해결력을 길러 주는 것을 목적으로 연구·개발된 유아교육 프로그램이다. 카미(Kamii)는 피아제의 인지발달단계보다는 구성주의적 관점에 관심을 돌려 유아의 흥미와 질문 제기, 사물 인식 등을 중심으로 프로그램을 수정해 갔다. 1975년 수정된 교육목적에는 '유아로 하여금 자신의 도덕적 규칙을 구성하는 데 자율성 또는 자기 조절력을 갖도록 한다.'고 하여 도덕적 사고, 가치관, 성격, 지능, 지식의 구성을 위한 자율성의 증가를 강조하였다.

1) 교육목표

카미와 드브리스는 교육의 궁극적인 목적을 유아의 인지적, 도덕적, 사회·정서적, 신체적 영역에의 균형 있는 발달을 통한 전인격적 인간으로의 성장이라고 하였다. 이러한 목적을 실현하기 위해 교육의 목표를 장기목표와 단기목표로 나누었다.

장기목표는 첫째, 새로운 행동을 추구하는 창조적, 발명적, 탐구적인 인간을 길러내는 것이며 둘째, 기존 의식을 그대로 수용하는 것이 아니라 비판적, 분석적 태도를 가지는 인간을 양성하는 것이다(이기숙 · 홍순정, 2013).

단기목표 중 사회·정서적 목표는 첫째, 성인과 유아는 동등한 입장에서 상호작용해야 하며 둘째, 유아의 자율성을 증진하는 것 셋째, 타인의 감정과 권리를 존중하고 자신과 타인의 관점을 이해하고 탈중심화와 협동을 도모하는 것 넷째, 사물이나 사상에 대해 흥미와 관심을 가지고 탐색하여 자신의 생각을 자유롭게 표현하는 것이다. 단기목표 중 인지적 목표는 첫째, 흥미 있는 사건, 사상에 의문과 호기심을 갖게 하고 둘째, 유사점과 차이점 등의 사물 간의 관계를 아는 것이다.

2) 교육내용 및 방법

카미·드브리스 프로그램은 피아제의 구성주의 이론에 바탕을 두고 유아와 주변 환경과의 상호작용을 통해 유아의 전인적 발달을 지향함으로써 학습내용 및 학습활동이 매우 광범위하다. 이 프로그램에서의 학습내용 및 학습활동의 조직은 성인의 사고나 교육내용의 구조를 따르기보다 유아들의 입장을 고려해야 하므로 특별히 어떤 형태로 조직할 필요가 없다는 입장을 취하고 있다. 따라서 이 프로그램의 교육목표를 달성하기 위한 교육내용을 다음의 세 가지 차원에서 산출하고 있다.

(1) 일상생활

카미·드브리스 프로그램에서는 지식은 외부의 설명에 의해 습득되는 것이 아니라, 유아들이 매일 접하고 있는 일상생활의 여러 장면을 통해 자율적으로 학습할 수 있게 했다. 일상생활의 수많은 상황이나 활동은 유아들로 하여금 호기심을 유발하게 하고, 관심과 흥미를 갖게 함으로써 그들이 자발적이고 능동적으로 학습하고 발달하도록 격려해 준다.

(2) 유아발달 교육과정

카미·드브리스 프로그램에서는 기존 유아발달 교육과정에서 전통적 유아교육 내용이 그대로 사용되고 있는 것처럼 보인다. 그러나 중요한 차이점은 유아들이 활동을 수행하는 과정에 있다. 이 프로그램에서는 놀이의 가치를 중요시하는 피아제이론에 근거하여 활동 하나하나에 교육적 의미가 구체적으로 나타나 있으며 각각의 활동들은 지식의 체계에 의하여 분류될 수 있다.

(3) 피아제 이론이 암시하는 활동들

피아제이론이 암시하는 활동은 논리·수학적 지식, 물리적 지식 및 사회적 지식의 세 가지 유형에 근거를 둔 활동, 도덕성 발달과 대인관계 증진을 지향하는 집단게임, 피아제의 실험과제에서 도출된 활동 등이 있다.

① 물리적 지식

물체의 속성으로부터 얻어질 수 있는 지식을 말한다. 예를 들어, 공은 '구르고' 책상은 '단단하며' 솜은 '부드럽다'는 것을 아는 것이다. 교사는 유아가 많은 물체를 접하며 교사 간섭 없이 물체의 속성을 탐색하도록 해야 한다.

② 사회적 지식

사회의 규범, 예절, 규칙에 대한 지식을 말한다. 예를 들어, 6월 6일은 '현충일', '일요일에는 학교에 가지 않는다.'는 것을 아는 것이다. 교사는 유아에게 직접 이러한 지식을 알려줌으로써 이해하도록 한다.

③ 논리·수학적 지식

유아와 물체와의 상호작용을 통해 얻어질 수 있는 지식을 말한다. 예를 들어, 분류, 1:1 대응, 서열, 공간·시간 개념 등이 이에 속한다. 교사는 직접 교수보다 논리적 사고과정이 일어날 수 있는 유아와 물체의 상호작용을 장려해 주어야 한다.

3) 교사 역할

카미·드브리스 프로그램의 교수원리는 유아 스스로 주변 환경 및 자료들 간에 직접적인 접촉의 결과에 의해 자발적으로 경험을 재구성하도록 해야 한다는 전제에서 출발하고 있다. 이에 교사의 역할은 다음과 같다.

- 유아의 전인적 발달을 도와주기 위하여 적극 참여하고 개입해야 한다.
- 유아의 학습과 발달에 도움이 될 수 있는 환경과 분위기를 조성한다.
- 학습자료를 제공하고 학습활동을 제시하며, 유아의 생각을 평가해야 한다.
- 유아에게 주입식 교육이 아닌 지식의 유형과 성격에 알맞은 여러 가지 활동을 안내하고, 스스로 지식을 구성하도록 도와준다.
- 유아가 자신의 아이디어를 확대·발전시킬 수 있게 돕고, 활동을 통해 경험을 구성·조절하면서 인지 갈등을 일으키고 해결할 수 있도록 해야 한다.
- 새로운 인지구조와 지식의 형성을 돕는다.

4) 하루 일과

등원, 자유선택활동, 화장실 다녀오기, 손씻기, 간식, 귀가 등의 일상적인 활동을 기본으로 하고 실외 놀이, 이야기 나누기, 견학, 동·식물 기르기 등의 프로그램이 유아의 흥미와 요구, 계절, 날씨, 유치원과 지역사회의 실정에 맞추어 하루 일과 중 융통성 있게 운영된다.

5) 부모교육 및 참여

부모참여를 위해 프로그램에 대한 이해와 승인, 입학하기 전에 교육과정의 성격에 대해 소개하고 관찰할 수 있도록 한다. 가정과 유치원 기본 입장이 일치해야 하고, 교사는 가정방문을 통해 부모와 면담을 한다. 어머니를 교육과정에 참여시켜 교육받을 수 있도록 하고, 교육내용과 관련된 책자를 제공함으로써 부모 역시 유아교육에 참여할 수 있도록 한다.

02 하이/스코프 프로그램

하이/스코프(High/Scope) 교육과정은 1962년 미국 David P. Weikart가 소외된 지역 아이들의 발달을 돕기 위해서 시작한 프로그램이다. 피아제의 발달이론에 기초한 하이/스코프 교육과정은 유아가 자신의 활동을 계획, 수행, 평가할 수 있는 '능동적인 학습자'라는 것을 강조한다. 교사는 흥미영역을 구성하고 유아 스스로 활동하는 학습 환경을 조성해 주어야 하며, 유아가 핵심경험을 선택하고 문제를 해결하도록 격려하며, 지적·사회적·신체적 발달을 이룰 수 있도록 돕는다.

1) 기본 전제

- 유아를 능동적 학습자로 간주한다. 유아의 지식은 다른 사람과의 상호작용, 사물에 대한 직접적인 경험, 이러한 경험에 대한 논리적 사고 등을 통해 형성된다.
- 교사는 매일의 일과계획 및 평가시간에 다양한 주요 경험활동을 진행, 개별 유아의 독특한 능력과 흥미에 보다 근접할 수 있는 통찰력을 가진다.
- 교사는 상호작용자로서 유아의 이야기를 주의 깊게 듣고 유아의 활동을

확장시킴으로써 유아가 발달수준에 적합한 과제를 수행할 수 있도록 격려한다.

- 부모와의 의사소통, 집단면담 등을 통해 유아에 대한 이해와 정보를 제공해야 한다.
- 지속적으로 유아의 발달 상태를 측정하고, 유아가 가진 인식과 이해의 폭을 확장하기 위해 지적 자극을 제공한다.

2) 교육목표

하이/스코프 교육과정은 프뢰벨, 몬테소리처럼 능동적 학습자로서 유아의 역할을 강조하지만 사회성 발달보다는 인지발달이론에서 중시하는 문제해결 능력과 창의적 사고능력을 강조한다는 점에서 차이를 보인다. 하이/스코프 교육과정의 주요 교육목표는, 짧게는 이후에 이어지는 본격적인 학교교육과 길게는 인생을 성공적으로 이끌어 나가도록 하는 것이다.

- 유아가 사건, 개념 등과 관련된 학습에 의욕적으로 참여하는 자세를 갖도록 한다.
- 이후의 학교생활 및 인생에 있어서 독립성, 책임감, 자신감을 고취하도록 돕는다.
- 유아 스스로 계획하고 학습한 내용을 또래나 교사와 이야기할 수 있도록 한다.
- 유아가 언어능력, 사회성, 창의적 표현, 건강한 신체, 논리적 사고력과 같은 능력 및 관련 지식을 습득하도록 한다.

3) 교육내용 및 활동

(1) 능동적 유아

유아는 하루 일과 중 자신이 참여할 활동과 교재·교구를 직접 선택하도록 격려받는다. 자신이 선택하고 계획한 활동에 참여하면서 유아는 탐색, 질문 및 응답, 문제해결, 또래 및 성인과의 상호작용을 지속해 나간다.

(2) 주요 경험

교사는 자기 인식, 사회적 관계, 창의적 표상, 동작, 음률, 의사소통 및 언어, 사물 탐색, 수, 공간, 시간 등을 포함한 조직화된 주요 경험을 활용하여 유아 스스로 선택한 활동을 지지하고 확장하며 발달에 적합한 경험에 지속적으로 참여하게 한다. 주요 경험을 활용함으로써 교육과정에 대해 생각해 볼 기회를 유아에게 제공하며, 개별 유아를 관찰할 때 사용하는 기본 틀 또한 제공한다.

(3) 부모 및 지역사회와의 연계

부모참여는 하이/스코프 교육과정의 중요한 특징 중 하나이다. 이전 개별유아 가정방문과는 달리, 집단면담 외에 다른 방법으로 부모참여가 이루어지고 있다. 부모참여가 효율적으로 이루어지려면 부모-교사 간 정보가 양방향으로 흐르는 의사소통이 반드시 필요하다. 교사는 유아에 대한 정보를 부모에게 제공하고, 개별 가정의 고유한 문화에 대한 정보를 부모로부터 제공받는다.

(4) 하루 일과 구성

유아의 능동적 학습환경 조성을 위해서는 일정한 형태의 하루 일과가 유지되어야 한다. 일관성 있는 하루 일과는 책임감과 독립심을 발달시켜 나가는 데 필수적인 통제력을 유아에게 제공해준다. 예를 들어, 다음날 새로운 활동도 유아에게 미리 알려주어야 하고, 현장견학도 사전계획에 의한 것이어야 한다. 하이/스코프 교육과정의 하루 일과는 중심축인 계획(plan)-실행(do)-평가(review)와 그 외에 부수적인 요소들로 이루어져 있다.

① 계획 시간

하이/스코프 교육과정에서 유아는 선택과 결정의 주체이다. 유아는 활동을 시작하기 이전에 자신의 계획을 교사와 이야기하는데, 이를 통해 자신의 생각을 정신적으로 표상하게 되며 어떻게 계획을 진행해 나갈 것인가에 대한 아이디어도 얻게 된다.

② 작업 시간

유아, 교사 모두 활발하게 활동에 참여하는 시간으로 하루 일과 중 가장 오랜 시간 이루어지는데, 교사는 활동을 주도해서도 소극적으로 방관만 해서도 안 된다. 작업시간 동안 교사 역할은 유아가 어떻게 정보를 수집하는지, 또래와 어떻게 상호작용하는지, 어떻게 문제를 해결해 나가는지 관찰하는 것이다. 또한, 유아의 활동을 격려하고 확장해주며 문제해결 상황을 마련해주기 위해 유아의 놀이에 참여한다.

③ 정리 시간

작업 시간이 끝나면 정리 시간이 이어진다. 이 시간을 통해 교실은 원래 상태로 정돈되며, 유아는 다양하고 기본적인 인지기술 사용 기회를 갖게 된다.

④ 회상 시간

회상 시간은 계획-실행-평가의 마지막 단계이다. 예를 들어, 함께 활동했던 친구 이름 생각하기, 작업시간 활동내용 그리기, 수립한 계획 다시 살펴보기, 일어났던 일 언어로 표현하기 등의 방법이 해당한다. 회상 시간을 통해 유아는 계획 시간과 작업 시간에 이루어졌던 활동을 최종 마무리하게 된다.

⑤ 소집단활동 시간

이전의 견학경험, 교실에 새롭게 배치된 교구, 요리활동 같이 연령에 적합한 집단활동, 집단 미술활동 프로젝트 등을 통해 구현된다. 순리적인 수업절차에 따르지 않고 유아의 요구, 능력, 흥미, 인지적 목표에 반응하는 정도에 따라 유동적으로 진행된다. 활발한 소집단활동 시간을 통해 유아는 교구를 탐색, 감각적으로 활용하면서 교사나 친구들과 함께 작업하는 기회를 갖는다.

⑥ 대집단활동 시간

대집단활동은 음률, 동작, 게임, 동극, 집단토의를 위한 시간으로 10~15분 정도 진행된다. 유아는 대집단에 참여하여 다른 사람과 의견을 공유하고 자신의 생각을 발표하는 기회를 갖게 되며 개별적 의사소통이 가능하다.

(5) 환경 구성

학습환경은 유아의 관심과 흥미를 지원하기 위해 흥미영역별로 배치되어야 한다. 교사는 유아에게 적합한 교재 및 교구를 선정하여 제공하고, 유아들이 손쉽게 교재 및 교구를 활용할 수 있도록 도와주어야 한다.

(6) 평가

하이/스코프 교육과정의 평가는 프로그램의 질적 수준을 측정하는 평가도구를 통해 프로그램 자체 평가가 이루어지고, 이와 함께 영아용·유아용 관찰기록을 통해 영유아의 발달수준이 평가된다.

03 몬테소리 프로그램

몬테소리(Montessori) 프로그램은 이탈리아의 여의사였던 마리아 몬테소리의 이론에 기초한 프로그램이다. 1900년대 초기 몬테소리의 교구와 교육철학은 미국에 전파되어 유아교육에 상당한 영향을 미치며 확대되기 시작하였으나, 1902년 이후에는 거의 찾아볼 수 없게 되었다. 그 원인으로는 진보주의 교육운동의 영향으로 유아의 놀이, 창조성, 상상력 등이 강조되어 무엇보다 집단활동과 사회화가 강조됨으로 인해 몬테소리 교육의 개별화 교육개념과는 갈등을 불러일으키게 되었기 때문이다.

몬테소리 프로그램에서 제시하는 기본 개념 및 가정은 다음과 같다.

1) 기본 개념

몬테소리 교육목적은 유아의 내적 생명력 조성을 통해 정상화에 이르도록 하여 인격의 완성을 가져오고, 이를 통해 이상사회 건설에 기여할 수 있는 전인적인 인간을 육성하는 것이다.

(1) 정상화(normalization)

유아가 작업에 흥미를 갖고 집중하고 반복하는 만족감을 가짐으로써 내적 훈련과 자신감을 발달시키고 목적 지향적인 작업을 선택하는 과정이다(신화식, 2007). 유아가 지니고 있는 자발적 순종과 민감기, 흡수정신, 끊임없는 내적 훈련을 통해 정상화가 이루어지며, 준비된 환경 속에서 스스로 선택한 작업을 집중 반복하고 환경 속에 내재된 질서를 내면화하는 과정에서 일어난다.

유아의 정상화를 이루는 3단계

- 1단계 : 유아는 자유 작업의 대상을 아직 선택하지 못했으므로 친구를 관찰하면서 그들의 작업을 주시해 보지만 자기 목적을 성취하지 못하는 단계이다.
- 2단계 : 유아는 즉흥적 충동에 의해서 작업을 시도하지만 아직 자기 의지에 의해서 활동하지는 못한다. 그러므로 유아들은 여러 차례 교구의 선택을 반복하지만 관심의 집중화 현상은 짧게 유지되는 단계이다.
- 3단계 : 스스로 교구를 선택, 행동을 반복함으로써 작업 상태에 몰입하는 관심의 집중화 현상이 일어나는 단계이다. 교사의 방법적인 제시를 통해서 창의적으로 작업을 이끌어 가며, 교구선택 횟수는 줄어들고 집중화 현상은 지속되어 주 작업에 몰입하는 단계이다.

(2) 흡수정신(absorbent mind)

몬테소리는 유아의 정신을 흡수하는 정신으로 정의하였는데, 이는 유아가 그의 내부에 잠재해 있는 흡수하는 정신능력을 통하여 환경을 받아들이며 스스로 경험하여 배우게 되는 유아의 특성을 말한다(신화식, 2007). 유아에게 보이는 모든 이미지는 무의식적, 의식적 과정을 통해 받아들여지고 저장되어지며 외적 행동은 흡수정신 의식의 결과 또는 사실이다.

흡수정신은 6세까지 지속되며 무의식적 단계와 의식적 단계를 거친다.

무의식적 단계와 의식적 단계

- 무의식적 단계 : 생후 3년까지 시기로 유아는 가능한 모든 일상들을 무의식적으로 흡수한다. 이때 보기, 듣기, 맛보기, 냄새 맡기, 만지기 등을 위한 감각이 발달된다.
- 의식적 단계 : 3세에서 6세까지 시기로 유아는 의식적, 계획적으로 환경과 상호작용을 하며 좋아하는 것을 직접 경험하고자 하는 의지가 강하게 나타난다. 즉, 무의식적 흡수정신에서 이루어진 기본능력을 통합, 정교하게 하기 위해 여러 자극을 요구하게 된다.

(3) 민감기(sensitive period)

몬테소리는 유아가 특정 행동에 대한 감수성이 예민하여 특정 기술을 보다 쉽게 배울 수 있는 민감기가 있다고 믿었다. 민감기(sensitive period)는 독특한 민감성향을 말하는 것으로 특수한 민감성은 매우 초기에 획득되며, 일단 특별한 특성을 획득한 후에는 소멸되어 버리는 일시적인 기질이다. 유아는 민감기를 통해 적극적으로 환경과 접촉하여 환경에 적응하게 되는데, 민감기가 나타나는 연령은 0~6세 사이로 각 유아마다 민감기가 나타나는 시기가 다르며, 연령에 따라 나타나는 행동의 특성도 다르다.

(4) 작업(work)

'유아가 무엇을 하였는가?'보다 '유아가 무엇을 하고 있는가?'에 초점을 둔다. 작업(work)은 성취의 수단이 아닌 목적이기 때문이며, 유아는 연습을 통해 성장하고 외적 환경에서 발생하는 실제 작업을 건설적인 노력으로 구성해 간다.

표 5-1 유아와 성인의 '작업' 비교

	유아	성인
'작업'의 개념	• 내적 자아의 구성을 위해 작업 • 작업이 끝날 때, 에너지 충만 • 최대한의 에너지 소비	• 외적 동기를 위해 작업 • 작업이 끝날 때, 에너지 소진 • 최소한의 노력으로 최대한의 효과

(5) 준비된 환경

몬테소리가 말하는 준비된 환경이란, 유아가 올바르게 발달할 수 있도록 지적 자극을 마련해 주는 곳을 의미하며, 환경은 흡수정신이 왕성한 시기에 특히 요구된다. 유아의 발달을 촉진하기 위해 의도적으로 계획하고 장애요인이 있을 경우, 이를 제거한 환경을 제공해야 한다. 준비된 환경은 유아의 정신적 성장에 최적인 환경 자극을 제공할 수 있도록 구성된 것을 말하며, 시설, 설비, 교구 및 교재 등의 물리적 환경뿐 아니라 학습자 자신, 동료, 부모, 교사 등의 인적 환경을 포함한다.

2) 교사 역할

몬테소리 프로그램에서 중요한 교사 역할은 다음과 같다.

(1) 관찰자로서의 교사

교사는 유아의 교구선택이나 집중정도, 사용방법 등을 세심하게 관찰하고 민감기를 포착하여 학습효과를 올릴 수 있도록 적절히 배려해 주어야 한다.

(2) 촉진자로서의 교사

교사는 유아와 교구 간의 상호작용을 촉진하기 위해 유아가 선택한 교구에 대해 정확한 시범을 보인다. 그러나 유아가 환경과의 교류가 이루어져 교구에 적극적으로 몰입하게 되면 개입을 최소화해야 한다.

(3) 환경 준비자로서의 교사

교사는 최적의 시기에 최적의 준비된 환경을 만들어 제공해야 하고, 유아와 환경 사이를 연결해 주는 역할을 해야 한다. 교사가 교구와 유아 사이의 연결의 역할을 하기 위해서는 교구를 확실히 알아야 하며, 유아 개개인의 현재의 정신적 발달단계를 구체적으로 이해하고 깊이 파악해야 한다.

(4) 유아를 존경하는 교사

유아에 대한 존경은 몬테소리 교육의 기초이며, 유아에게 외적인 강요나 상과

벌을 통한 행동통제보다는 유아 스스로 선택한 활동에 몰입하여 내적 만족과 즐거움을 느끼며 학습동기를 얻도록 존중해 주어야 한다는 것이다.

3) 몬테소리 프로그램의 5개 영역

(1) 일상생활 영역

일상생활 영역은 생활에서 일어나는 일을 작업화하여 유아의 독립심을 기르고 바른 인성을 수용하도록 도와주는 것을 목적으로 한다. 이 작업으로 유아는 주변 환경을 친숙히 받아들이고 일상생활을 질서감 있게 유지할 수 있다.

(2) 감각 영역

감각 영역은 일련의 사물을 비교하는 감각교육을 위한 교구들이 단일 감각(시각, 촉각, 청각, 미각)과 복합 감각(중력, 온도, 입체 감각)을 훈련할 수 있도록 고안되어 있다. 감각교육의 내용은 유아가 감각을 이용하도록 중요한 물리적 특징에 따라 분류되어 있으며, 교구는 이런 감각발달에 도움을 주도록 고안되어 있다.

(3) 수 영역

수 영역은 유아에게 실제 생활을 관찰하여 상징과 연관관계에 대한 원리를 이해하고 실제 생활에 연결하여 보다 나은 삶을 추구할 수 있게 해 준다. 유아는 주변 세계를 이해하는 능력이 증진되고 조직적인 탐구력이 개발된다.

(4) 언어 영역

언어 영역의 궁극적인 목표는 유아가 자기표현 및 의사소통의 수단으로 언어를 사용하게 하는 것이다. 언어영역 안에는 근육조절을 발달시키고 쓰기능력을 위한 준비를 제공하는 연습들이 포함되어 있다. 몬테소리는 특히 자유로운 대화를 통하여 언어발달을 이루게 해야 한다고 강조하였다.

(5) 문화 영역

문화 영역의 활동은 유아가 다양한 분야(지리, 역사, 동물, 식물, 미술, 음악 등)의 경험을 통해 여러 문화를 이해하고 받아들이는 데 목적이 있다. 이런 활동을 통해 유아는 문화의 다양성과 가치를 자연스럽게 인식하고, 세계인으로서 어우러져 살아갈 수 있는 기초능력을 기르게 된다.

04 프로젝트 접근법

프로젝트 접근법(project approach)은 1990년대 중반 우리나라 유아교육계에 소개되기 시작하여 유아중심의 통합적 교육과정을 실현하는 한 방법으로 널리 인식되면서 현재까지 유아교육현장에서 큰 관심을 모으고 있다. 프로젝트(project)는 유아들이 자신들이 살고 있는 세계에서 흥미를 느끼는 특정 주제를 찾아 이에 대해 심층적으로 연구하는 유목적적 활동으로, 프로젝트 접근법이란 유아들이 주도적으로 프로젝트를 수행할 수 있도록 안내하는 일련의 교수전략을 의미한다(Katz & Chard, 2000).

1) 이론적 배경

현대적 의미의 프로젝트 학습은 듀이(Dewey)의 실험학교와 스팀슨(Stimson)의 홈 프로젝트에서 비롯되었다고 보는 것이 정설이다. 듀이는 시카고 대학 내 세운 실험학교에서, 교육과정을 전통적인 교과목이 아닌 프로젝트 형식으로 구성하였다. 그는 '학습자들이 진정으로 흥미 있는 문제를 스스로 탐구하는 과정, 즉 프로젝트를 수행하는 과정에서 사고하는 방법을 배울 수 있다'고 믿었다. 스팀슨은 고등학교 농업 과목의 수업을 학생들이 이론적 지식을 배운 다음, 가정에 딸린 농장으로 돌아가 농업기술을 실험·실습하도록 하는 홈 프로젝트를 실시하였다. 홈 프로젝트는 학생들에게 농업기술을 개선하여 삶의 질을 고양하고 변화에 대하여 개방적인 자세를 개발시킬 목적으로 시행되었다.

1918년 킬패트릭(Kilpatrick)은 논문집 『Teachers College Record』에 '프로젝트 방법(project method)'이라는 논문을 발표했는데, 프로젝트를 '사회적 장면에서 온 힘을 쏟을 만한 목적을 가지고 하는 일련의 활동들'로 규정짓고, 손다이크(Thorndike)의 연합주의 심리학과 듀이의 교육철학에 근거하여 프로젝트 학습 과정을 목적 설정, 계획, 시행, 판단하기의 네 단계로 나누었다. 미국에서는 1980년대 후반 캐츠와 차드(Katz & Chard)가 프로젝트 접근법을 제창하고, 프로젝트 수업을 진행하되 그 방법이 다양할 뿐만 아니라 상황에 따라 방법을 달리한다는 점을 강조하면서, 현재까지 유아교육과정에 있어서 그 영역을 넓혀 가고 있는 추세이다.

2) 단계별의 교육과정 운영

(1) 준비 단계

① 주제 선정

프로젝트를 시작하기에 앞서 먼저 탐구할 주제를 선정해야 한다. 어떤 주제를 선정하는가에 따라 교육과정의 성격이나 방향이 결정되므로 주제 선정은 매우 중요하다. 주제는 주로 학습자의 관심이나 흥미에 따라 제안되지만, 교사가 의도적으로 학습자의 흥미를 유발할 수 있는 장치를 제안하기도 한다.

여러 연구들을 통해 제시된 주제 선정기준은 표 5-1과 같다.

표 5-2 프로젝트 주제 선정기준

주제 선정기준	내 용
① 주제가 유아의 발달수준, 발달특성에 적절한가?	교사는 유아의 연령에 따른 일반적인 발달수준뿐 아니라, 개별유아의 발달특성도 배려하여 주제를 선정한다.
② 주제에 대하여 유아가 호기심과 흥미를 보이는가?	유아는 어떠한 주제에 대해 호기심과 흥미가 있어야 탐색이 가능하다. 교사는 의도적으로 특정 주제에 대한 유아의 흥미를 유발하기 위해 견학, 교구, 토의, 책 등 다양한 매체를 활용할 수 있다.
③ 주제가 유아의 일상생활 속 경험과 관련이 있는가?	유아는 일상생활 속에서 구체적으로 경험할 수 있을 때 적극적인 상호작용이 가능해지고 관심과 흥미가 지속하며 즐겁게 활동에 몰입할 수 있다.
④ 주제가 여러 교과 영역이나 발달영역을 통합적으로 다룰 수 있는가?	유아는 주제가 여러 발달영역에 걸쳐 통합적으로 이루어질 때 효과적으로 학습할 수 있다.
⑤ 주제가 토의·조사, 현장 활동 등을 통한 문제해결 기회를 충분히 제공하는가?	유아는 다양한 방법을 통해 문제를 해결하는 과정인 탐구력, 의사소통 능력, 문제해결 능력 등을 기를 수 있다.
⑥ 주제가 유아들 간에 더 잘 이해하고 도울 수 있는 상호협동의 기회를 제공하는가?	유아는 상호 협동적인 학습을 통한 프로젝트 접근법을 공동체적인 삶을 체험하며, 공동체 정신을 키울 수 있다.
⑦ 주제가 지역사회의 문화와 가치를 반영하는가?	유아는 지역사회의 문화와 가치가 반영된 주제를 보는 과정에서 다양한 문화를 탐험하고 지역사회가 추구하는 가치를 자연스럽게 내면화하게 한다.
⑧ 주제가 교육의 관점에서 바람직한가?	주제가 바람직하다는 것은 그 주제에 대한 활동이 유아에게 유용하고 알아야 할 가치가 있음을 의미한다.

② 예비 주제망 구성하기

프로젝트 주제가 선정되면 교사는 경험과 관찰에 근거하여, 유아들이 그 주제에 대해 무엇을 경험하고 무엇을 얼마나 알고 있는지를 생각하며, 교사 자신이 알고 있는 지식을 기초로 주제에 대한 생각이나 아이디어 등을 포함해 예비 주제망을 구성한다.

㉮ 브레인스토밍(brainstorming) : 브레인스토밍은 '생각 모으기' 단계로, 교사와 유아 전체가 함께 하는 방법 또는 조별로 하는 방법, 유아 개개인이 하는 방법이 있다. 브레인스토밍은 주제에 관한 것을 느낌, 소리, 냄새, 촉감 등 모든 감각과 관련지어 생각하도록 하며, 머릿속으로 떠오르는 생각들을 적어 순서 없이 계속 펼쳐 놓는다.

㉯ 유목화 : 브레인스토밍을 통해 나온 단어들을 유사성에 따라 몇 개의 그룹으로 분류하는 것이다. 예를 들어, 떡이나 흰죽, 식혜, 밥 등은 '쌀로 만든 음식'으로 분류될 수 있으며, 농약, 비료, 피 뽑기, 물, 햇빛, 농부 등은 '벼가 자라려면'으로 함께 분류할 수 있을 것이다.

㉰ 주제망 그리기 : 소주제별로 유목화가 이루어지고 나면, 주제를 중심으로 한 망의 형태로 조직해 보는 것이다. 이렇게 하면 주제가 몇 개의 소주제로 나누어지는지, 또는 빠진 항목은 없는지 등을 쉽게 파악할 수 있다.

(2) 도입 단계

① 경험 나누기 및 표현하기

주제가 정해지면 교사는 유아들과 주제에 대하여 경험 이야기를 나누는데, 이를 통해 유아들이 그 주제에 대해 무엇을 얼마나 알고 있는지 그리고 유아들이 직접적으로 어떠한 경험을 통해 지식을 획득하게 되었는지를 알게 된다.

교사는 유아에게 자신의 경험을 말로 표현하는 것 외에 다른 어떤 방법으로 표현할 수 있을지를 생각하여 표현해보게 한다. 그리기, 쓰기, 구성하기, 극화하기 등의 다양한 표현이 가능하며, 유아가 자신의 경험을 표상하도록 하는 것은 경험을 재구성하고 자신이 가진 지식을 정리하는 데 도움이 된다.

② 교사와 유아의 공동 주제망 완성하기

유아는 대체로 자신이 알고 있는 내용을 하나의 단어로 표현하는 것에 어려움을 가질 수 있으므로, 유아가 표현한 서술형을 교사가 명사형으로 바꿔 줄 수 있다. 또한, 글자에 익숙하지 않을 경우에는 그림으로 나타낼 수도 있다.

이렇게 교사와 유아가 함께 주제망을 완성시킴으로써 유아는 자신이 존중받고 있다는 느낌을 갖게 되고, 책임 있게 참여할 수 있는 동기부여가 된다. 이러한 과정을 거쳐 완성된 교사와 유아의 공동 주제망은 프로젝트가 진행되는 동안 수정 또는 추가될 수 있으며, 학습내용에 대한 안내 역할을 하게 된다.

③ 질문목록 구성하기

유아들이 경험을 나누고, 표상하고, 주제망을 작성하는 동안 주제에 대해 알고 싶어하는 것들이 명료해진다. 이러한 명료한 생각들이 질문목록으로 만들어지는데, 이는 이후의 활동 전개에 강한 동기부여가 될 수 있다.

(3) 전개 단계

전개 단계에서는 주제에 대해 도입 부분에서 다루어진 질문이나 계속적으로 생기는 새로운 의문점들을 해결하기 위한 활동이 이루어진다. 이 단계의 중심활동은 견학 및 전문가 면담 등을 통한 주제 관련 지식 조사·탐구와 경험을 표현하는 활동이다. 주제를 심층적으로 연구하기 위해 도서, 그림, 비디오, DVD, CD 등의 보조자료를 활용한 활동이 이루어진다.

(4) 마무리 단계

마무리 단계는 프로젝트 활동결과를 전시·발표하는 경험을 통해 프로젝트 수행과정에서 얻은 다양한 정보들을 내면화하는 한편, 다른 사람들과 정보를 공유하는 데 의미를 부여할 수 있다.

① 마무리 준비

교사는 유아들과 그동안 진행해 온 프로젝트 결과를 어떤 형식을 통해 다른 사람들과 공유할 것인가를 협의한다. 대체로 전시회, 발표회 등을 준비하며, 행사 홍보를 위해 포스터를 제작하거나 초대장을 만들어 보낸다.

② 전시 및 발표

프로젝트 활동 결과물을 교실, 복도, 현관 등에 전시하며, 초대받은 이들의 이해를 돕기 위해 전시 영역별로 유아들을 배치하여 전시내용을 자세하게 설명해 줄 수 있도록 한다. 전시회와 별도로 동극, 노래, 춤, 등의 발표를 준비했을 경우에는 미리 공고된 일정에 맞추어 진행한다.

3) 교사 역할

프로젝트 접근법은 교사가 유아의 프로젝트 수행을 안내하는 일련의 교수전략으로서, 프로젝트 접근법의 성공적인 수행여부는 교사에게 달려 있다 해도 과언이 아니다. 교사와 유아가 함께 만들어 가는 프로젝트 접근법의 실행에 있어서 '민감한 관찰자와 안내자'로서의 교사 역할은 매우 중요하다.

이러한 교사 역할은 프로젝트 단계별로 다양하게 나타난다.

(1) 프로젝트 준비 단계

교사는 프로젝트의 주제 선정 지원하기, 주제 관련 영역별 학습내용 및 활동 예상안 작성하기, 주제에 관한 환경 구성하기 등의 역할을 수행하며, 사전에 주제에 대해 충분히 준비하고 프로젝트에 임할 수 있어야 한다.

(2) 프로젝트 시작 단계

교사는 주제에 관한 유아의 다양한 생각들을 격려하고 유아의 흥미와 호기심을 유도할 수 있는 다양한 활동을 지원하는 한편, 유아들이 탐구하고자 하는 내용의 큰 줄기를 잡아 주어야 한다.

(3) 프로젝트 전개 단계

교사는 다양한 활동을 적극적으로 지원하기 위해 질문내용을 활동으로 연결해 주고, 적합한 자원을 조달하고, 활동결과물 공유하는 시간을 통해 적합한 추후활동으로 연결해 주어야 한다.

(4) 프로젝트 마무리 단계

교사는 프로젝트의 활동과정에서 이루어진 학습 결과들을 유아들과 검토하고 평가하면서 이후의 프로젝트가 더욱 풍부해질 수 있는 기반을 마련해 준다.

(5) 프로젝트 환경구성

교사는 프로젝트 활동을 수행하는 별도의 공간을 마련할 수도 있지만 프로젝트 활동이 유아의 실생활과 분리되지 않게 진행되기 위해 기존의 영역별 구성을 유지해 준다. 필요시 환경구성에 변화를 줌으로써 융통성을 발휘할 수 있다.

프로젝트 준비 단계에서 마무리 단계까지 부모의 적극적인 참여를 유도하고 긴밀한 협조적 관계를 유지하는 것은 프로젝트를 진행하는 교사의 역할이다. 부모는 유아, 교사와 함께 프로젝트를 이끌어 가는 중요한 주체로서, 부모의 적극적인 참여와 협조가 있을 때 프로젝트 활동이 더욱 풍부하게 이루어질 수 있다.

4) 평가

(1) 교육적 가치

프로젝트 접근법이 본격적으로 소개된 역사는 그리 길지 않지만, 다양한 연구를 통해 교육적 가치를 인정하는 근거가 다양하게 제시되고 있다.

- 학습자의 내적동기를 유발하여 학습효과를 높이고 후속 학습에 대한 의욕을 고취한다.
- 프로젝트 과정에 있어서 끊임없이 선택하고 활동해 나감으로써 학습자에게 책임감을 길러준다.
- 학습과정의 만족, 학습결과의 성취감, 교사와 동료들의 인정으로 긍정적 자

아 개념이 생긴다.

- 소집단이나 학급 전체로 추진되는 경우, 협동심과 사회적 기술을 길러준다.
- 학교와 사회의 관련성을 인식하게 하고 문제해결력을 길러준다.
- 조사, 실험, 면담 등 다양한 방법을 통하여 사물이나 현상을 탐구할 기회를 제공함으로써 탐구하는 방법, 기술, 태도를 길러준다.
- 학습자의 선택과 결단으로 방향, 내용, 방법이 수정되므로 사고의 유연성을 길러준다.
- 체험적 학습기회를 제공한다.
- 교사들에게 새로운 교수 경험을 제공하여 교과서 중심 수업의 한계를 인식하게 한다.
- 학부모가 프로젝트 학습에 참여할 기회를 제공하여 학부모의 관심을 높인다.
- 교육에 대한 사회의 관심을 촉구시킨다.

(2) 프로젝트의 장점과 단점

① 장점

- 유아가 주제에 따라 흥미로운 학습내용을 선택하게 되어 학습과정에 훨씬 더 적극적으로 참여하게 되므로 내적 동기유발이 강하다.
- 심화학습을 하게 되므로 여러 영역에 걸쳐 광범위한 지식을 습득하게 된다.
- 한 가지 주제에 대해 다양한 방법으로 탐구하는 능력을 기르게 된다.
- 학습자의 창의적인 연구를 중시하므로 창의적인 태도와 능력을 함양시키는 데 적절하다.
- 집단 프로젝트를 통해 협동심, 관용정신, 희생정신 등 사회성 발달을 함양한다.
- 오랜 시간 노력하여 완수해야 하므로 인내심이 필요, 성취감을 느끼게 된다.
- 프로젝트 수행 동안 부모참여가 유도되어 가정과의 연계가 이루어진다.

② 단점

- 프로젝트 활동이 모든 유아를 위한 것이라고 하지만, 학급 프로젝트에서는 일부 '영재아들'이 독점하는 경향이 있다.
- 프로젝트 전개 과정에서 필요한 기술(예: 스케치하는 법, 메모 방법, 사진찍는 방법, 전문가 면담방법 등)을 잘 모르고 있어 제대로 진행되기 어렵다.
- 자료와 시설 및 기자재 부족으로 프로젝트를 실패하는 경우도 있다.
- 유아가 계획, 실천해야 하므로 활동 외적으로 '시간 낭비'가 많다.
- 오랫동안 프로젝트를 진행하면 학습범위가 지나치게 좁아져 세부적인 내용까지 다루게 된다.
- 프로젝트를 성공적으로 수행하기 위해 유아의 특성과 욕구에 대해 이해하고 주제에 대한 열정과 지식이 요구되는데, 이러한 자격을 갖춘 교사를 확보하기가 어렵다.
- 현장견학 장소 섭외의 어려움이 있고, 견학지로부터 방문을 허락받기가 쉽지 않다.
- 마무리 단계의 전시회가 내실을 기하기보다 학부모에게 과시하려는 경향으로 흐를 수도 있다.
- 유아 수가 너무 많아 교사의 적절한 개입이 어렵다.

05 레지오 에밀리아 접근법

레지오 에밀리아 접근법(Reggio Emilia approach)은 이탈리아의 레지오 에밀리아 시에서 운영하는 영·유아 센터와 유치원에서 공통적으로 실시되는 유아교육 프로그램을 총칭하는 용어이다. 레지오 에밀리아의 교육자들은 상징적 표상에 체계적으로 초점을 두고 유아들의 지적 발달을 유도하는 매우 독특하고 혁신적인 교육방법을 발전시켜 왔다. 유아들로 하여금 자신의 주변을 탐색하고 다양한

'언어', 즉 말이나 몸동작, 선 그림, 페인팅, 조각, 그림자놀이, 콜라주, 음악 등의 다양한 표현방식을 통해 자신들을 표현하도록 격려하고 있다.

1) 레지오 에밀리아 접근법의 특성

(1) 이론적 배경

레지오 에밀리아 접근법은 특정 교육이론을 기반으로 개발되었다기보다는 교육현장에서 교사와 부모들이 경험을 통해 구성한 지식을 기존의 이론을 통해 확인하는 방식으로 발전되어 왔다. 따라서 레지오 에밀리아의 유아교육은 교사의 개인적 철학, 직관, 경험이 반영되고 교사가 자신이 속한 특수한 사회·문화적 배경을 바탕으로 자신이 가르치는 구체적인 집단의 유아, 학부모, 동료교사, 지역사회와의 상호작용을 통하여 발전된 교육체제이다. 지난 30년간 많은 이론들이 레지오 에밀리아의 유아교육에 영향을 주었고 현재도 새로이 대두되는 이론들이 영향을 주고 있지만, 이 이론들은 현재 실시되고 있는 교육과 상호작용하면서 레지오 에밀리아의 유아교육을 더욱 풍부하게 하는 밑거름이 되고 있다.

(2) 유아를 보는 관점

레지오 에밀리아에서는 '행복한 유아', '강한 유아', '능력 있는 유아'로서의 이미지를 강조한다. 이들은 유아들이 태어날 때부터 자신의 생각과 이론이 있고, 고유의 생각과 이론을 모든 성인이나 또래와의 관계 속에서 주고받음으로써 지식을 구성하고 발전시켜 나갈 수 있는 힘과 능력이 있다고 생각한다. 또한, 유아들은 사회적 관계를 맺으려는 강한 성향을 가지고 있기 때문에 성인은 유아들이 교육적이고 보호적인 공간에서 타인과의 관계를 형성해 나가며 양질의 행복한 삶을 즐기고 유지하도록 도와주어야 한다고 믿는다.

2) 교육과정의 운영

(1) 발현적 교육과정(Emergent Curriculum)

레지오 에밀리아의 교육과정은 발현적 교육과정이란 용어로 가장 잘 설명된다. 발현적 교육과정이란 장·단기적으로 유아들이 학습할 일련의 내용과 개념을 미리 정해 놓고 순서에 따라 학습해 가는 것이 아니라, 유아의 흥미와 교육적 가치를 기초로 무엇을 배우고 학습하고 경험할 것인가가 지속적으로 정해지는 것을 의미한다. 발현적 교육과정은 유아들의 흥미로부터 이끌어 나가며 상호협동의 중요성을 강조하고, 다양한 학습자들을 위하여 복합적인 기회를 주는 학습활동에 가치를 두고 있다.

(2) 학습도구로서의 프로젝트

교사, 유아가 함께 참여하는 프로젝트는 전통적으로 교사들이 생각하는 단원이나 주제 학습과는 다르다. 레지오 에밀리아에서 프로젝트를 실시할 때에는, 유아의 흥미를 토대로 주제를 선정하지만 유아에게 전적으로 의존하지는 않는다. 교사는 유아가 표현한 '100가지 언어'를 기초로 유아가 관심 보이는 것, 교육적으로 가치 있는 것, 사회·문화적 맥락에서 의미 있는 것이 무엇인가를 고려하여 무엇을 배우고, 경험하게 하며, 표현하게 할 것인가를 결정한다.

프로젝트가 진행되는 과정에서도 교사와 유아는 지속적인 평가를 바탕으로 계획을 계속한다. 유아들이 프로젝트를 할 때 교사는 유아들의 활동을 매일 점검하고, 유아들의 아이디어와 다음 날 새로 추가할 것의 가능성에 대해서 토론한다. 교사는 그날 진행된 활동에 대한 토론을 생각해 보고, 새로운 방향 전개 가능성이나 활동 지원을 위한 제안을 생각한다. 그러므로 교육자로서의 판단과 유아의 학습과의 연속적 협상에 의해 교육과정이 발현하게 되며, 학습도 순환적으로 전개된다.

(3) 유아들의 수많은 언어

가설을 세우고 검증하면서 주제에 대한 탐구를 하는 동안 유아들은 그림, 조각, 상상놀이, 쓰기 등을 포함한 다양한 형태의 상징 언어로 자신들이 이해한 것을 묘사해 보도록 격려 받는다. 교사는 유아들이 자신들이 사용한 표상방법이 표현하고자 의도한 것을 충분히 표현했는지에 대해 토론하도록 격려하고, 유아들이 활동을 반복하고 주제를 이해하려는 공동의 목적을 달성하기 위해 서로의 작품을 수정하는 것을 격려한다. 또한 상호 교환의 수단으로 유아들의 작품을 계속 발전시키는 것의 중요성을 인정하는 의미에서 탐색과 평가 과정에 유아들을 참여시킨다(Katz, 1996).

3) 하루 일과

레지오 에밀리아의 하루 일과는 보통 월요일에서 금요일까지 오전 7~8시부터 오후 4시까지 운영된다. 오전 중에는 전체 모임(공동 관심사 이야기, 노래 부르기, 프로젝트에 관한 토론 등), 자유선택활동, 프로젝트 등을 하며, 12시경에 점심을 먹는다. 오후에는 낮잠(1~3시)을 잔 후, 귀가 준비를 한다. 따라서, 프로젝트를 통한 발현적 교육과정이 레지오 에밀리아의 특징이지만, 모든 유아들이 항상 프로젝트에 참여하는 것은 아니다. 유아들은 일반 교육기관에서 관찰되는 것처럼 대·소집단 모임, 역할놀이, 상상놀이, 적목놀이 등의 자유선택활동에도 참여하며, 그 시기에 진행되는 프로젝트에 참여하는 유아들만 프로젝트 활동을 하게 된다.

4) 사회적 상호작용 강조

레지오 에밀리아에서는 유아-유아 간, 발달수준에서 차이가 있는 유아 간, 유아-성인 간의 사회적 상호작용을 통해서 학습이 이루어진다고 본다. 소집단으로 구성된 유아들 사이에서 발생하는 인지적 갈등과 토론을 통한 해소를 격려하고 있다. 타인의 생각에 반론을 제기하는 것을 공격이 아니라 성장을 위한 기회로 인식하고 있으며, 이 과정에 성인도 적극 참여한다.

5) 표상활동(representation) 강조

레지오 에밀리아에서는 학습도구로서 다양한 상징적 매체를 사용한다. 예를 들어, 유아들의 '100가지 언어'로 불리는 말, 몸동작, 선 그림, 페인팅, 조각, 그림자놀이, 콜라주 그리고 음악 등의 다양한 표현방식을 통해 자신의 생각을 표상하도록 격려받는다. 교사는 유아들의 표상활동을 보고 유아의 현재 수준 및 이론을 파악할 수 있고, 유아에게 표상활동은 자신의 이론을 정립하거나 자신 이론의 모순점을 깨닫는 기회가 되며, 상호작용하는 소집단 내에서는 토론을 할 때 사용할 구체적 실증자료로 활용된다.

6) 기록 작업(documentation)

레지오 에밀리아에서는 기록으로 남기는 과정에 의미를 부여하는데, 유아들의 활동과정을 기록으로 남기는 과정과 행위의 결과 모두를 중시한다. 기록 작업에는 유아들이 활동을 시작해서 마무리까지 여러 단계를 거치는 동안 만들어 낸 작품, 진행되고 있는 활동사진, 유아들과 활동한 교사나 다른 성인의 충고, 유아들이 활동에 대해 했던 토론·설명, 부모들의 충고 등이 포함된다. 기록된 모든 것은 교실이나 복도에 전시되는데, 기록을 통해 어떻게 유아들이 전시된 작품을 계획하고, 실행에 옮기고, 완성했는지를 보여준다. 기록 작업은 세 가지 측면에서 매우 의미 있다.

- 유아는 기록된 것을 통해 성인들이 자신들의 일을 소중하게 여기고 다룬다는 것을 알게 되고, 자신감과 자기 존중감을 갖게 되며 자신이 한 것에 대한 기억의 창고로 사용한다.
- 교사는 기록된 것을 통해 유아들이 무엇에 관심이 있는지, 무엇을 알고 무엇을 모르는지, 유아들과 프로젝트를 어떤 방향으로 이끌고 가야 할지, 교사는 무엇을 잘했고 잘못했는지 등을 반성적으로 사고할 수 있는 자료가 된다.
- 기록을 통해 부모나 외부의 사람들에게 유아교육기관에서 무엇이 어떤 방식

으로 일어나고 있는지를 자연스럽게 알림으로써, 부모와 교육기관 사이의 강한 연대감 및 적극적인 상호작용, 의사소통, 협력의 기틀을 마련한다.

7) 물리적 환경

레지오 에밀리아의 물리적 환경은 이 프로그램의 핵심요소로 교육철학, 교육이론, 교육내용이 최대한 실현될 수 있도록 구성되어 있다. 레지오 에밀리아의 물리적 환경 특징은 순환성과 투명성으로 표현될 수 있다.

순환성이란 모든 공간이 자연적으로 연결되어 막힘없이 어느 곳으로나 통할 수 있다는 의미로 유아, 유아-교사, 유아-환경 간 상호작용을 장려하는 레지오 에밀리아의 정신을 반영하고 있는 개념이다. 레지오 에밀리아 유아교육기관의 환경은 건물 어느 곳에서나 직접 연결되는 중앙 공용 공간(피아자, piazza)이 중심부에 자리하며, 네 면을 따라 아뜰리에, 활동실, 학급별 미니 아뜰리에, 화장실, 부엌 등 부대시설이 배치되어 있는데, 문을 통해 모두 연결된다.

투명성은 같은 공간에 있지 않아도 서로의 존재를 보고 느낄 수 있는 가능성을 의미하는 것으로, 모든 문과 창에 유리를 사용하여 서로 볼 수 있도록 하였다. 또한 가능한 자연색과 모든 종류의 빛(예: 자연 채광, 형광등, 백열등 등)과 빛을 활용하는 기구(예: 투시물 환등기, 슬라이드 프로젝트, 빛 책상, 손전등)를 많이 활용하여 투명성의 원리를 실현하고 있다. 모든 자료와 작품은 심미적으로 전시되는데, 아뜰리에에는 다양한 자료가 선반 위에 심미적으로 정돈되어 있고, 학급 내부나 복도에는 유아들이 프로젝트를 하면서 만든 작품, 수집한 물건, 기록들이 심미적으로 전시되어 있다. 그러므로 레지오 에밀리아의 물리적 환경은 유아들이 활동적인 시간을 보내는데 유용하고 안전한 장소 이상이며, 연령과 발달수준에 적합한 공간, 기록하는 공간, 변화하는 공간, 배움이 일어나는 공간이라고 할 수 있다.

8) 학급 구성

레지오 에밀리아의 학급은 동일연령 유아들로 구성되나 혼합연령으로 구성되는 경우도 있다. 한 학급은 보통 25명 내외의 유아와 2명의 교사로 구성된다. 한 번 학급이 구성되면, 영·유아센터나 유치원에 재원하는 3년 동안 같은 집단이 유지된다. 이것은 가족과 같은 분위기를 구성하고 교사와 유아들이 서로를 더 잘 이해하여 학습과 경험이 최적화될 수 있게 하기 위해서이다.

9) 레지오 에밀리아의 교사

교사가 유아를 이해하려고 장기간 노력하는 것이 레지오 에밀리아 접근법의 핵심요소이다. 한 학급을 담당한 교사들은 역할을 분담하여 정기적·체계적으로 관찰하고 메모하며 유아들 간의 대화를 녹음한다. 모아진 자료는 교육과정을 계획하고 평가할 때 다른 교사, 미술 자원교사, 부모들과 함께 나누어 본다. 여러 유치원에서 온 교사들이 교육조정자(페다고지스타, pedagogista)를 리더로, 유아들이 시작한 활동을 어떻게 확장할 것인가를 함께 의논하기도 한다. 레지오 에밀리아의 교육체제에서 일하는 사람들은 크게 페다고지스타, 교사, 아뜰리에리스타의 세 유형으로 나눌 수 있다.

(1) 교육조정자(pedagogista)

한 명이 몇 개 유치원을 담당하는데, 유치원과 영·유아센터 관련 정책 및 문제를 토론, 교사 현직교육을 계획·실행, 담당한 유치원 직원의 임무배정, 일의 양과 시간 조정, 유치원 설비의 보수와 신설 등 운영에 관련된 일을 하고, 현재 진행하고 있는 프로젝트에 참여하거나 관련된 자문으로 지원해 준다.

(2) 교사

2명이 팀이 되어 학급을 3년간 담당한다. 교사들은 동반자, 양육자, 안내자 역할을 하는데, 이들은 교육과정을 결정할 뿐만 아니라 학습자 또는 연구자로서의 교육에 임한다. 교사들 사이에는 위계가 없고, 서로에게 배우는 협력적인 관계이다. 일반적으로 이탈리아에서는 고등학교 수준의 준비학교를 졸업하면 교사가 될 수 있기 때문에 전직교육의 질이 낮다. 따라서 레지오 에밀리아에서는 현직교육을 강조하며, 교사들은 유아를 가르치는 것 이외에도 현직교육, 부모와 학부모 위원회와 만남, 세미나 및 워크숍에 참석한다.

(3) 아뜰리에리스타(ateliersta)

미술전공 교사로 아뜰리에에서 주로 일하며, 담임교사들과 협력하여 교육과정 개발과 기록 작업을 한다. 최근 프로젝트에서 이들의 역할이 확대되고 있다.

10) 지역사회 중심의 운영과 부모 참여

레지오 에밀리아 시가 유아의 가족을 지원하는 전통은 유아교육을 국가의 책임이라고 인식하는 이탈리아의 문화적 전통을 확장한 것이다. 레지오 에밀리아는 부모와 지역사회 참여를 교육의 필수조건으로 생각하고, 1970년대부터 교육개혁을 촉진하고 교육을 보호하고 교육자와 부모 간 협력을 촉진하는 수단으로 지역사회 중심 운영을 하였다. 학교-도시위원회가 학교를 민주적으로 운영하기 위해 형성되었는데, 이 위원회에는 부모, 교사, 시민, 지역사회의 여러 집단이 참여해서 교육의 모든 측면, 학교정책 수립, 유아발달, 교육과정의 계획과 평가를 함께 의논하고 결정한다.

06 발도로프 프로그램

1996년 스위스에서 열렸던 세계 교육부장관 회의에서 바람직한 교육모델로 '발도로프 학교'가 선정되었고, 유네스코의 지원·연구대상에 속하게 되면서 그 성과를 인정받게 되었다. 우리나라에서도 대안교육에 대한 관심이 높아지면서 발도로프 학교가 새로운 교육모델로 주목을 받아 「한국슈타이너교육예술협회」, 「슈타이너인지학연구센터」가 결성되어 번역, 연구, 교육, 강연 등의 활동을 펼치고 있다.

1) 교육목적

발도로프 유치원(Waldorf Kindergarten)의 교육목적은 전인적인 인간교육을 추구하는 데 있으며 인지 중심으로 치우친 교육에 반대한다. 발도로프 유치원교육에서는 '하루 일과표' 또는 '프로그램'이라는 개념을 사용하지 않는데, 틀에 박힌 교육형식을 만들어 유아들에게 적응시키려고 하는 교육개념에 동의하지 않기 때문이다. 발도로프 유치원교육은 유아들이 나이에 맞게 건강한 생활을 유지함으로써 창의적 발달 과정을 겪을 수 있는 생활의 틀, 질서를 마련해 주고자 한다.

2) 교육의 원리 및 특징

(1) '모방' 학습원리

슈타이너는 유아 주변에는 인간사회가 있어야 하며 인간과의 상호작용 측면에 있어서 '모방'과 '모범'을 중요시하고 있다. 물리적 육체가 형성되는 0~7세 유아들은 주로 '모방'을 통하여 학습하고 있기 때문에 모방의 대상인 주변 환경, 부모, 교사의 영향을 중요하게 지적하고 있다. 교육적 의미에서 '모방'은 '학습의 본원적인 형태'로 유아가 건강하게 모방할 수 있는 주변 환경과 어른의 모범적인 생활태도가 중요하다고 한다. 교사와 부모는 유아의 물리적 육체가 건강하게 탄생되도록 '보호막'을 형성하여 모태와 같은 교육환경을 형성해야 한다. 발도로프 유치원에서는 교사가 가르치지 않고 진지한 자세로 삶에 필요한 작업을 하고, 유아들이 모방을 통해 계절과 일상생활을 체험하면서 자신의 신체 형성에 충분히 몰두할 수 있게 하고 있다.

(2) 교육목표와 교사의 자율성

발도로프 학교는 교과서가 거의 없고 학생들이 수업시간에 배운 것은 스스로 노트에 적거나 그림으로 그린다. 학생들로 하여금 수업에 적극 참여하게 하는 중요한 것은 상상력이다. 상급반의 경우, 세상을 변화시켰던 위대한 사상들에 대한 체험이 이에 해당된다. 발도로프 학교는 익명성이 지배하는 것이 아니라 서로 만나고 경험할 수 있는 학교, 교사와 학부모, 학생이 함께 꾸며나가고 만들어 가는 학교이기를 원한다.

(3) 8년 담임제 & 교과목별 수업 방식

발도로프 학교에서는 교사, 학생, 학부모 사이의 인간적인 유대를 중요시한다. 한 담임교사가 8학년까지 같은 학생들을 계속 담당하며, 가르치는 과목은 국어, 수학, 자연탐구, 역사, 지리학 그리고 교사의 능력에 따라 외국어, 음악, 수공예 등이 추가된다. 이런 체제의 어려움은 한 교사가 모든 분야에 정통할 수는 없다는 것이지만, 반면 각 수업내용 간 관계를 설정, 조정할 수 있다는 장점도 있다. 학문적 과목들은 '주기수업방식(Epochenunterricht)'에 의해 진행되는데, 매일 아침 8시~9시 45분까지 3~5주 정도 같은 과목을 집중 수업하며, 그 후 몇 달 동안 이 과목은 수업이 없다. 1학년부터 배우게 되는 2개의 외국어 과목과 종교는 '전문과목 시간배당 원칙(Fachstuden-prinzip)'에 의해 진행, 실용과목과 예술과목은 부분적으로 전문 과목 시간 배당 원칙에 따라 또는 단기집중 수업방식에 따라 실시된다.

(4) 교사, 학생, 학부모 간의 긴밀한 유대관계

발도로프 학교에서는 실제로 교사와 학생, 학부모 간의 유대관계가 매우 긴밀하다. 교사는 8년 담임 기간 동안 여러 차례 학생의 부모를 방문하고, 부모들과 대화를 통해서 그들의 직업과 삶의 경험 세계 등을 이해하며 학생의 가정환경을 소상하고 심도 있게 파악한다. 이렇게 해서 얻어진 유대관계는 수업현장에서 중요한 의미를 갖게 되고, 학생들은 같은 담임교사에게 계속 배우며 신뢰를 가질 수 있게 된다.

(5) 발달단계에 따른 교과과정

교과과정 또한 학생들의 발달단계에 맞추어서 조정된다. 수업은 개성적인 존재를 현존하는 관계와 연관시켜 주며, 자아를 실현할 수 있게 돕는 자리이다. 과목별 학습내용은 난이도에 따라 구분하는 것이 아니라, 학습내용들이 어떤 특정한 구체적인 삶의 문제에 해답을 제시해 주느냐에 따라 구분된다. 예를 들어, 유아기의 세계를 하나의 단일체로 바라보는 사고가 사라져 가는 3학년에는 구약성서 이야기와 분수를 다룬다. 자연현상 뒤에 숨어 있는 자연법칙의 연관성을 찾는 나이인 7학년에는 광물학, 천문학, 발명과 발견의 역사를 다루게 된다. 독립적 사고가 깊어지는 10학년에는 특정 이데올로기에 빠지지 않도록 고대 아시아 문화와 게르만의 신화를 가르치는데, 그것이 발달단계에 따른 교과과정인 것이다.

(6) 가까운 현상에서 시작하는 수업 원칙

또 하나의 수업의 원칙은 인간 존재에 가까운 현상부터 시작한다는 것인데, 물리학의 경우 음향학부터 시작해서 광학을 다룬 뒤, 끝으로 기계학을 가르친다. 생물학의 경우는 인간에 대한 생물적 지식을 먼저 배우고, 동물학과 식물학, 광물학과 천문학의 순서로 배우도록 한다.

(7) 감각교육 중시

발도로프 학교에서 중요하게 다루는 또 다른 영역은 예술과 실습학과이다. 음악과 미술, 슈타이너가 창안한 예술율동(Eurythmic, 오이리트미)은 모든 학년에서 다루어지는데, 이를 통해 학생들의 자연스러운 표현력이 길러지고 학문적인 학과의 내용들을 예술적으로 표현할 수 있도록 한다. 발도로프 학교들은 상급반 학생들과 함께 여러 주에 걸쳐 농업과 산업, 사회복지 분야에서 실습을 하고 있고, 몇몇 학교들은 정규 직업 과목을 일반 교육 프로그램 안에 설치하여 운영한다. 학생들은 그들이 배운 직업교육을 직접 활용하지는 않지만, 의사나 변호사가 된 학생들에게도 겨울 동안 전기기술자로 건설현장에서 일해 본 경험은 그 자체만으로도 좋은 교육효과를 가져온다.

(8) 상상력 발달 중시

발도로프 유아교육기관에서는 유아의 상상력을 중요시한다. 그래서 자동차와 같이 기능이 이미 주어진 놀잇감이나, 사람 모양을 그대로 지니고 있는 인형과 같은 완벽하게 만들어진 놀잇감을 피하고 있다. 나뭇가지 또는 단순하게 만들어진 인형이 유아의 상상력을 최대한 자극하기 때문이며, 모형에서 빠진 부분은 유아다운 상상력으로 보완, 단순한 모형일수록 유아의 내면적 움직임을 최대한 촉진한다. 동화도 가능하면 책을 읽어 주지 않고 들려주는데, 그림이 이야기 내용을 이미 결정하여 보여 주기 때문이다. 인형극에서 사용되는 인형 또한 인물의 성격을 얼굴의 생김새로 결정하지 않고, 대신 인형 옷의 색깔을 가지고 상징적으로 표현함으로써 유아들이 인물의 성격을 스스로 창조하게 한다.

3) 교육의 방법 및 계획

(1) 교육방법

발도로프 유치원은 혼합연령 집단으로 학급을 구성하는데, 유아들이 상호작용함으로써 형제자매 관계가 생기게 하기 위한 것이며, 영재를 교육하려는 관심보다는 취약한 학생을 촉진하려고 노력한다. 교사는 본보기로서 유아들 앞에서 지도하고 활동은 교사의 자극으로 시작하나 강요 없이 소규모 집단으로 행하여진다. 동일 교사가 계속 맡는 담임교사제도는 유치원은 3~5년, 학교는 1~8학년까지이며 교육은 담임교사에게 전적으로 맡겨진다.

(2) 교육내용

① 자유놀이

자유놀이의 가치는 유아들이 자신을 스스로 세상 안으로 접합시켜 가는 것을 능동적으로 할 수 있다는 것뿐만 아니라, 세상을 능동적으로 만들어 갈 수 있다는 것이다. 놀이는 단순히 어떤 사람과 함께 하는 행위가 아니고 하나의 내면의 자세이며, 유아는 이로 인해 외부로부터의 도움을 필요하지 않는다. 놀이 안에서의 진지함과 활기의 접합은 유아에게 자신의 미래의 삶의 대해 책임적이고 자연스러운 작업 자세를 준비하게 해준다.

② 아침 모임

발도로프 유치원은 언제나 일정한 시간적 일과로 이뤄지는데, 이를 통해 유아의 의지가 신뢰하게 되는 습관에 의해 발전하여 신뢰감과 의지를 강하게 해 주기 위함이다. 생활리듬을 유지하는 것은 매우 중요한데, 이는 유아가 신뢰하는 주위 세계와 일치하려 하기 때문이다. 유아들은 안정감만을 찾으려 하는 것이 아니라, 신뢰감의 반복을 통해 자기 확인을 하기 때문이다.

③ 정원에서 자유놀이

유아에게는 세계와 함께 그 환경에서 신뢰할 수 있도록 하기 위해 본질적 경험이 필요하다. 유치원은 인간과 세계가 연결되어 있는 기본적인 실제의 경험을 전달할 수 있다. 유아가 그의 신뢰하는 세계 안에서 안정감을 찾게 되면, 유아는 스스로 그의 경계선을 넘어서게 되고 세계의 전체성을 파악하고자 하는 배움 의지와 체계적인 훈련과 연습에 대한 기쁨과 즐거움을 발전시키는 교육을 할 수 있게 된다.

④ 동화 모임

동화는 우리에게 눈으로 보여지는 세계에 대하여 말하고자 하는 것이 아니라 내면 안에서 귀 기울여 들을 수 있는 것에 대하여 말한다. 그래서 동화는 책을 가지고 읽어주지 않고 단지 이야기를 들려주는데, 그것은 그들 사이에 인간적 직접성이 존재하기 때문이다. 똑같은 동화를 매일 2주에서 3주 동안 계속 10~15회 이야기를 반복해서 해야 한다. 그렇게 함으로써 자기 확인을 경험하게 되고 유아가 자아를 만들어 낼 수 있는 힘을 갖게 된다.

⑤ 주간 예술 및 특별활동

발도로프 유치원에서는 다양한 일반 활동들이 제공되면서 동시에 리듬 있는 연결을 위해 요일별 예술 및 특별활동이 배열되어 있다.

㉮ 수채화 그리기 : 유아가 흔히 보아왔던 색들은 이미 만들어진 색들인 반면, 여기서의 창조적인 활동은 유아들에게 색의 세계를 관찰할 수 있게 해준다. 유아에게 어떠한 색 이론도 가르치지 않지만 다양한 색들이 종이 위에 나타나는 것을 경험할 수 있도록 해준다.

㉯ 오이리트미(Eurythmic) : 움직이고, 사물을 만들고, 예쁘게 하려는 '율동적인 인간', '손발을 가진 인간'의 욕구를 만족시키고 형태화하기 위한 단순 신체 표현과는 다른 '몸을 움직이는 놀이' 오이리트미가 있다. 오이리트미는 몸

을 통하여 소리를 보여주는 움직임의 예술로 '볼 수 있는 언어', '볼 수 있는 노래'이다. 발도로프 교육의 목적 중 하나는 '혼이 있는 신체의 배양'인데 오이리트미가 그 목적을 실현하는 교육이다.

발도로프 유치원의 일일 교육시간 계획을 소개하면 다음과 같다.

표 5-3 발도로프 유치원의 일일 교육시간 계획

교육시간	교육내용
7:00~7:30	등원, 교사와 만남(인사, 간단한 일상 대화)
7:30~9:10	자유놀이, 간식 준비, 직업, 기념일이나 축제 때 연관된 활동
9:10~9:45	정리 · 정돈, 손 씻기
9:45~10:00	리듬 있는 놀이
10:00~10:20	아침 모임, 실외 옷 입기, 신발 갈아 신기
10:20~11:30	정원에서 자유놀이, 모래밭, 공놀이, 줄넘기 등
11:30~11:45	실내화로 갈아 신기, 손 씻기, 인형 준비, 동화모임 코너에 모이기
11:45~12:00	동화모임, 1~2주일 내내 같은 이야기 들려주기
12:00~	귀가, 부모가 데려가기

4) 학교 운영

학부모들이 학교의 재정은 물론 법적인 절차들까지 책임을 지며 교사의 임면권도 행사한다. 그런 만큼 이 학교에서 교사들의 직업적 실존은 학부모와 동료들의 신뢰에 달려 있다. 발도로프 학교는 교사로 구성된 교사협의회에 의해 운영된다. 나름대로 교육적 구상이나 재정적인 문제해결은 단위학교가 스스로 책임을 진다. 결정은 다수결이 아니라 만장일치에 의해서 내려지는데, 이를 위해 정기적인 학부모 회의가 열리고 4~5시간의 교사회의는 매주 열린다.

5) 발도로프 교육 시사점

- 발도로프 유아교육은 '가르침'을 통한 교육 외적 측면이 강조되는 전통적 교육방법과는 달리, 유아의 본질적인 성장발달을 기초로 한 내적 교육을 강조하며, 교육에 변화를 주고자 하는 교사에게 '교육은 유아의 건강한 성장·발달과 미래의 삶을 준비하는 힘을 길러 주는 것이다'라는 근거 제시를 명확히 하게 한다.
- 발도로프 유아교육은 유아의 '문제행동'을 예방하고 치료하는데 중요한 역할을 한다. 학교폭력, 청소년 비행이 유아기 문제행동에서도 나타나는 사회문제로 대두되고 있는데, 이러한 문제를 영·유아기부터 예방할 수 있다는 점에서 그 의미가 크다고 하겠다.
- 발도로프 유아교육은 유치원뿐 아니라 하루 10시간 이상 머무르는 어린이집에서도 필요한 유아의 내적 리듬을 중시하는 '생활교육'이라는 측면에서 시사하는 바가 크다.
- 발도로프 유아교육은 수많은 장난감, 컴퓨터와 같은 최첨단 시설과 장비를 갖추어야만 현대를 살아가는 유아들에게 적당한 교육이라 여기는 사람들에게, 과연 우리 성인이 '어른의 문화'를 일찍 유아들에게 전달하는데 교육목적을 두고 있는 것인지, 유아들의 건강을 위한 것인지 진지하게 성찰하게 한다.

07 다중지능이론

다양한 문화, 다양한 가치가 함께 존재하는 21세기는 획일화된 인간상이 아닌 다양한 개성을 지닌 인간상을 요구하고 있다. 이는 인간의 지능을 단편적인 언어·수리적 측면에만 치중해 왔던 기존 지능연구의 대안으로 대두된 가드너의 다중지능이론이 지니고 있는 특성과 유사하다. 다중지능(Multiple Intelligence) 이론은 기존의 지능적 관점에서 인간의 능력을 이해하고 평가하는 것이 아니라, 8가지 지능영역의 관점에서 인간이 지닌 다양한 능력을 인정, 계발해 주는 것이 참다운 인간을 이해하는 것임을 시사해 준다. MI이론의 핵심적 내용을 이루고 있는 인간의 8가지 지능에 대한 개념적 정의를 살펴보면 다음과 같다(김명희, 2011).

1) 다중지능이론의 특징

(1) 언어적 지능(linguistic intelligence)

언어적 지능은 단어를 효과적으로 사용하는 능력을 말한다. 예를 들어, 연설가, 이야기꾼, 정치가처럼 단어를 구두로 사용하거나 시인, 극작가, 편집자, 기자처럼 글로 표현하는 능력과 관련된다. 언어의 실제적 사용은 수사학, 기억술, 메타언어가 해당되며 언어적 지능을 강화하는 활동으로는 공식 연설, 일기, 창작, 언쟁, 임기응변, 유머 및 농담, 이야기 만들기 등이 있다.

(2) 논리·수학적 지능(logical-mathematical intelligence)

논리·수학적 지능은 수학자, 통계전문가와 같이 숫자를 효과적으로 사용하는 능력자, 컴퓨터 프로그래머, 논리학자와 같이 추론을 잘하는 능력에 관련된다. 이 지능은 논리적 유형과 관계, 진술과 명제, 기능, 다른 추상적 사고에 관한 감각을 포함, 논리·수학적 지능을 강화하는 활동으로 추상적 공식 풀기, 도표 구조화, 수열, 계산법, 부호해독, 삼단논법, 문제해결 등이 있다.

(3) 공간적 지능(spatial intelligence)

공간적 지능은 안내자, 정찰병, 사냥꾼처럼 시각적·공간적 세계를 정확하게 지각하는 능력과 건축가, 예술가, 실내장식가, 발명가처럼 지각력을 변형시킬 수 있는 능력에 관련된다. 이 지능은 색깔, 선, 모양, 형태, 공간에 대한 감각과 요소들 간의 관계에 대한 민감성을 포함하며, 시각적이거나 공간적인 아이디어를 시각화하거나 그림으로 나타내는 능력과 공간적 행렬에 자신을 적절하게 위치시키는 능력을 포함한다. 공간적 지능 강화활동으로는 항해, 지도 제작, 상상력, 색채 배합, 패턴디자인, 그림, 데생, 조각하기, 사진 찍기 등이 있다.

(4) 음악적 지능(musical intelligence)

음악적 지능은 음악애호가와 같은 지각력, 음악비평가와 같은 변별력, 작곡가와 같은 변형능력, 연주자와 같은 표현능력을 말한다. 이 지능은 리듬, 음의 높이, 멜로디에 대한 민감함과 악곡의 음색을 포함하며, 음악에 대한 직관적 이해와 분석적·기능적 능력을 의미한다. 음악적 지능을 강화하는 활동으로는 리듬 패턴, 보컬사운드, 작곡 및 편곡, 악기연주, 노래, 공연하기 등이 있다.

(5) 신체·운동적 지능(bodily-kinesthetic intelligence)

신체·운동적 지능은 배우, 무언극 배우, 경기자, 무용가와 같이 몸 전체를 사용하는 아이디어와 느낌을 표현하는 전문가적 기술과 공예가, 조각가, 기계공, 외과의사와 같이 손을 사용하여 사물을 만들어 내고 변형시키는 재능과 관련있다. 신체·운동적 지능을 강화하는 활동으로는 민속 창작춤, 역할극, 제스처, 드라마, 무술, 운동, 무언극, 스포츠 등이 있다.

(6) 대인관계 지능(interpersonal intelligence)

대인관계 지능은 다른 사람의 기분, 의도, 동기, 느낌을 분별하고 지각하는 능력과 관계된다. 이 지능은 얼굴표정, 목소리, 제스처에 대한 감각과 대인관계 암시를 구별하는 능력과 실용적 방식으로 암시에 효과적으로 반응하는 능력을 포함하는데, 특정 행위에 따르도록 사람들에게 영향력을 행사하는 능력을 의미한다. 대인관계 지능 강화활동으로는 피드백 주고받기, 타인의 감정에 대한 이해, 협력 학습전략, 일대일 대면, 공감, 분업, 집단 프로젝트 등이 있다.

(7) 개인이해 지능(intrapersonal intelligence)

개인이해 지능은 자아를 이해하는 데 관련된 지식과 그 지식을 기초로 적응하는 행위능력에 관련된다. 이 지능은 자신에 대한 정확한 모습, 즉 장점과 제한점을 알아내고 내적 기분, 의도, 동기, 기질, 욕구를 인식하고 자아훈련, 자아이해, 자존감을 위한 능력을 포함한다. 감정에 대하여 내적 성찰력을 가지고 기술할 수 있는 소설가나 자신의 감정에 대하여 깊은 지식을 지닌 상담가나 공동체의 구성원을 지도하기 위해 자신의 풍부한 내적 경험을 사용하는 현명한 지도자에게 볼 수 있다. 개인이해 지능 강화활동으로는 반성적 사고, 메타인지기술, 사고전략, 정신집중기술, 고도의 추론 등이 있다.

(8) 자연관찰 지능(naturalist intelligence)

자연관찰 지능은 동·식물이나 주변의 사물, 즉 머리 스타일이나 자동차, 운동화 등을 자세히 관찰하여 차이점이나 공통점을 찾고 분석하는 능력이다.

2) 다중지능이론과 교육과정

다중지능이론에서는 지능의 다원성을 인식해서 획일적인 관점에 의해 무시되고 있는 개인의 잠재력을 키워주고, 개인의 강점을 최상의 수단으로 이용해서 문제를 해결하게 하는 것이 큰 교육적 시사점이다. 다중지능이론이 유아교육에 미친 영향은 '모든 유아들은 강점을 지니고 있다(All children have strengths).'는 것을 인식시켜 주었다는 점이다. 다중지능이론은 유아들이 자신의 강점을 통해 그들이 배운 것을 드러내 보이도록 하는 교육과정이 유아에 맞게 개발되는 유아 중심의 교육모형을 제시하였다.

(1) 통합주제 단원 중심의 교육과정 개발

다중지능이론을 적용한 교육과정은 통합주제 단원 중심의 교육이 이루어진다(Amstrong, 1994). 기존의 교육과정이 분과 중심의 처방적 교육과정이라면 다중지능이론이 접목된 교육과정은 실생활과 관련된 주제 중심의 통합교육이 이루어진다는 것이다. 통합적으로 가르쳤을 때는 생활 주변에서 주제를 가져오기 때문에 실생활에 필요한 지식의 활성화를 촉진할 수 있으며, 다각적인 방향에서 주제를 접근하기 때문에 사고의 폭이 넓어질 뿐만 아니라 고등정신 능력을 향상할 수 있다는 것이다. 교육과정이 기존의 교과서 중시에서 벗어나 박물관이나 기업체에서 도제식 교육까지도 할 수 있도록 개발되기 때문이다(Jordan, 1996).

(2) 교사와 유아의 강점에 초점을 맞춘 수업설계

캠벨(Campbell, 1997)에 의하면, 수업설계 시 다중지능이론을 적용한다는 것은 교사 자신과 유아들의 강점에 초점을 맞추어 수업설계를 한다는 것이다. 즉, 자신은 신체·운동적 지능이 높고 음악적 지능이 낮고 이웃 반 교사는 음악적 지능이 높고 신체·운동적 지능이 낮다면 이 두 교사는 팀을 이루어 수업을 한다는 것이다. 기존 수업이 유아의 약점 보완에 초점을 맞추었다면, 다중지능이론 접목 수업들은 유아의 강점에 초점이 맞추어졌다는 것이다(Hoerr, 2000). 유아들의 강점에 초점을 맞추어 수업을 설계하는 것은 유아들이 직접 자신의 프로젝트를 선정하여 계획하고 시행하는 것으로 학습내용의 선택 권한을 주는 것이다.

(3) 도제식 교육 장려

다중지능이론을 접목한 교육의 특징 중 하나는 도제식 교육이다. 도제식 교육은 주로 세 가지 영역에서 일어나는데 예능(미술, 음악, 기술), 학업, 체육(댄스 또는 스포츠) 영역에서 하루의 1/3의 시간을 보낸다는 것이다. 즉, 우리나라는 교육목표와 내용, 방법, 평가를 명시하지만 인간의 능력을 보다 넓게 보기 때문에 무엇을 어떻게 가르칠 것인가를 규정하지 않는다는 것이다. 그렇게 되었을 때 교사는 교육과정 개발에 관한 복합적인 정신적 모형을 창출할 수 있으며, 교사로서 자신을 더욱 성장시킬 수 있다는 것이다.

(4) '다양한 자료를 활용하여 무엇을 어떻게 학습했는가?' 평가

미국에서 다중지능이론의 대두로 기존의 지필검사 중심의 평가가 서서히 수행평가로 옮겨가게 된 것에 주목할 필요가 있다. 수행평가의 본래 개념은 교실 수업이 일어나는 상황과 유사한 실생활 상황에서 문제해결 능력을 평가하는 것이다(Slavin, 1994). 즉, '수행평가는 교실에서 배운 지식이나 기능을 실제적인 생활 속에서 실제적으로 수행해 내는 것'과 관련되어 있다.

08 생태교육 프로그램

문명사회의 이익을 누리면서 자라는 유아들은 수많은 장난감과 컴퓨터 등으로 생활의 편리함은 얻었지만, 흙을 만지며 놀이 할 수 있는 기회와 정을 나누며 지내는 사회를 잃어가고 있다. 따라서 자연의 소중함을 모른 채 자라고 있는 유아들에게 생명을 중시하고 놀이와 아이다움을 찾아 줄 생태 지향적 유아교육이 필요한 시점이라고 할 수 있다.

1) 생태유아교육의 개념

생태유아교육은 세계관, 유아관, 발달관, 교육목적, 교육내용, 교육방법, 교사의 역할, 교육환경 등에 대한 접근 역시 생명의 세계관에 기초를 두고 있어 기존의 유아교육과는 다르다고 볼 수 있다. 생태유아교육의 의미를 몇 가지로 제시하면 다음과 같다.

- 생태유아교육은 유아중심 유아교육을 포괄하면서 그것을 넘어서는 보다 높은 차원의 근원적인 생명 중심 유아교육이다.
- 생태유아교육은 새로운 패러다임의 유아교육이다.
- 생태유아교육은 자연의 순리에 따르는 자연친화적 유아교육이다.
- 아이 살림의 유아교육이다
- 생명 살림의 교육이다.
- 생태유아교육은 조상의 자녀양육의 지혜를 오늘의 현실에서 창조적으로 활용하므로 우리 민족의 문화이고 우리 민족과 아이들의 삶이고 생활 자체인 것이다.

2) 생태유아교육의 목적

생태유아교육의 목적은 산업 사회의 아이들에게 잃어버린 자연과 놀이와 아이다움을 되찾아줌으로써 아이들의 몸과 마음과 영혼이 건강하고 행복한 세상을 꾸리는 것이라고 할 수 있을 것이다. 생태유아교육에서 키우고자 하는 어린이상, 즉 교육목표는 '신명나는 어린이'이다. 신명나는 어린이라 함은 개성과 창의력을 지니면서 흥겨움과 우리 멋이 흘러넘치는 가운데 자연과 하나 되고, 사람과 더불어 행복한 삶을 누리는 어린이다운 어린이를 말한다. '신명나는 어린이'의 구체적인 모습은 10가지로 제시될 수 있는데 이는 튼튼한 어린이, 즐거운 어린이, 스스로 하는 어린이, 새로운 것을 생각하는 어린이, 예의바른 어린이 생명을 존중하는 어린이, 일을 귀하게 여기는 어린이, 우리 것을 아는 어린이, 지구를 지키는 어린이, 더불어 사는 어린이 등이다. 이와 같이 10가지 어린이상은 독립적인 것이 아니라 서로 유기적인 관계를 맺고 조화롭게 통합이 되어서 '신명나는 어린이'가 될 수 있다는 것이다.

3) 교육내용

생태유아교육에서는 추구하는 어린이상인 '신명나는 어린이'를 키우는 것과 관련이 되는 내용을 담아야 한다. 그러한 교육내용은 아이들의 몸과 마음과 영혼을 함께 돌보는 몸 교육, 마음교육, 영혼교육이 되어야 하고 아이들의 이성과 감성과 영성도 함께 돌보는 이성교육, 감성교육, 영성교육이 되어야 한다. 이러한 교육내용을 세분화하면 삶 교육, 감각교육, 땀 교육, 관계교육, 앎 교육, 감성교육 및 영성교육의 7가지 부류의 교육으로 제시될 수 있으며, 이는 다시 구체적인 프로그램으로 제시가 될 수 있다.

(1) 생태유아교육의 내용

① 삶교육

생태유아교육은 행복한 삶을 위해 현재 해야 할 것이 무엇인지에 초점을 맞추어 실제 삶을 위한, 삶에 의한 내용을 선정해야 한다. 이를 위해서 농경 사회에서 어릴 적 경험한 소위 '공터놀이 교육'에서 교육내용을 담아낼 수 있다. 그 밖에 올바른 식습관과 우리의 전통음식문화, 세시풍속을 통하여 계절의 변화에 따른 생활의 주기성을 알고 더불어 살아가는 조상들의 삶의 지혜를 깨닫게 되는 과정이다. 즉, 순환과 돌림의 경제를 인식하게 되고 물질과 사람과의 관계를 바르게 이해하여 삶으로 실천할 수 있게 된다.

② 땀교육

간디학교의 교육내용은 지식교육, 감성교육, 노동을 통한 의식주 해결 교육에 사용하고 있다고 한다. 이때 노동교육이란 음식 만들기, 옷 만들기, 집짓기, 텃밭 가꾸기 등 직접 몸을 움직이면서 땀의 소중함을 체험하는 활동을 말한다. 이처럼 교육에서 몸을 움직이며 노동의 가치를 배우도록 하는 것은 인간의 몸과 마음과 영혼을 건강하게 하는 수행의 과정이자 배움의 과정으로 바라보기 때문이다. 생태유아교육에서 바라보는 신체는 마음과 하나이자 서로 연계를 가지는 것이다. 즉, 심신일원론에 따른다.

③ 관계교육

아이들이 함께 더불어 살아가기 위해서는 관계교육이 필요한데, 사람과의 관계, 사물과의 관계, 자연과의 관계가 모두 중요하다. 바깥놀이, 노인·유아 상호작용 프로그램 동·식물 교감 프로그램, 장애아 통합 프로그램 등으로 다양한 관계를 경험하게 해주는 교육내용을 지향하고 있다.

④ 감각교육

생태유아교육에서는 자연과의 교감을 통해 감각을 찾아 줄 필요성을 강조하며 텃밭 가꾸기, 산책, 손끝놀이 등을 통해 집중력과 정서적 안정성을 키우게 되고, 손끝 근육을 잘 통제하게 되며 미적인 감각을 키울 수 있고, 노작의 즐거움을 경험할 수 있도록 하고자 한다.

⑤ 앎교육

앎교육은 지혜교육이라고 할 수 있다. 생태유아교육에서는 인지교육, 지식교육 및 이성교육보다는 앎 교육을 중요시하는데, 예를 들면 사람들과 함께 생활하기 위해 필요한 것, 수·과학에 대한 기초지식, 기본생활습관과 예의범절 등이 있다.

⑥ 감성교육

아이는 자연을 통해 감성을 기르고 감성적 예술행위를 통해 자연의 이치를 느끼게 되며 아이의 풍부한 감성이 몸으로 펼쳐질 때 행동 하나하나가 예술이 될 수 있을 것이다. 자연은 시나 문학, 무용, 음악, 미술 등의 자원이며, 예술적 영감의 근원이다. 따라서 예술과 감성교육을 위한 다양한 프로그램이 개발될 필요가 있다.

⑦ 영성교육

영혼의 감수성과 각성을 펼치기 위해 명상 프로그램과 더불어 다양한 프로그램이 요구되므로 몸과 마음과 영혼을 돌보는 실제를 구성해 나가고 있다.

(2) 생태유아교육의 실천 프로그램

영유아가 자연과 더불어 신명나게 하루하루를 보내는 가운데 자연과 친숙해지고 자연과 함께 사는 소중함을 느끼며 생명 공동체의 필요성을 깨닫게 하기 위해 생태적 프로그램을 운영한다.

① 프로그램 운영의 기본 방향

① 인공적인 교재·교구를 통한 간접 체험보다는 자연과의 직접적 체험을 강조한다.
② 보육시설을 정보와 지식 전달의 장이 아닌 삶을 체험하는 장이 되게 한다.
③ 물, 모래, 흙, 햇빛과의 접촉을 많이 할 수 있는 실외놀이 활동을 많이 한다.
④ 교사의 계획된 주제와 활동에 의한 것보다는 유아의 흥미에 따라 활동을 한다.
⑤ 감각발달 및 체력 향상을 위한 운동놀이를 강조한다.
⑥ 아뜰리에에서 폐품과 자연물을 이용하여 다양한 작업 활동을 한다.
⑦ 노인-유아 상호작용 프로그램을 통해 세대 간 소통과 조상의 육아방식과 결합한다.

② 실천 프로그램의 내용

가. 바깥놀이 프로그램

아이들을 교실 '밖으로' 데리고 나가려는 노력이 생태유아교육 실천의 출발점이다. '뭔가 가르쳐야 한다'는 부담감을 버리고 아이들의 흥미를 자연스럽게 따라가면 된다. 바깥놀이는 특별한 날만 하는 활동이 아닌 일상생활이다. 흐린 날, 비 오는 날, 추운 날도 가능하다.

나. 산책 프로그램

산책은 걷는 것이지만 그 속에는 사색, 여유, 자유 자연스러움, 즐거움, 만남 등의 뜻이 담겨 있다. 또한 거닐다 보면 여러 가지 것들, 즉 사람, 사물, 현상을 만나게 된다. 산책은 아이들이 온갖 자연물을 직접 보고, 만지고 듣고, 느끼고, 냄새 맡을 수 있는 체험적 교육활동이다. 산책을 하면서 '아이들에게 뭔가 가르쳐야 한다.'는 생각은 버려야 한다. 마음을 비우고 오감으로 자연의 생명을 느끼고 체험하는 것이 더 중요하기 때문이다.

다. 텃밭 가꾸기 프로그램

아이들이 흙냄새를 맡으며 제 손으로 텃밭을 일구고 채소를 길러 봄으로써 계절과 날씨의 변화, 식물의 성장, 수확에 대한 기쁨, 자연에 대한사랑을 알게 되고, 자연과 함께하는 삶을 이해하고 노동의 신성함과 보람을 몸과 가슴으로 느끼게 하는 데 목적을 둔다.

라. 세시풍속 프로그램

사계절과 24절기를 거치면서 오랜 조상의 삶 전반에 걸친 생활의 지혜를 온몸으로 익히며 명절의 의미를 새기고 먹을거리, 놀 거리와 풍습을 재현해 본다.

마. 손끝놀이 프로그램

손을 움직인다는 것은 몸을 움직인다는 것과 관련되며 신체적인 소근육과 대근육의 발달을 이루게 된다. 자연스런 손끝 놀림을 통하여 아이들은 삶의 전체적인 모습을 이해하게 되고 사회를 이루어 함께 살아가고 있는 타인들에 대해서도 이해의 폭을 넓히게 되는 것이다.

바. 몸짓놀이 프로그램

몸짓놀이는 몸을 자극함으로써 오장육부를 튼튼하게 하고 몸을 유연하게 한다. 뇌의 자극, 체력 증강, 정서적인 순화와 함께 한국인의 고유한 몸짓을 살려냄으로써 한국인의 정신과 기를 되찾게 한다.

사. 노인, 유아 상호작용 프로그램

'노인에겐 보람을 아이에겐 사랑을'이라는 취지 하에 노인들이 어린이집의 영유아 보육활동에 자원봉사자로 참여하여 아이들과 함께 생활하면서 노인과 유아 간의 상호작용의 기회를 체계적으로 제공하는 세대 간 프로그램이다. 아이들은 조부모들에게서 받을 수 있는 사랑을 경험하고 노인에 대한 긍정적인 태도를 갖게 되며 우리 전통문화를 체득할 수 있는 좋은 기회를 갖게 된다.

아. 명상 프로그램

명상을 통하여 아이들은 감각이 예민해지고 자기활동에 몰입하게 되며 자기자신을 객관적으로 볼 수 있는 힘이 생기고 보고 느낀 것을 사실적으로 생동감있게 표현할 수 있게 된다. 명상교육이 이루어지기 위해서 연령적 발달특성을 고려하여 일상생활 속에서 체험활동으로 접근할 수 있다.

자. 절제, 절약 프로그램

아나바다 운동이나 아이들의 시장놀이를 통한 물물교환, 알뜰마당 등이 실천

활동이 될 수 있으며 원내에서의 교육으로 끝나서는 안 되고 학부모들과 지역 주민들이 함께 협력하도록 해야 한다.

차. 먹을거리 프로그램

먼저 유치원과 어린이집 급식과 간식거리부터 생명력이 깃든 먹을거리로 바꾸어 가야 한다. 또 아이들과 야채와 생명의 먹을거리를 키워보는 경험을 할 수 있는 텃밭을 마련한다. 한편 유기농산물 농장을 방문하여 자연의 먹을거리를 경험시키는 것도 좋다. 절기에 따른 음식이나 제철의 재료를 이용한 음식을 만들어 보는 것도 필요하다. 또한 학부모를 대상으로 모유 먹이기 운동, 아침밥 먹이기, 과자 먹이지 않기, 외식 장소로 패스트푸드점 이용하지 않기, 반찬 가지 수를 줄이고 제철 음식 이용하기 등을 내용으로 통신문을 발송할 수 있다. 학부모참여의 날에 학부모들과 함께 '메주 만들기', '고추장 담그기'도 해 볼 수 있다.

카. 도시, 농촌 교류 프로그램

농촌과 도시 아이들이 부대끼면서 서로의 문화를 이해하게 되어 결과적으로 자연과 농촌 및 도시를 동시에 살리는 데 의의가 있다. 농사나 농악교실을 체험하고 전통 농기구 사용법을 알게 하거나 갯벌을 체험하며 농촌 아이들과 친구 맺기와 편지 나누기 등의 활동을 한다.

타. 생태미술 프로그램

계절의 변화나 시간 흐름에 따른 자연의 변화와 폐품을 활용한 물질적인 순환을 경험할 수 있는 미술을 해야 하며 다양한 자연을 매체로 표현할 수 있도록 해야 한다.

핵심내용 및 토의주제

1. 각각의 유아교육 프로그램(예: 몬테소리, 발도르프, 레지오 에밀리아 등)이 추구하는 교육철학이나 교육적 가치에 대하여 이야기 나눠 봅시다.

2. 다양한 유아교육 프로그램 중 관심 있는 하나를 선택하여 그 이유를 설명하고, 나의 교육관(교육철학)에 비추어 생각해 봅시다.

학습자 활동

1. 다중지능이론에서 강조하는 도제식 교육에 대하여 설명하고, 유아교육기관의 실제 사례를 찾아 내용을 정리해 봅시다.

2. 유아교육 프로그램(예: 몬테소리, 발도르프, 레지오 에밀리아 등) 중 하나를 선택, 실제 운영하고 있는 유아교육기관을 찾아 기관의 교육내용을 정리해 봅시다.

CHAPTER
06

유아교육과 교사

01 유아교사의 역할과 자질

1) 유아교사의 역할

유아교사의 역할에 대한 관점은 시대에 따라 변화되어 왔는데, 과거에는 유아의 건강과 안전을 돌봐주고 보호하는 역할로 인식하거나 교육의 중요성이 강조되면서 가르치는 것으로서의 교사 역할이 부각되었다. 최근에는 유치원이나 어린이집에 다니는 유아의 연령이 하향화되고 기관에서 보내는 시간이 길어짐에 따라 유아교사의 역할을 이분화하지 않고 가르치는 역할과 보살핌의 역할이 모두 강조되고 있다.

유아교사가 되어 유아와 함께한다는 것은 유아의 신체적·정신적 보호자이어야 하며 전문적인 지식과 기술로 교수하고 상담하고 의사결정해야 하는 다양한 역할을 수행해야 한다. 교사의 역할을 학급 안에서와 학급 밖에서로 구분하여 살펴보고자 한다.

(1) 학급 안에서의 교사 역할

① 유아와 상호작용

유아교사에게 가장 중요한 역할은 유아를 보호하고 양육하는 것과 함께 유아를 가르치는 것이다. 유아의 신체적·정서적 보호와 지지를 위해 유아를 사랑하고 돌보는 것에서 교사가 아닌 어머니의 역할과 같다고 느낄 수도 있다. 유아와 애착 관계를 형성하고 정서적인 안정을 제공하면서 올바른 습관을 형성하도록 지도해야 하고 유아에게 흥미로운 교육자료와 활동을 제공하면서 유아의 학습능력과 성취감을 향상해 주는 것이 중요하다. 교사는 유아와의 이러한 상호작용을 즐거워해야 하며 유아의 성장과 발달을 위한 기회를 다양하게 제공해야 한다. 유아를 가르친다는 것은 예술적 행위이며 학급의 모든 상황에서 나타나게 된다. 교사는 유아 개인에 대해 알고 있는 모든 정보를 동원하여 직관적으로 자신의 교육에 대한 지식, 경험, 기술들을 사용, 유아의 흥미를 동기화하여 유아가 바람직하게 성장하고 발달하도록 지원해야 한다.

② 학급 운영

학급을 성공적으로 운영하기 위해서는 다방면에서 생각하고 적절하게 반응하는 능력이 요구된다. 유아는 환경과의 상호작용을 통해 학습하므로 교사는 적합한 환경을 구성해 주어야 하며 유아를 관찰하고 교사의 도움이 필요한 시점에서 적절히 개입하여 유아들이 바르게 행동하도록 지도해야 한다. 또한 교사는 학급에서 유아의 안전을 위해 관리자의 역할을 해야 하며 학급에 보조교사나 자원봉사자가 있다면 그러한 보조 인력들을 지도하는 역할도 수행해야 한다.

③ 학급 분위기 조성

유아교사는 유아와 함께 학습하고 놀이하는 환경을 창조하면서 학급 분위기를 조성한다. 교사에 의해 유아 간 상호작용이 활발한 능동적인 학습이 이루어지는 학급이 될 수도 있고, 유아들이 자신의 의견을 제시하는 것을 어려워하고 긴장감이 지배하는 학급이 될 수도 있다. 이 때문에 교사의 얼굴표정, 몸짓, 목소리, 언어, 동작 등에 의해 학급의 정서적 환경이 형성된다고 할 수 있다. 유아는 성인의 기분과 태도에 매우 민감하게 반응하므로 교사는 유아기의 특성, 개별 유아의 감정, 문화적 차이 등을 이해하고 수용함으로써 유아가 안정감을 느낄 수 있는 학급 분위기를 조성해야 한다.

④ 교육과정의 설계

유아교사는 유아와 상호작용하고 환경을 조성하며 학급을 운영하기 위해서 교육과정을 계획해야 한다. 교육과정은 유아교육의 이론과 실제를 토대로 유아에게 왜, 무엇을, 어떻게 가르치고 평가하느냐를 계획하는 것을 의미한다. 교사는 유아와 수준 높은 상호작용이 이루어지도록 일과를 계획하여야 하며 교육공동체인 유아, 교사, 학부모, 지역사회 등의 다양한 요구와 여건, 상황을 고려하여 융통성 있게 실행되어야 한다.

⑤ 관찰 및 기록자

학급에서 유아가 놀이하고 학습하는 과정을 교사는 가급적 자세히 관찰하고 기록하여야 하며, 그것을 근거로 기관의 학사일정이나 교육활동 운영을 계획해야 한다. 유아의 놀이 행동을 관찰하고 기록하여 수집된 자료는 가정과의 연계를 위한 교육자료 혹은 교사의 교육계획 시 유용한 정보로 활용될 수 있다. 관찰 및 기록자로서 교사는 유아교육의 이론과 실제에 대한 폭넓은 이해를 토대로 유아를 정서적으로 지지함은 물론, 유아의 놀이를 다양한 방법으로 지원하는 역할도 수행해야 한다.

(2) 학급 밖에서의 교사 역할

유아교사가 학급을 잘 운영하기 위해서는 유아와 떨어져 있는 시간을 어떻게 보내느냐도 매우 중요하다. 교사로서의 전문성을 높일 수 있는 업무의 대부분은 유아가 하원한 후에 이루어진다고 할 수 있다.

① 관찰과 기록 및 수집한 자료의 평가

유아에 대한 관찰, 기록과 수집한 자료의 평가는 유아의 특성 및 발달 상황에 대한 이해를 높여주고 교육과정을 계획하고 발전시키는 근거 자료가 된다. 또한 부모와 면담할 때 유아에 대한 유치원 생활 정보를 제공하기 위한 자료로도 활용된다. 관찰된 내용을 기록하거나 평가하고 그에 대한 보고서, 즉 관찰일지, 일화기록, 사후기록지 등을 작성하기 위해서는 많은 시간과 노력이 필요하지만 전문가로서의 유아교사가 되기 위해서는 필수적인 과정이다.

② 회의 참석 및 부모와의 상담

유아교사의 업무 중 하나는 여러 종류의 회의나 상담 등에 참석하게 된다는 것이다. 교육과정이나 유아 생활지도, 교육행사 등에 대하여 협의하는 교직원 회의는, 일반적으로 주 1회 정도의 시간을 갖고 의견을 나눈다.

부모-교사 상담은 정규상담과 비정규상담으로 나누어 볼 수 있다. 정규상담은 일반적으로 연 2회 실시하며 비정규상담은 일상생활 속에서 자주 일어날 수 있다. 그 외에도 유아교사의 자기 계발 및 전문성 향상을 위한 교사 연구 모임에 워크숍, 세미나, 장학이나 컨설팅 활동, 학습공동체 혹은 교과연구회 등이 있다.

③ 교수학습 준비 및 행정업무

유아교사는 자신의 교수학습 계획에 맞추어 필요한 교재와 교구를 준비하거나 제작하기도 하고 필요에 의해 교재, 교구 구입 및 관리 등의 행정업무도 수행하게 된다.

교사의 교수활동에 필요한 교육자료나 유아의 놀이를 지원하기 위한 교재, 교구 등을 탐색하고 선택하여 구입하기까지 과정에 교사가 참여 또는 주도하게 되는 것이다.

④ 지역사회와의 협력

유아교사는 사회에서 역할 기대하는 국민적 사표로서의 위치에 있기 때문에 학식이나 언행 등에서 모범이 되어야 하며, 유아나 학부모들을 위해 지역적, 사회적 대변자로서의 역할도 수행해야 한다. 최근 유아교육기관의 교육활동과 관련하여 소통과 협력을 바탕으로 지역사회와 함께 하는 마을 교육공동체의 역할이 강조되고 있다.

이에, 교사는 지역사회와의 협력을 통해 사회·문화적 교육환경을 기관의 교육활동과 접목하는 역할을 수행할 수 있어야 한다.

2) 유아교사의 자질

'교육의 질은 교사의 질을 능가하지 못한다.'라는 말이 있다. 이는 교사의 자질이 교육의 질을 좌우한다는 의미로 많은 시사점을 준다. 교사의 자질은 사회의 교육관 및 교사의 역할에 대한 기대 등에 따라 다르기 때문에 한 마디로 규정하기가 쉽지 않다. 아무리 좋은 교육 여건과 교육내용, 시설이 주어진다 해도 교사의 자질이 낮으면 교육목적 달성을 기대하기는 어려울 수 있다.

유아교사가 갖추어야 할 자질은 개인적·인성적 특성뿐 아니라 전문적 지식, 교수 기술, 교육관, 가치관에 이르기까지 다양하다.

(1) 개인적 자질

① 신체적·정신적 건강

유아교사는 하루 일과가 진행되는 동안 유아를 관찰하고 유아의 다양한 요구에 반응하면서 풍부한 교육활동을 제공해 주어야 하므로, 신체적 건강은 유아교사가 갖추어야 할 기본능력이다. 신체적·정신적으로 건강한 교사는 유아의 요구에 민감하게 반응하고 다른 사람을 편안하게 해주어 교사로서 책임과 의무를 다할 수 있다.

② 긍정적이고 온정적인 성품

유아교사의 온화한 성품과 수용적인 태도는 유아들이 겪게 되는 환경의 변화에 따른 불안감을 해소해 주고 정서적으로 안정감을 가질 수 있도록 해준다. 유치원이나 어린이집은 유아들이 가정을 떠나 처음으로 집단생활을 경험하는 곳이므로 교사의 온정적인 성품이나 태도는 새로운 환경에 대한 적응 정도를 결정해 주는 중요한 요인이 된다. 온정적 성품의 교사란 유아를 있는 그대로 수용하고 인정하고 존중해 줄 수 있는 능력과 태도를 가진 사람이다.

③ 인간과 생명에 대한 존엄성

인간과 생명에 대한 존엄성을 지닌 유아교사는 유아의 생각이나 느낌, 반응 등을 소중히 하고 수용해 줌으로써 유아로 하여금 자신에 대한 긍정적인 자아 개념을 형성할 수 있게 도울 수 있다. 유아교사는 유아를 존중하고 소중히 하는 것은 물론 주변 사람들을 존중하고, 나아가 모든 생명체나 무생물까지도 소중히 하는 태도를 지녀야 한다. 이러한 교사의 태도는 유아의 고유한 권리와 가치를 인정하고 존중하고 유아들의 성장 가능성에 대한 믿음을 가질 수 있게 한다.

④ 성실하고 열성적인 태도

유아교사는 유아를 교육할 뿐만 아니라 자신의 삶에 의욕을 가지고 교직에 임해야 한다. 자신의 임무에 최선을 다해 노력하는 교사의 성실하고 열성적인 태도는 유아들에게 좋은 본보기가 될 수 있다. 특히 전문적 지식과 기술을 배움으로써 교사 전문성을 신장시키고 효과적인 교육방법이나 기술을 탐색하는 태도는 유아교사의 전문적 자질 향상과 현장교육 발전의 원동력이 될 것이다.

⑤ 유머 감각

유아교사의 유머 감각은 유아와의 관계를 더 친밀하게 만들며 좀 더 즐거운 교실 분위기와 교수학습 상황을 만들 수 있다. 유머를 잘하려면 꼭 필요한 것이 있다. 좋은 인상, 잘 웃는 표정이다. 그리고 성공적인 웃음을 이끌어 내려면 내 마음이 먼저 웃고 있어야 한다. 마음이 웃는 것은 자신의 감정, 생각, 행동 등 모든 것이 웃어야 가능하다. 그러기 위해서는 유아의 흥미나 요구를 이해하고 있어야 하고 그들의 말에 늘 귀를 기울여야 한다. 유아들에게 호의적인 태도, 어떠한 상황이라도 인내하는 낙관적인 사고, 유아들의 표정이나 분위기에 대한 통찰력이 뛰어나야 한다. 이러한 바탕에는 결국 유아들을 사랑하는 마음이 가득해야 한다.

(2) 전문적 자질

교사의 전문적 자질은 유아나 유아교육에 관한 전문적 지식, 교육과정을 구성하고 실천하며 교재·교구를 제작하고 활용하는 교수기술, 교육에 대한 소명감이나 직업윤리 등을 포함하는 교육관으로 나누어 볼 수 있다.

① 전문적 지식

유아교사는 유아의 성장 발달 및 유아교육에 대한 전문적인 지식을 가지고 있어야 한다. 유아교육에 대한 전문적 지식을 갖추기 위해 교사는 유아에 대한 지식을 가져야 하며 누리과정이나 교수-학습 과정 및 평가에 대한 정확한 지식을 가지고 있어야 한다. 이외에도 유아교육에 영향을 주는 사회·문화 제반 분야에 관한 일반교양 지식도 갖추고 있어야 한다.

② 교수 기술

유아교사는 교육 프로그램을 계획하고 실천하는 과정에서 요구되는 제반 교수기술을 갖추어야 하며 프로그램을 실천하고 평가할 수 있는 기술도 있어야 한다. 또한, 교재·교구를 제작하고 활용할 수 있는 기술도 갖추어야 하며 이러한 과정에서 창의적 사고, 융통성을 발휘할 수 있어야 한다. 더불어, 유아뿐 아니라 부모 및 전문가와의 상호 협조체제를 유지하여 유아교육에 참여시킬 수 있는 능력도 갖추어야 한다.

③ 교육관과 직업윤리

유아교사는 자신의 전문성을 계속해서 함양하기 위해 끊임없이 노력해야 하며 교육에 대한 소명감을 가지고 교사로서의 직업윤리를 가져야 한다.

유아의 개성을 존중하고 유아를 공평하게 지도할 수 있어야 하고 동료 교사들과 협력하며 도의적·인격적 품위 유지와 직업윤리를 가지고 사회에 봉사하며 교사로서의 소명감을 가지고 유아교육 발전을 위해 노력해야 한다.

최근에는 유아교사의 개인적 자질은 물론 전문적 자질에 대한 요구와 관심도 증가하고 있다. 이에, 유아교사들은 지속적인 자기 성찰과 자기 계발을 통해 보다 나은 유아교사의 모습을 갖출 수 있도록 끊임없는 노력을 기울여야 한다.

02 보육교사의 역할과 자질

보육교사는 어린이집에서 유아와 많은 시간을 함께 보내고 가장 직접적으로 상호작용하는 사람이다. 따라서 보육시설 종사자 중 가장 많은 역할을 요구받을 뿐 아니라 그 역할 수행이 유아에게 미치는 영향력이 가장 큰 사람이기도 하다.

보육교사는 유아 및 그 가족에게 서비스를 전달하는 자로서 서비스의 질에 가장 결정적인 영향을 미치게 된다(김영모 외, 1999). 따라서 보육교사는 보육의 질을 좌우하는 요인인 동시에 보육의 방향과 성과를 결정하는 핵심적 요인이라고 볼 수 있다.

1) 보육교사의 역할

보육기관의 역할에 대한 인식이 단순한 보호 기능만을 강조하던 과거와 달리 보호와 교육 기능의 통합을 지향하는 방향으로 변화하면서 보육교사에게 요구되는 역할도 다양하게 변화하였다. 영유아의 발달을 촉진하고 영유아가 최적의 발달을 보이도록 이끄는 보다 전문적이고 다양하고 적극적인 역할을 수행할 것이 요구되고 있다. 특히 유아만을 담당하는 유치원교사와는 달리 보다 많은 관심과 돌봄을 필요로 하는 영아도 보살피는 보육교사는 유치원교사와는 차별화되는 역할을 수행한다.

(1) 양육자의 역할

양육자로서의 보육교사는 유아를 안아 주고 요람을 흔들어 주는 등 양육적인 상호작용을 함으로써 유아의 신체발달과 심리발달에 긍정적인 효과를 제공한다. 보육교사가 양육자로서의 역할을 잘 수행할 때 유아는 정서적으로 안정감을 느끼고 타인과 애정적인 관계를 맺을 수 있는 능력을 발달시킬 뿐만 아니라 높은 자아 존중감을 발달시킨다. 놀이, 보육, 교수 활동에서의 신체접촉은 신체적 성장과 정서적 건강, 교사와의 애착에 있어서 중요한 역할을 하며 긍정적인 신체상, 자아 개념 등 정서적, 인지적 발달에 공헌한다(권영례·김소라, 2015).

(2) 교수자의 역할

여러 명의 유아가 공동생활을 하는 어린이집의 특성을 고려할 때 보육교사는 전체 유아와 개별 유아를 동시에 고려해서 교수계획을 세워야 한다. 유아발달에 대한 이해를 기본으로 연령별 발달단계를 고려해서 활동을 계획하는 것이 중요하다. 보육교사는 각 연령대별로 유아에게 적절한 활동과 자료 및 시설을 제공하고 학습과 관련된 프로그램의 모든 절차를 효율적으로 수행한다. 보육교사가 교수자로서의 역할을 제대로 수행하기 위해서는 개별 유아의 인지적 능력을 정확하게 파악하고 그것에 맞는 적절한 지식을 제공해야 한다.

(3) 환경조성자의 역할

보육교사는 유아의 교육을 담당하는 사람으로서 어린이집에서 일상생활을 하는 과정을 통해 자연스럽게 최적의 학습이 가능하도록 환경을 조성해야 할 역할 책임이 있다. 이를 위해, 유아의 연령과 발달수준을 고려해서 보육실 환경을 꾸미며 유아가 주변 환경과 효율적으로 상호작용을 해서 학습의 효과를 최대한으로 얻고 능력의 신장을 최대한 이룰 수 있도록 끊임없이 새롭고 다양한 환경을 제공한다.

(4) 훈육자의 역할

교사는 보육실의 질서를 원만하고 공정하게 유지하는 한편, 유아가 긍정적인 자존감을 가지고 또래들과 상호작용하고 적절히 행동하도록 격려하고 감독해야 한다.

어린이집에서는 영유아를 훈육하기 위해 보육교사가 일정한 틀에 맞추어 형식적이고 직접적으로 가르치는 경우보다는 일상생활을 하는 도중 훈육을 해야 하는 상황이 훨씬 많이 발생한다. 훈육자로서의 보육교사는 일상생활을 함에 있어 일정한 기준과 일관성 있는 훈육태도를 유아에게 보여주어야 하며 유아에게 기대되는 행동이라든지 태도에 있어서도 일관성 있는 기준을 제시해 주어야 한다.

(5) 의사결정자 및 문제해결자의 역할

보육교사는 일상생활 속에서 영유아를 지지해주고 자율감을 길러주며 영유아가 또래와의 문제를 다룰 수 있도록 도와주어야 한다. 영유아가 자신의 갈등을 해결하도록 격려하는 것 사이에서 균형을 유지하도록 판단해서 문제해결자로서의 역할수행에 신중을 기해야 한다. 보육실 내에서 아이들끼리만 상호작용하는 과정 중에도 보육교사의 의사결정과 개입이 끊임없이 요구된다. 효율적인 의사결정자와 문제해결자가 되기 위해서는 유아의 관심과 문제를 명확히 파악하는 능력이 필요하다.

(6) 평가자의 역할

보육교사가 일상생활을 하는 과정에서 세심한 관찰을 통해 유아를 정확하게 관찰, 평가한다면 이들의 전인적 발달을 위한 보육계획의 수립에 큰 도움을 받을 수 있다. 또한 평가자로서의 보육교사는 자신이 제공한 보육서비스에 대해서 객관적인 평가를 할 수 있어야 한다. 유아에 대한 평가 이외에 보육교사는 보육프로그램에 대한 평가도 실시해야 하며 자신의 직무수행에 대한 자체평가도 아울러 병행하여야 한다.

(7) 상호작용자의 역할

보육교사는 일상을 통해 끊임없이 유아와 언어적, 비언어적으로 상호작용한다. 교사의 관심과 도움이 필요한 영유아에게 정보를 제공해주고 질문을 던지는 등의 언어적 상호작용과 미소 짓고, 쓰다듬고, 눈을 맞추고, 안아주는 등의 비언어적 상호작용을 통해 애정과 관심을 표현한다. 보육교사는 영유아의 의견을 경청하고 적절한 반응과 대답을 해주며 영유아의 요구에 민감하게 반응함으로써 발달을 촉진하고 보육의 질 향상에 기여한다. 또한 보육교사는 다른 교사 및 직원, 유아의 부모, 지역사회와의 상호작용을 통해 이들과 우호적인 관계를 유지함으로써 역할에 필요한 도움을 주고 받을 수 있다.

2) 연령별 보육대상에 따른 보육교사의 역할

보육교사로서 역할을 수행할 때에는 반드시 발달에 적합한 실제를 고려해야 한다. 유아는 연령에 따라 발달 정도와 그 특성이 차이를 보이기 때문에 교사에게 요구하는 역할에 있어서도 다소 차이를 보인다.

(1) 영아반 보육교사의 역할

영아반의 경우는 교육보다도 보호와 돌봄의 기능이 강조되므로 영아의 발달과 특성을 이해하고 어머니같이 양육할 수 있는 지혜와 기술을 갖춘 보육교사를 배치한다(유가효 외, 1997).

① 보육교사는 영아에게 사랑받고 보호받고 있다는 느낌을 제공해야 한다.

보육교사는 자신이 돌보는 개별 영아에 대해 가능한 한 많은 정보를 얻을 수 있도록 매일의 일과와 먹는 습관, 자는 형태 등을 세심히 관찰한다. 이러한 정보를 통해 영아의 요구와 반응을 미리 예상해서 적절히 상호작용을 할 수 있고 이는 곧 교사에 대한 신뢰감의 바탕이 된다.

② 보육교사는 영아가 발달단계에 따른 특정 기술 발달을 도와주어야 한다.

영아기에는 모든 영역의 발달이 급속도로 이루어지며 이 시기의 발달은 다음 단계의 발달에 기초로 작용한다. 초기 발달의 중요성을 고려할 때 보육교사는 발달단계에 따른 영아의 각종 기능 발달을 촉진하는 역할을 수행해야 한다.

③ 보육교사는 영아가 안전하게 주변 환경을 탐색하도록 도와주어야 한다.

영아기에는 신체적 기술과 인지적 발달이 급속히 신장되는 만큼 최대한 자신의 감각을 사용해서 주변 환경을 탐색하도록 격려해주어야 한다. 영아에게 간단한 선택과 행동은 스스로 해보도록 허용함으로써 탐색을 격려하는 동시에 영아의 안전에 세심한 주의를 기울이는 역할이 영아반의 보육교사에게 요구된다.

④ 보육교사는 영아에게 적합하고 충분한 영양소를 제공하며 위생에 주의해야 한다.

아직 젖병을 떼지 않은 영아에 대해서는 부모와 미리 상의해서 우유 섭취량과 수유 시간을 잘 알아두고 이와 함께 영아의 활동량이라든가 배변 실태를 세밀히 관찰해서 개별 영양계획을 세운다. 영아의 건강한 생활을 위해서는 적절한 영양공급뿐 아니라 위생관리도 중요하다. 질병에 약하고 각종 전염이 잘 되는 영아들이 집단생활을 하는 만큼 유아의 씻기기라든가 기저귀 갈기 또는 배변 처리에 신경을 써야 한다. 무엇이든지 쉽게 입으로 가져가는 영아들의 행동특성을 고려하여 장난감이라든가 교재, 교구의 청결 유지에 주의한다.

(2) 유아반 보육교사의 역할

① 유아반 보육교사는 위험 가능한 상황이라든가 사고의 위험이 있는 사물에 대해 알려주고 충분히 감독함으로써 유아의 안전을 확보해 주어야 한다.

이 시기 유아는 활동량이 아주 많기 때문에 그만큼 안전사고의 가능성도 크다. 또래 간의 상호작용이 활발해지면서 딱딱한 장난감으로 친구를 지나치게 세게 때린다든가 뾰족한 물건을 친구 앞에서 잘못 휘두르는 경우가 종종 발생한다. 고의성이 전혀 없이 단지 주의하지 않은 결과 우발적으로 또래에게 상처를 입힐 가능성도 비일비재하기 때문이다.

② 보육교사는 유아가 자신이 선택한 활동을 탐색하고 스스로 답을 찾아가도록 방법을 안내하고 유도하며 학습 동기를 북돋아 줄 수 있어야 한다. 이 시기 유아는 독립에 대한 욕구가 점차 증가하면서 궁금한 것이 무척 많다. 보육교사는 유아가 자신의 흥미를 발달시키고 가급적 또래 및 다른 사람과 협동적인 작업을 배우도록 많은 기회를 제공해야 한다. 주도성의 단계에 접어든 이 시기 유아는 스스로 선택한 활동을 탐색하고 추구할 때 가장 유익한 결과를 얻는다는 점을 보육교사는 명심해서 학습의 안내자 혹은 촉진자로서의 역할수행에 참고해야 한다.

3) 보육교사의 자질

(1) 건강

보육교사는 아이들과 함께 지내려면 무엇보다도 건강이 좋아야 한다. 아이들이 요구할 때마다 끊임없이 안아주고 들어 올려 주고 같이 뛰고 뒹굴어야 하며, 아이가 위험에 처하면 재빨리 보호해 주어야 한다. 보육교사는 늘 자신의 건강 상태를 체크해서 문제가 생기지 않도록 조심해야 한다. 교사가 힘들어 하면 유아의 일과도 흐트러지게 마련이다. 자신의 건강에 신경을 쓰는 것은 보육교사로서 반드시 갖추어야 하는 기본자세이다. 보육교사는 자신의 건강에 주의를 기울이는 동시에 건강한 신체를 유지하는데 필요한 기본생활습관 태도를 유아에게 가르쳐 주는 모델이기도 하다. 보육의 목표 중 하나가 영유아의 안전과 건강을 유지하는데 있는 만큼 보육교사는 자신의 건강과 안전에 관한 기본지식을 바탕으로 유아의 건강지도에 모델 역할을 해야 한다.

(2) 소명 의식

보육교사에게는 자신의 직업에 대한 애정과 열정, 사명감을 바탕으로 하는 소명 의식이 요구된다. 특히 보육교사직은 자신의 직업에 대한 전문가적인 동기와 열정 없이는 하기 힘든 직업이다. 자신이 수행하는 보육 활동에 대해 애정과 사명감을 가져야 하는데, 보육교사의 열성과 신념은 유아의 욕구를 세세히 살피고 이를 충족시켜 주려는 적극적 자세와 유아를 위해 봉사하고 도와주려는 희생정신, 자신의 직업에 대한 소명 의식을 가질 때 비로소 생겨난다.

(3) 인내심과 이해심

보육교사에게는 유아가 보이는 여러 가지 행동에 대해 인내와 이해심을 가지고 지켜보는 자세가 필요하다. 지극히 자기중심적인 유아들은 교사가 아무리 타이르고 설득해도 친구에게 절대 양보하려고 하지 않는다. 예측하기 쉽지 않은 유아의 행동과 에너지를 긍정적인 방향으로 이끌기 위해서는 교사의 인내심과 이해심이 높아야 한다.

이외에도 어린이집에서는 다양한 가정적 배경을 가진 아이들이 한 장소에서 함께 생활하기 때문에 보육교사는 아이들의 다양한 배경을 이해해 줄 수 있어야 한다.

(4) 인간에 대한 애정과 신뢰감

보육교사는 자신이 돌보는 유아 및 자신에게 자녀를 맡긴 부모와 굳건한 애정과 신뢰감 있는 관계를 형성할 수 있는 인간적 자질을 필요로 한다. 유아와 부모에게 신뢰감을 주기 위해 매일의 일정을 지키는 일관성 있는 태도와 상황과 무관한 행동의 일관성을 유지해야 하며 규칙의 적용에도 일관성이 요구된다. 보육교사의 이러한 자세를 통해 유아와 부모는 어린이집에서의 생활이 어떻게 진행될지 미리 예상해서 안정감과 신뢰감을 획득할 수 있다. 부모를 떠나 하루 종일 어린이집에서 생활하는 유아에게는 교사의 사랑이 절대적으로 중요하다. 유능한 보육교사가 되기 위해서는 유아의 감정과 개별성을 수용하고 세상에 대한 유아의 지각에 공감적인 이해를 하는 민감한 태도와 온정적이고 융통성을 보이는 인성적 특성을 지녀야 한다.

(5) 판단력과 주의력

보육교사는 유아가 하는 활동에 끊임없이 주의를 기울이고 관심을 보이는 한편 불시에 발생하는 상황에 대해 정확한 판단을 내릴 수 있어야 한다. 보육실의 하루는 한시도 긴장을 늦출 수 없다. 어린 영유아는 위험을 잘 인식하지 못할 뿐 아니라 위험한 상황이 발생해도 어떻게 대처해야 할지 모른다. 따라서 보육교사가 보육실 내에서 발생하는 모든 상황을 한눈에 파악하여 재빨리 대처하기 위해서는 상황에 대한 통찰력과 판단력 및 주의력의 자세가 필요하다. 특히 유아의 인성적 특성이 개인마다 차이를 보인다는 점을 인식해서 유아 개개인이 지닌 특성을 고려하여 융통성 있는 자세로 주의를 기울여야 한다.

4) 보육교사의 전문성 확보를 위한 보수교육의 필요성

보육교사가 전문성을 필요로 하는 직업임에는 틀림없지만 여러 가지 여건상 보육교사의 전문성 수준은 아직 만족할 만한 정도에 미치지 못하고 있다. 무엇보다 고도의 지적 능력을 요구하는 보육교사의 직업 특성상 끊임없는 재교육이 필요함에도 불구하고 보육교사를 대상으로 하는 보수교육이 양적으로나 질적으로 부족함이 많은 것이 현실이다. 보육교사의 전문성에 대한 논의가 활발한 현 시점에서 무엇보다도 필요한 것으로 지적되는 것이 바로 보수교육이다.

보육교사 대상 보수교육의 교육적 효과는 다음과 같다(강순원 외, 2011).

첫째, 새로운 내용의 변화와 가르치는 기술, 새로운 기술을 보육현장에 적용할 수 있는 기회를 부여받을 수 있다.

둘째, 변화하는 지역사회의 요구에 맞게 자신의 보육 프로그램을 운영할 수 있게 도움을 받을 수 있다.

셋째, 다양한 보육대상을 이해하고 그에 맞는 교육을 할 수 있게 해준다.

넷째, 전문가로서의 자질과 소명감을 유지하고 개선할 수 있게 한다.

다섯째, 자신이 수행하고 있는 보육활동의 약점을 수정, 보완할 수 있다.

여섯째, 보육활동 수행에 따른 문제를 파악, 해결할 수 있는 능력을 기를 수 있다.

보육교사는 변화하는 사회의 요구에 부응하고 보육의 효과를 높이기 위해 지속적인 자기 향상을 도모하고 보육교사의 전문성을 증대하기 위해 부단히 노력해야 한다. 특히 현대사회는 지식의 폭주, 다양한 분야의 발전, 세계화, 컴퓨터의 발달로 인한 정보 고속화, 세태의 급속한 변화, 다양한 이론의 발달 등으로 인해 보육교사가 계속 교육을 받지 않으면 미래에 살아야 할 유아들의 교육을 할 수 없게 된다(강순원 외, 2011).

03 유아교사의 자격과 양성

1) 유아교사의 자격

우리나라 유아교육기관은 유치원과 어린이집으로 이원화되어 있으며 유아교사가 되기 위해 유치원은 유치원 정교사 자격증, 어린이집은 보육교사 자격증이 있어야 한다. 각 자격기준은 교육부와 보건복지부의 이원화된 체제 속에 「유아교육법」과 「영유아보육법」에 명시되어 있다.

(1) 유치원

유치원의 교원은 원장, 원감, 교사로 구분되며 자격증은 대통령령으로 정하는 바에 따라 교육부 장관이 검정, 수여하는 국가자격증이다. 「유아교육법」에 따르면 유치원교사는 1급, 2급, 준교사로 구분되며 종별 자격 기준은 다음과 같다.

표 6-1 유치원교원의 자격 기준

종별		자격 기준
원장		• 유치원의 원감 자격증을 가지고 3년 이상의 교육경력과 소정의 재교육을 받은 자 • 학식 · 덕망이 높은 자로서 대통령령이 정하는 기준에 해당한다고 교육부장관의 인정을 받은 자
원감		• 유치원 정교사(1급) 자격증을 가지고 3년 이상의 교육경력과 소정의 재교육을 받은 자 • 유치원 정교사(2급) 자격증을 가지고 6년 이상의 교육경력과 소정의 재교육을 받은 자
교사	정교사(1급)	• 유치원 정교사(2급) 자격증을 가진 자로 3년 이상 교육경력을 가지고 소정의 재교육을 받은 자 • 유치원 정교사(2급) 자격증을 가지고 교육대학원 또는 교육부장관이 지정하는 대학원의 교육과에서 유치원 교육과정을 전공하여 석사학위를 받은 자로서 1년 이상의 교육경력이 있는 자
	정교사(2급)	• 대학에 설치하는 유아교육과 졸업자 • 대학(전문대학 및 이와 동등 이상의 각종학교와 「평생교육법」 제31조제4항에 따른 전문대학 학력 인정 평생교육시설 포함한다) 졸업자로서 재학 중 소정의 보육과 교직학점을 취득한 자 • 교육대학원 또는 교육부 장관이 지정하는 대학원의 교육과에서 유치원 교육과정을 전공하고 석사학위를 받은 자 • 유치원 준교사 자격증을 가진 자로서 2년 이상의 교육경력을 가지고 소정의 재교육을 받은 자
	준교사	• 유치원 준교사 자격검정에 합격한 자

출처 : 교육부(2020.02) 교원자격검정 실무편람.

유치원 교원은 준교사, 2급 정교사, 1급 정교사, 원감 및 원장으로 구분된다. 2급 정교사는 대학에서 유아교육과를 졸업한 자나 재학 중 소정의 보육과 교직학점을 취득한 자이다. 또한 유아교육 관련 학과 졸업자로서 교육대학원에서 유치원 교육과정을 전공한 사람에게도 자격이 주어진다. 그 외 수석교사제는 2011

년 신설되었고 유치원교사 자격을 소지하고 15년 이상의 교육경력을 가지며 교수·연구에 우수한 자질과 능력을 가진 사람 중에서 연수 이수 결과를 바탕으로 검정·수여하는 자격증을 받은 사람으로 「유아교육법」 제22조에서 명시하고 있다.

(2) 어린이집

보육교사 자격증은 보건복지부 장관이 검정·수여하는 국가자격증이며 보육교사 자격 검증은 보건복지부의 위탁을 받아 한국보육진흥원 보육인력개발국에서 하고 있다. 보육교사 자격은 3급, 2급, 1급으로 나누어 발급되고 있는데, 어린이집 원장과 보육교사의 등급별 자격 기준은 다음과 같다.

표 6-2 어린이집 원장 및 보육교사 자격 기준

종별	구분	자격 기준
원장	일반	• 보육교사 1급 + 3년 경력 • 유치원 정교사 1급 + 3년 경력
	가정	• 보육교사 1급 + 1년 경력
	사전 직무교육	• 어린이집 원장의 자격 기준 중 어느 하나에 해당하는 사람은 사전 직무교육(80시간)을 이수해야 어린이집 원장 자격을 취득할 수 있다.
교사	보육교사 (1급)	• 보육교사 2급 자격을 취득한 후 3년 이상의 보육업무 경력이 있는 사람으로서 보건복지부 장관이 정하는 승급교육을 받은 사람 • 보육교사 2급 자격을 취득한 후 보육 관련 대학원에서 석사학위 이상을 취득하고 1년 이상의 보육업무 경력이 있는 사람으로서 보건복지부 장관이 정하는 승급교육을 받은 사람
	보육교사 (2급)	• 전문대학 또는 이와 같은 수준 이상의 학교에서 보건복지부령으로 정하는 보육 관련 교과목 및 학점을 이수하고 졸업한 사람 • 보육교사 3급 자격을 취득한 후 2년 이상의 보육업무 경력이 있는 사람으로서 보건복지부 장관이 정하는 승급교육을 받은 사람
	보육교사 (3급)	• 고등학교 또는 이와 같은 수준 이상의 학교를 졸업한 사람으로서 보건복지부령으로 정하는 교육훈련시설에서 정해진 교육과정을 수료한 사람

출처 : 보건복지부(2017.07.) 어린이집 원장·보육교사 자격검정 업무편람

종전 자격 인정제였던 보육교사 자격제도가 「영유아보육법」이 개정되면서 국가자격증제도를 도입하여 보육교사 등급을 1·2·3급으로 구분하고 있다. 그리고 「영유아보육법」에서는 '보육 관련 교과목 및 학점을 이수하고 졸업한 자'로 제시하면서, 학과 중심의 취득 기준이 아닌 취득 교과목으로 자격을 부여하도록 하였다. 이것은 유아교육 또는 유아복지 관련 학과로 인정되는 기준이 불합리하다는 의견을 반영한 결과라 보며 보육교사의 전문성 제고에 기여하는 것으로 평가할 수 있다.

04 유아교사의 교육

우리나라는 유아교사를 위한 교사교육으로 크게 양성교육과 현직교육으로 나누어 구분한다. 양성교육은 자격 취득을 위한 교사 후보자 교육으로 직전교육(Pre-service Education)이라고도 하며, 현직교육은 일정한 자격을 가지고 현직에 종사하는 교사를 대상으로 재교육을 실시하는 것으로 연수교육 또는 집중교육이라고 한다.

1) 양성교육

양성교육은 교사가 되고자 하는 자를 대상으로 교사가 되기 전에 능력을 갖추도록 제공하는 교육이다. 그러므로 예비 교사들은 양성교육을 통해 교사가 되기 위한 기초 지식을 배우고 익힌다. 우리나라의 유아교사 양성교육은 유치원교사와 보육교사에 따라 다르다. 유치원교사는 전문대학이나 4년제 대학의 유아교육과와 유아 관련 학과에서 유치원교사를 양성하고 있다. 보육교사는 자격 취득을 위해 현행 「영유아보육법」에서 규정하는 영역별 과목을 이수해야 하며, 어린이집이나 유치원에서 4주 동안의 보육 실습을 필수로 이수해야 한다. 보육교사를 양성하는 대학의 학과에서도 이와 관련하여 교육과정을 운영하여야 한다.

표 6-3 유치원과 어린이집의 교사 자격기준 및 양성과정 비교

구 분	유치원	어린이집
근거법	유아교육법 제22조	영유아보육법 제21조
소관부처	교육부	보건복지부
자격증	• 교육부 장관이 자격증 검정 수여	• 보건복지부 장관이 자격증 검정 수여
자격 취득 최소 학력	• 전문대학 졸업(이상)	• 고등학교 졸업(이상)
자격 구분	• 유치원 준교사 • 유치원 2급 정교사 • 유치원 1급 정교사 • 수석교사	• 3급 보육교사 • 2급 보육교사 • 1급 보육교사
자격 갱신 기준	• 2급 정교사 - 준교사 자격증을 가진 자로서 2년 이상의 교육경력을 가지고 소정의 재교육을 받은 자 • 1급 정교사 - 유치원 정교사(2급) 자격증을 가진 자로서, 3년 이상의 교육경력과 소정의 재교육을 받아 유치원 1급 정교사 자격을 취득하고자 하는 자 • 시간 - 180시간 이상	• 2급 보육교사 - 보육교사 3급 자격을 취득한 후 보육경력이 만 6개월이 경과한 자 • 보육교사 - 보육교사 2급의 자격을 취득한 후 보육경력이 만 2년이 경과한 자 및 보육교사 2급의 자격을 취득한 후 보육 관련 대학원에서 석사 이상의 학위를 취득한 경우 보육경력이 만 6개월이 경과한 자 • 보수시간 - 80시간
양성학과 / 기관	• 2·3년제 대학, 4년제 대학교, 방송통신대학교 및 교육대학원의 유아교육학과 및 일부 아동학 관련학과	• 보육교사 교육원 • 유아교육 또는 유아복지 관련 학과 • 현행 「영유아보육법」에 따라 일정 수준 이상의 학점을 딴 자에게 자격 부여되는 개방형 양성체제로 전환, 보육 관련 교과목 중 12과목(35학점) 이상을 이수하는 자에게 2급 보육교사의 자격 부여

출처 : 유아교육법[시행 2014.04.29.][법률 제12336호, 2014.01.28., 일부개정].

영유아보육법[시행 2014.05.28][법률 제12697호, 2014.05.28., 일부개정]

유아교사는 유치원이나 어린이집에서 유아를 지도하는 교사의 역할이나 임무는 유사하나 실제 그 대상이나 양성과정에서 많은 차이를 나타내고 있어 질 높은 교육이나 보육서비스를 제공받고자 하는 유아나 부모의 입장에서 보면 많은 문제점이 발생할 수 있다. 따라서 이러한 자격제도의 질적 수준을 강화하는 방안과 시험검정제를 도입하는 방안이 논의되기도 한다(이은화 외, 2001).

2) 현직교육

현직교육은 교사로서 교육현장에 종사하면서 자질 향상 및 자기 발전을 위해 계획적인 교육이나 훈련에 참여하거나 연구 및 연수활동을 하는 것이다. 현직교육은 재교육, 연수교육, 보수교육 등과 혼용되며 최근에는 직전교육인 교사양성 교육과 현직교육을 연속과정으로 보는 경향이 나타나고 있다.

유아교사의 현직교육은 교육의 주체와 목적에 따라 개인이나 유아교육기관 및 단체 주도 현직교육과 정부 주도 현직교육으로 구분할 수 있다.

(1) 개인 주도 현직교육

교사 개인이 자신의 전공·전문 분야와 관련되는 출판물이나 시청각 자료 등을 참고하는 것, 개인적으로 전문단체의 프로그램에 참여하는 것, 대학원이나 기타 교육기관에서 전공·전문 분야 관련 교육을 받는 것 등이 이에 속한다.

(2) 유아교육기관 및 단체 주도 현직교육

유아교육기관이나 단체가 지역교육지원청 소속의 타 유치원 공개수업이나 연구수업에 참여하는 것, 유아교육기관이나 단체의 필요에 따라 특정주제의 강연·강습회에 참여하는 것, 유아교육기관이나 단체에서 자문교수를 초빙하여 연수받는 것, 유아교육기관이나 단체의 필요에 따라 관련 전문 프로그램에 참여하는 것 등이 있다.

(3) 정부 주도 현직교육

정부 주도의 각종 연수의 유형과 특징은 다음과 같다.

① 자격연수

상위 자격을 취득하기 위한 연수로 다른 연수에 비해 현직교육의 중심을 이룬다. 이 연수는 교원양성대학의 부설 교원연수원이나 시·도 교원연수원에서 30일 이상, 180시간 이상의 연수프로그램을 운영하고 있다. 자격연수에는 1·2급 정교사, 교(원)감, 교(원)장 등 상위 자격 취득을 위한 연수와 교도 교사, 사서 교사와 같은 특수 자격 취득 연수가 있다.

② 직무연수

직무연수는 교육의 이론, 방법, 직무수행에 필요한 능력을 배양하기 위한 연수를 의미한다. 연수과정과 내용은 연수원장이 정한다(위탁 시, 위탁받은 기관의 장이 정한다).

③ 특별 연수

국가 또는 지방자치단체가 교육공무원 중에서 연수자를 선발하여 국내·외 기관 또는 연구기관에서 일정기간 동안 연수를 받게 하는 제도이다.

④ 자기 연수

교원 스스로 전문적 지식습득을 위해 교육받는 것을 의미한다. 대학이나 교육대학원에서 수학하거나 개인적 연구를 수행하는 것 등이다.

⑤ 기타 연수

유아교육 단체 또는 현장 유아교사를 중심으로 자율적으로 조직된 연구회 및 교사 모임 주관으로 이루어지는 연수가 이에 속한다.

(4) 현직교육의 문제점과 개선방향

유치원 교육현장에서 이루어지고 있는 다양한 내용의 현직교육이 갖고 있는 문제점과 개선 및 나아갈 방향을 제시하면 다음과 같다.

① 연수 목적의 불확실 - 교사 스스로 교직에 대한 비전과 가치관을 확립해야 한다.
② 경직된 연수 기회와 여건 - 현직교육의 연수 내용에 단위학교의 특수성이 반영되어야 한다.
③ 현실성이 부족한 연수 내용 - 교사가 자율적으로 구성하여 연수하는 자율 연수 풍토를 조성할 필요가 있다. 우수 교과연구회 및 단위학교 자율연수 프로그램이 자발적으로 이루어지도록 직능별 전문 조직의 육성 및 지원을 강화해야 한다.
④ 획일적인 연수 방법 - 연수기관이 상호 지원, 협력하는 연수 풍토를 조성해야 한다.
⑤ 비합리적인 연수 일정과 운영 - 단위학교의 자체 연수가 활성화되고 상호 교류가 이루어지도록 지역교육지원청 연수기관에서 인적 및 물적 지원을 해야 한다.

05 교직 윤리

교직은 배움의 과정에 있는 유아, 학생을 대상으로 하기 때문에 다른 어떤 직업보다 윤리적 측면이 강조된다. 대한교육연합회에서는 교원의 윤리에 관련되는 강령을 1차 '교원윤리강령', 2차 '사도헌장'과 '사도강령' 2회에 걸쳐 제정, 선포하였다.

우리나라의 '사도헌장'과 '사도강령'의 전문을 살펴보면 다음과 같다.

1) 사도헌장

오늘의 교육은 개인의 성장과 사회의 발전과 국운을 좌우한다.
우리는 국민교육의 수임자로서 존경받는 스승이요, 신뢰받는 선도자임을 자각한다.
이에 긍지와 사명을 새로이 명심하고 스승의 길을 밝힌다.

1. 우리는 제자를 사랑하고 개성을 존중하며 한마음 한뜻으로 명랑한 학풍을 조성한다.
1. 우리는 폭넓은 교양과 부단한 연찬(硏鑽)으로 교직의 전문성을 높여 국민의 사표가 된다.
1. 우리는 원대하고 치밀한 교육계획 수립과 성실한 실천으로 맡은 바 책임을 완수한다.
1. 우리는 서로 협동하여 교육의 자주 혁신과 교육자의 지위 향상에 적극 노력한다.
1. 우리는 가정교육 · 사회교육과의 유대를 강화하여 복지국가 건설에 공헌한다.

2) 사도강령

민주국가의 주인은 국민이므로 나라의 주인을 주인답게 길러내는 교육은 가장 중대한 국가적 과업이다. 우리 겨레가 오랜 역사와 찬란한 문화를 계승, 발전시키며 선진 제국과 어깨를 나란히 하여 인류복지 증진에 주도적으로 기여하려면 무엇보다도 문화 국민으로서 의식개혁과 미래사회에 대비한 창의적이고 자주적인 인간 육성에 온 힘을 기울여야 한다. 그러기 위하여 우리 교육자는 국가발전과 민족중흥의 선도자로서 사명과 긍지를 지니고 교육을 통하여 국민 각자의 능력을 최대한 개발하여 개인의 자아실현과 국력의 신장, 그리고 민족번영에 열과 성을 다하여야 한다.
이러한 우리의 뜻은 교직에 종사하는 모든 교육자가 공동체 의식을 가지고 노력하여야만 이루어질 수 있다는 것을 인식하고, 사도헌장 계정에 맞추어 우리의 행동지표인 현행 교육 윤리강령을 사도강령으로 개정하여 이를 실천함으로써 국민의 사표가 될 것을 다짐한다.

제1장 스승과 제자

스승의 주된 임무는 제자로 하여금 고매한 인격과 자주정신을 가지고 국가사회에 봉사할 수 있는 유능한 국민을 육성하는 데 있다. 그러므로,
1. 우리는 제자를 사랑하고 그 인격을 존중한다.
2. 우리는 제자의 심신발달이나 가정의 환경에 따라 차별을 두지 아니하고 공정하게 지도한다.
3. 우리는 제자의 개성을 존중하며, 그들의 개인차와 욕구에 맞도록 지도한다.
4. 우리는 제자에게 직업의 존귀함을 깨닫게 하고 그들의 능력에 알맞은 직업을 선택하도록 지도한다.
5. 우리는 제자 스스로가 원대한 이상을 세우고, 그 실현을 위하여 정진하도록 사제동행(師弟同行)한다.

제2장 스승과 자질

스승은 스승다워야 하며 제자의 거울이 되고 국민의 사표가 되어야 한다. 그러므로,
1. 우리는 확고한 교육관과 긍지를 가지고 교직에 종사한다.
2. 우리는 언행이 건전하고 생활이 청렴하여 제자와 사회의 존경을 받도록 한다.
3. 우리는 단란한 가정을 이룩하고 국법을 준수하여 사회의 모범이 된다.

4. 우리는 학부모의 경제적 사회적 지위를 이용하지 아니하며 이에 좌우되지 아니한다.
5. 우리는 자기 향상을 위하여 전문적인 지식과 기술을 계속 연마해야 하는 데 주의한다.

제3장 스승의 책임

스승은 제자 교육에 열과 성을 다하여 맡은 바 책임을 다하여야 한다. 그러므로,
1. 우리는 사회의 일원으로서 책임과 의무를 다한다.
2. 우리는 교재 연구와 교육자료 개발에 만전을 기하여 수업에 최선을 다한다.
3. 우리는 생활지도와 중요성을 인식하여 제자들이 올바른 사람이 될 수 있도록 지도의 철저를 기한다.
4. 우리는 교육의 성과를 공정하게 평가하고 이를 교육에 충분히 활용한다.
5. 우리는 제자와 성인들을 위한 정규 교과의 활동에 적극 참여한다.

제4장 교직자와 단체

교육자는 그 지위의 향상과 복지의 증진을 위하여 교직단체를 조직하고 적극 참여함으로써 단결된 힘을 발휘할 수 있다.
1. 우리는 교직 단체활동을 통하여 교육자의 처우와 근무 조건 개선을 꾸준히 추진한다.
2. 우리는 교직 단체활동을 통하여 교육자의 자질 향상과 교권의 확립에 박차를 가한다.
3. 우리는 편당적, 편파적 활동에 참가하지 아니하고 교육을 그 방편으로 삼지 아니한다.
4. 교직단체는 교육의 혁신과 국가의 발전을 위하여 다른 직능단체나 사회단체와 연대 협동한다.

제5장 스승과 사회

스승은 제자의 성장발달을 돕기 위하여 학부모와 협력하며, 학교와 사회와의 상호작용의 원동력이 되고 국가발전의 선도자가 된다.
1. 우리는 학교 방침과 제자의 발달 상황을 가정에 알리고 학부모의 정당한 의견을 학교교육에 반영시킨다.
2. 우리는 사회의 실정을 정확하게 파악하고, 지역사회의 생활과 문화 향상을 위하여 봉사한다.
3. 우리는 사회의 요구를 교육계에 반영하며 학교의 교육 활동을 사회에 널리 알린다.
4. 우리는 국민의 평생교육을 위하여 광범위하게 협조하고 그 핵심이 된다.
5. 우리는 확고한 국가관과 건전한 가치관을 가지고 국민의식 개혁에 솔선수범하며 국가발전의 선도자가 된다.

3) 유치원교사 헌장

유아교육은 유아의 삶에 초석이 되며, 우리 사회와 국가의 미래를 결정한다.
우리는 국민의 생애 초기 교육을 책임지며 사회로부터 존경받는 교사로서 자신을 연마하고 소명 의식을 가지고 유아교육자로서 가야 할 길을 밝힌다.
1. 우리는 유아를 사랑하고 개성을 존중하며 전인발달을 지원하고 평화로운 교실 문화를 조성한다.

2. 우리는 미래지향적이며 질 높은 교육을 계획하고 실천하여 교육자로서의 책임을 다한다.
3. 우리는 가정에 대한 이해와 연대를 강화하여 교육복지 사회 구축에 공헌한다.
4. 우리는 사회의 변화와 요구에 적극 부응하여 유아교육의 혁신과 발전을 위해 노력한다.
5. 우리는 교육자로서 품위를 유지하고 부단한 자기 계발을 통해 유아교육 전문가로서의 위상을 갖춘다.

4) 유치원교사 강령

01. 유치원교사와 유아

■ 핵심개념 : 사랑, 평등, 개성존중, 전인교육, 안전과 보호

1. 우리는 유아를 사랑하며 유아의 인격을 존중한다.
2. 우리는 유아의 개인적·가정적 배경에 관계 없이 모든 유아를 평등하게 대한다.
3. 우리는 유아의 개성을 존중하며, 개인의 흥미와 잠재력에 적합한 교육을 제공한다.
4. 우리는 유아의 전인 발달을 지원하는 교육과 환경을 제공한다.
5. 우리는 유아의 안녕을 위협하는 가정적·사회문화적·경제적 상황을 적극적으로 파악하고 유아를 보호하기 위해 노력한다.

02. 유치원교사와 가정

■ 핵심개념 : 가족에 대한 이해, 권리 보호, 협력, 지원

1. 우리는 유아를 교육하고 지원하기 위해 가정과 연계하고 협력관계를 구축한다.
2. 우리는 교육적 목적으로 수집한 가족 정보에 대해 기밀을 유지하고 가족의 사생활을 보장한다.
3. 우리는 유치원에서 일어난 안전사고나 위험 상황에 대해 가족에게 충분히 설명한다.
4. 우리는 가족에게 유치원을 개방하며 필요한 정보를 제공한다.
5. 우리는 유치원 운영에 관련된 중요한 의사결정 과정에 부모를 참여시킨다.
6. 우리는 가족에게 필요한 지역사회 자원에 대한 정보를 구축하고 이를 가족에게 적극 제공한다.

03 유치원교사와 사회

■ 핵심개념 : 사회에 대한 이해, 교원의 지위 향상 유아교육 위상 강화, 교직문화, 지역사회와의 협력

1. 우리는 사회의 흐름을 파악하고 이를 교육에 반영하고자 노력한다.
2. 우리는 유아에 관련된 법률과 정책을 이해하고, 이를 개선하기 위한 활동에 적극 참여한다.
3. 우리는 교직 관련 단체와 전문가 협회를 통해 교권 확립을 위한 활동에 참여한다.
4. 우리는 유치원 교육을 사회에 널리 알려 유아교육의 위상을 높인다.
5. 우리는 교직원 간의 상호존중과 협력을 통해 건전한 교직문화를 형성한다.
6. 우리는 유치원과 연계하여 지역사회의 생활과 문화 향상에 기여한다.

04. 유치원교사의 책무

■ 핵심개념 : 직업의식과 긍지, 인성(열정, 개방성, 창의성, 자율성), 교사로서 품위, 연구와 자기 계발

1. 우리는 교육전문가로서의 직업의식을 갖는다.
2. 우리는 건전한 국가관과 확고한 교육관을 가지고 교직에 종사한다.
3. 우리는 유아에게 최적의 교육을 제공하기 위해 열과 성을 다한다.
4. 우리는 건전한 언행과 생활 태도로 유아에게 모범이 되도록 한다.
5. 우리는 열린 사고와 개방적 태도를 가지고 전문성 향상에 매진한다.
6. 우리는 다양한 분야의 전문가와 교류하고 새로운 지식과 정책을 비판적으로 수용한다.

5) 보육교직원 윤리강령

『보육인 윤리 선언』

나는 영유아의 건강한 성장과 발달을 지원하는 보육교사(어린이집 원장)로서 직무상의 윤리적 책임을 다하여 다음 사항들을 지킬 것을 다짐합니다.

1. 나는 내가 영유아에게 지대한 영향을 미치는 존재임을 잊지 않으며 항상 스스로의 말과 행동에 신중을 기한다.
1. 나는 영유아의 인격과 권리를 존중하며 어떠한 경우에도 영유아에게 해가 되는 일을 하지 않는다.
1. 나는 영유아 가정의 다양성을 이해하고 존중하며 상호 신뢰하는 동반자적 관계를 유지한다.
1. 나는 동료를 존중하고 지지하며 서로 협력하여 최상의 보육 서비스를 제공하기 위해 노력한다.
1. 나는 보육의 사회적 책임과 역할을 인식하고 영유아의 권익과 복지를 위한 활동에 앞장선다.
1. 나는 「어린이집 원장·교사 윤리강령」을 직무수행의 도덕적 규준으로 삼아 진심을 다하여 충실히 이행한다.

『어린이집 원장 및 보육교사 윤리강령』

보육은 영유아를 건강하게 양육하고, 안전하게 보호하며, 발달특성에 적합한 교육을 제공하는 복지서비스이며, 보육인은 사랑과 존중과 전문지식을 바탕으로 영유아의 전인적 성장에 영향을 미치는 전문직업인이다. 그러므로 보육인은 윤리적 의식과 태도를 가지고 사회적 본분에 임해야 한다. 이에 어린이집 원장과 보육교사는 스스로 책무성을 발현하여 윤리강령을 제정함을 밝힌다. 본 강령을 직무수행의 규준으로 삼아, 보육현장에서 발생하는 윤리적 갈등을 해결하고, 생존권, 보호권, 발달권, 참여권 등 영유아의 권리를 보장함으로써, 직무상의 윤리적 책임을 다하여 전문직업인으로서의 위상을 공고히 하고자 한다.
더불어 영유아와 그 가정, 동료와 사회의 존엄성을 존중하는 보육의 실천으로 다각적인 신뢰를 구축하고, 영유아의 잠재력을 최대한 발휘시킴으로써 영유아가 긍정적인 자아개념을 형성하고 유능한 사회인으로 성장할 수 있도록 도와 궁극적으로는 영유아와 그 가정, 동료와 사회의 통합적 · 이상적 복지실현에 기여하고자 한다.

제 I 장. 영유아에 대한 윤리

1. 영유아에게 고른 영양과 충분한 휴식을 제공하여, 몸과 마음이 건강한 사람으로 자라도록 돕는다.
2. 성별, 지역, 종교, 인종, 장애 등 어떤 이유에서도 영유아를 차별하지 않고, 공평한 기회를 제공한다.
3. 영유아는 다치기 쉬운 존재임을 인식하여 항상 안전하게 보호한다.
4. 영유아에 대한 정서적, 언어적, 신체적 학대를 행하지 않는다.
5. 어린이집 내외에서의 영유아 학대나 방임을 민감하게 관찰하며, 필요한 경우 관련 기관("아동보호전문기관" 등)에 보고하고 조치를 취한다.
6. 영유아의 인격을 존중하고, 개인의 잠재력과 개성을 인정한다.
7. 개별적 상호작용 속에서 영유아의 요구를 수용하기 위해 노력한다.
8. 영유아의 사회·정서·인지·신체 발달을 통합적으로 지원하는 보육 프로그램을 실시한다.
9. 특별한 도움을 필요로 하는 경우, 전문가와 협력하여 영유아의 입장에서 최선의 대안을 찾는다.
10. 보육활동을 계획, 실행, 평가하는 모든 과정에 영유아의 흥미와 의사를 반영한다.
11. 영유아의 개인적 기록과 정보에 대해 비밀을 보장한다.

제 II 장. 가정에 대한 윤리

1. 상호 신뢰를 바탕으로 영유아의 가정과 동반자적인 관계를 유지한다.
2. 각 가정의 양육 가치와 의사결정을 존중한다.
3. 경제적 수준, 가족 형태, 지역, 문화, 관습, 종교, 언어 등 어떤 것에 의해서도 영유아의 가정을 차별 대우하지 않는다.
4. 보육활동 및 발달 상황에 관한 정보를 정확하게 제공하여 영유아에 대한 가정의 이해를 돕는다. 다문화, 심신장애 등으로 의사소통에 도움이 필요한 경우 문제를 해결할 최선의 방법을 도모한다.
5. 어린이집 운영 전반에 관한 정보를 공개하여 영유아 가정의 알 권리에 응한다.
6. 보육 프로그램과 주요 의사결정에 영유아의 가정이 참여하도록 안내한다.
7. 필요한 사회적 지원, 전문서비스 등 관련 정보를 제공하여 영유아 가정의 복리 증진을 돕는다.
8. 영유아 가정의 사생활을 보호하고 익명성을 보장한다.

제 III 장. 동료에 대한 윤리

[어린이집 원장]

1. 최상의 보육서비스 제공에 필요한 인적, 물적 환경의 조성 및 유지를 위해 노력한다.
2. 보육교사를 신뢰하고 존중하며 전문성과 자율성을 인정한다.
3. 성별, 학연, 지연, 인종, 종교 등에 따라 보육교사를 차별하지 않는다.
4. 업무 관련 의사결정이 필요한 경우, 보육교사의 의견 개진 기회를 보장한다.
5. 보육교사에게 지속적 재교육 등 전문적 역량 제고의 기회를 부여한다.
6. 보육교사에게 적정 수준의 보상(보험, 급여 등)을 안정적으로 제공하며, 복지증진에 힘쓴다.
7. 보육교사 개인의 기록과 정보에 대한 비밀을 보장한다.

[보육교사]

1. 존중과 신뢰를 바탕으로 협력하며, 서로의 전문성과 자율성을 인정한다.

2. 상호 간 역량계발과 복지증진에 부합하는 근무환경이 되도록 힘쓴다.
3. 어린이집 원장 및 동료와 영유아 보육에 대한 신념을 공유한다.
4. 보육교사로서의 전문성 향상을 위해 스스로 노력한다.
5. 어린이집 내에서 영유아 및 보육교사의 인권과 복지를 위협하는 비윤리적 사태가 발생한 경우, 법률 규정이나 윤리기준("한국보육시설연합회 윤리강령위원회" 참조)에 따라 조치를 취한다.

제Ⅳ장. 사회에 대한 윤리

1. 공보육에 대한 책임을 인식하고, 항상 질 좋은 보육서비스를 제공한다.
2. 영유아의 안전을 위협하는 환경이나 정책이 발견될 시, 관계기관과 협의하여 개선한다.
3. 공적 책임이 있는 어린이집으로서 재정의 투명성을 유지하고, 부정한 방법으로 사적 이익을 취하지 않는다.
4. 영유아의 권익 보호를 위해 관련 정책 결정 및 법률 제정에 적극 참여하며 사회적으로 이를 널리 알리는 데 앞장선다.
5. 지역사회 실정에 맞는 어린이집의 책임과 역할을 인지하고, 실천하고자 노력한다.

*출처 : 중앙육아종합지원센터(2013). 어린이집 원장 및 보육교사 윤리강령.

06 유아교사의 전문성 신장

유아교사는 유아들이 스스로 주변을 탐색하고 상호작용을 통해 자신의 지식을 형성하는 데 많은 영향을 미치고 있다. 아직은 사물에 대한 개념이나 이해가 형성되지 않아 새로운 경험에 의해 이전 개념이 수정되고 변화될 수 있는 유아들에게 교사의 역할은 매우 크다. 따라서 유아교사는 가소성이 큰 유아들에게 발달에 필요한 경험이나 개념을 제공하기 위해 일반 교사들과는 다른 전문적 자질이 필요한 것이다.

1) 유아교사의 성장과 발달

교사는 교직 생활을 통해 다양한 흥미, 불안, 요구, 좌절, 문제, 스트레스 등을 지각하고 변화하며 성장해 나간다. 캐츠(Katz, 1972)의 교사 발달단계를 통해 유아교사의 성장, 발달과정을 살펴보면 다음과 같다.

(1) 생존단계(survival stage)

생존단계(survival stage)는 교사 생활을 시작한 처음 1년간의 시기이다. 이 시기 교사는 이상과 현실 사이에서 갈등을 겪으면서 "자신이 교사로서 살아남을 수 있을까?" 하는 생존 가능성에 많은 관심을 가진다. 교사는 영유아 집단과 학급 통제, 가르칠 학습내용 숙달, 부모와의 만남, 동료 교사와의 관계 등의 문제를 원활히 처리해 나갈 수 있을지에 많은 관심과 우려를 가지게 된다. 교사로서의 의무감과 책임감으로 불안해하며 성공하기를 기대하지만 실제 상황에서 느끼는 불일치로 교사로서의 부적합성과 부족함을 느끼게 된다. 따라서 주위 사람들의 지원과 이해, 격려, 확신, 위로 등은 물론이고 현장에서 발생하는 문제에 즉각적으로 대처할 수 있는 구체적이고 기술적인 도움이 어느 때보다 필요하다.

(2) 강화단계(consolidation stage)

강화단계는 교사 생활 2년부터 3년 정도의 시기이다. 이 시기의 교사들은 어느 정도 안정감과 자신감을 가지게 되지만 이직률도 높은 시기이다. 생존단계에서 얻는 교훈을 공고히 하며 지금까지 배운 것들을 보완할 수 있게 된다. 성취해야 할 과업과 기술을 구별할 수 있게 되고 교수와 관련된 다른 업무나 기술을 몸에 익히며, 문제가 있는 영유아나 어려운 상황에 처한 영유아 그리고 문제 상황에 관심을 갖고 해결방안을 찾기 시작한다. 이 단계에서 교사는 교실 현장에서의 도움뿐 아니라 전문가와의 접촉 경험이 많은 동료 교사의 충고나 상담 등을 통하여 도움을 얻고 정보와 생각을 교환함으로써 발달과업의 성취를 이룰 수 있다. 또한 같은 발달단계에 있는 다른 교사들과의 감정 교환 기회도 교사 개인의 무능과 실패를 줄이는 데 기여한다.

(3) 갱신단계(renewal stage)

갱신단계는 교사 경력 3년 내지 4년에 달한 시기이다. 이 시기의 교사들은 이전과 같은 반복되는 일에 싫증을 내고 무엇인가 새로운 것을 시도해 보려고 한다. 갱신 방법으로 동료와의 교류, 지역별 교사 모임이나 워크숍 참여, 전문단체 모임, 수업 참관, 자신의 수업 분석 등을 통한 자기 발전 기회가 권장되고 있다.

이 단계의 교사들에게는 전통적이고 형식적인 현직교육 프로그램보다는 비형식적 다양한 교육 프로그램을 제공할 필요가 있다. 학술대회에 참가하고 전문 학술단체 가입을 통해서 자신의 고민을 공유하거나 학술지 구독, 시범 프로젝트의 참관 등을 통해서 새로운 교육정보를 경험하는 것이 바람직하다.

(4) 성숙단계(maturity stage)

성숙단계는 보통 교사 경력 5년 이상의 시기로 교사에 따라 교사 경력 3년 만에 이르기도 한다. 이 시기 교사는 교사로서 완전한 자신감과 경험을 갖추고 성숙한 수준에 이르게 된다. 교사로서의 자신을 인정하고 자아 갱신을 위한 전략과 방법의 개발, 영유아의 성장 발달과 학습의 본질, 교사로서 갖추어야 할 철학, 사회와의 관계 등 교사직 전반에 걸쳐 나름대로 안목과 고유한 관점을 지니게 된다.

이 단계의 교사에게는 교사의 성숙함 수준에 맞추어 보다 전문적인 교육 프로그램을 제공하여야 한다. 학술대회 세미나 참가, 학위 과정 등록, 학술지나 전문서적 구독 등이 권장된다. 개별화된 그리고 의사결정을 함께 내리는 비지시적인 전문성 프로그램, 지도자로서의 역할을 수행할 수 있는 전문성 교육 프로그램, 인생 전반에 걸친 문제에 대해 상담하고 함께 공유할 수 있는 프로그램도 바람직하다.

2) 유아교사에게 요구되는 전문성

유아교육을 담당하는 교사는 유아의 학습과 발달에 매우 중요한 영향을 미치며 교육의 질을 결정하므로 유아의 발달, 교육, 교수-학습방법 등에 관련된 전문적인 지식과 자질을 갖추어야 한다. 페니(Feeny, 1983)는 유아교사는 다음과 같은 특징을 갖고 있기 때문에 전문성을 갖는다고 주장하였다.

첫째, 유아교사는 유아에게 지식을 전달하고 자신에 대해 긍정적으로 느끼게 교육한다.

둘째, 다른 학교교육과 다른 특별한 지식, 유아의 발달과 학습에 대한 지식이 필요하다.

셋째, 유아교육에 관련된 전문적인 이론을 교육현장에 적용한다.

넷째, 유아에게 적합한 프로그램 선택, 운영을 위해 지식과 기술을 지속 보완해야 한다.

모든 전문직이 그러하듯 교원이 되기 위해서는 교원 자격을 받아야 하고 교원 자격제도는 다른 전문직에 비해 비교적 일찍부터 정립되었다는 사실로도 교사의 전문성은 입증된다. 그러나 전문직으로서 교직의 성숙도는 확립된 것이라기보다 발전되어 가는 과정에 있다고 볼 수 있으며, 실제로 교직이 당연 전문직이어야 함에도 불구하고 실제적으로는 전문직답지 않게 수행되는 많은 점이 문제로 지적된다(이윤식 외, 2018). 따라서 교직이 전문직으로서 직분과 위상을 확립하기 위해서는 지속적인 노력이 이루어져야 할 것이다.

3) 유아교사의 전문성 신장을 위한 노력

유아교사의 전문성 신장을 위해서는 양성교육이 잘 이루어져야 하며 이들의 계속적 발전을 위해 적절한 현직교육이 뒤따라야 한다는 것은 매우 중요하다. 유아교사가 전문성을 신장시킬 수 있는 방향성을 몇 가지 제언하면 다음과 같다.

첫째, 유아교육의 본질에 대한 인식을 확고히 하기 위하여 유아교육 관계자(대학 교수, 연구자, 행정가, 교사 등)들이 더욱 노력을 기울여야 한다. 유아를 위한 모든 공공기관은 유아의 교육과 복지에 공헌할 수 있어야 하며 이에 따른 교수방법 및 활용과 자료개발은 전문 인력에 의해 유아의 발달적 적합성에 비추어 검증되고 평가되어야 한다.

둘째, 전문 인력 확보를 위해 사전교육과 현직교육의 재평가가 있어야 한다. 교사교육에 관한 문제를 분석하고 교육과정의 적절성 검토와 교육실습의 효과 등을 검증하는 각종 연구가 있어야 하며 교육현장과 행정체제는 우수 교사, 질 높은 교사양성을 위한 적극적이고 개방적인 운영이 있어야 한다.

셋째, 유아교사의 지적 능력 향상을 위한 노력이 있어야 한다. 유아교육 교사는 의사결정자, 교육과정 계획자, 학급 관리자, 교수방법 연구자, 유아 평가자, 성인 교육자로서 가정, 학교, 지역사회의 관계를 폭넓게 통찰하고 사고할 수 있는 능력자로 인식하고 자기 평가에 노력을 기울이면서 능력 향상을 위해 노력해야 한다.

넷째, 현직교육의 평가와 새로운 계획이 수립되어야 한다. 현직 교육과정이 공식적으로 인정을 받을 수 있는 기준이 수립되어야 하고, 그 결과가 교사의 지위 향상에 도움을 주는 평가기준으로 흡수되어야 한다.

다섯째, 유아교육의 사회, 경제적 지위 향상을 위해 함께 노력해야 한다. 현행 법의 제한, 제도적 모순, 일반적 인식의 편견 등에 대한 문제의식을 갖고 해답을 찾으려는 노력이 계속되어야 한다.

핵심내용 및 토의주제

1. 유아교사의 개인적, 전문적 자질과 소양에 대하여 생각해 보고, 이를 갖추기 위하여 어떤 노력할 수 있을지 각자의 생각을 발표해 봅시다.

2. 예비교사로서 생각하는 유아교육기관에서의 교사 생활을 설계해 보고, 어떤 각오나 다짐이 있는지 서로 이야기 나눠 봅시다.

학습자 활동

1. 최근 유아교육기관의 아동학대 발생 사례와 관련하여 「아동학대 범죄의 처벌 등에 관한 특례법」 중 아동학대 범죄 신고자 의무와 절차에 대하여 정리해 봅시다.

2. 유아교육기관의 교육공동체(유아, 학부모, 교직원, 지역사회 등) 간 상호 소통과 협력을 위해 필요한 교사의 역할에 대하여 정리해 봅시다.

CHAPTER

07

유아교육과 놀이

01 놀이의 개념 및 특성

1) 놀이의 개념

놀이는 좋아서 하는 것이고 놀이하는 동안 즐거움을 느끼는 신체적·지적 활동인 동시에 자발적이며 자유롭게 즐기는 가운데 스트레스를 해소하는 활동을 말한다. 교육학 용어 사전에는 "유쾌한 감정을 느끼는 신체적·지적 활동으로 어떤 궁극적 목적을 추구하는 것이 아닌 활동 자체에 만족하는 행위이다"라고 놀이를 정의하고 있다(서울사대교육연구소, 1981).

놀이는 추상적이고 유동적이며 다양한 의미를 가지고 있으므로 놀이가 무엇인지에 대하여 인식하기는 쉽지만 정의 내리기는 어렵다. 사전적 의미에서 '놀이'란 인간의 신체적·정신적 활동 중에서 식사, 수면, 호흡, 배설 등 생존에 직접 관계되는 활동을 제외하고 '일'과 대립하는 개념을 가진 활동이다. 놀이는 어떤 무엇보다 인간의 삶을 긍정적으로 영위하는 데 필요하고 유아의 생활이며 삶의 일부로 중요한 의미를 갖는다(김영미, 2010). 놀이에 대한 개념은 다양한 시각으로 볼 수 있으나 놀이의 정의에서 공통적인 점은 놀이가 유아의 자발적인 표현인 동시에 신체 및 심리적 활동성이 수반되는 행동이라는 것이다. 그러므로 놀이는 유아의 발달과 성장, 학습에 매우 밀접한 관계를 가지며 유아의 본질인 동시에 유아 전체의 삶인 것이다.

놀이에 대한 학자들의 정의를 정리해 보면 다음과 같다(이숙재, 2014).

표 7-1 **학자별 놀이의 정의**

학 자	놀이의 정의
호이징가 (Huzinga)	놀이는 일정한 시간과 장소 내에서 일어나는 자발적인 활동으로 자유롭게 만들어진 규칙에 따르며 놀이 자체에 목적을 두고 일상생활과는 다른 즐거움과 긴장을 동반하는 활동이다.
쉴러 (Schiller)	놀이는 잉여 에너지의 발산이다.
프뢰벨 (Froebel)	놀이는 유아 생활 그 자체이고, 인간의 가장 순수하고 가장 정신적인 활동이다.
아이작 (Isaacs)	놀이는 유아의 삶 자체인 동시에 이 세상을 이해하는 수단이다.
듀이 (Dewey)	놀이는 유아의 신체, 정서, 인지, 사회 발달을 도모하는 수단이다.

종합해 보면 놀이는 유아의 생활 그 자체이며, 의도적이고 유목적적이기보다는 과정 지향적인 활동이다. 유아들이 놀이하는 그 자체에 목적을 갖고 시·공간의 제약 없이 자신의 잠재된 능력을 표출하면서 자유롭게 놀이하는 가운데 자연적으로 소질과 능력이 발달하게 된다.

2) 놀이의 특성

고대 플라톤(Platon)시대부터 현대에 이르기까지 많은 철학자들과 교육자들은 유아의 전인발달에 적합한 학습의 기회를 제공하는 것이 놀이라고 보았다. 놀이가 유아의 가능성과 잠재력을 변화시키는 데 중요한 촉매 역할을 하기 때문에 유아들에게 놀이에 기초한 교육을 강조하였다. 놀이의 특성 중 하나는 자발성과 흥미이다. 놀이는 유아가 자발적으로 참여하는 활동이기 때문에 자연스러운 상황에서 유아를 있는 그대로를 관찰할 수 있다는 장점이 있다. 유아들은 자신의 사고, 감정, 경험 등을 놀이를 통해 발산하기 때문에 탐구 활동이나 게임 등과는 구별되는 특성이 있다. 놀이의 특성을 살펴보면 다음과 같다(Rubin, Fein & Vandenberg, 1983; King, 1982).

첫째, 놀이는 자발적이며 과정 지향적 활동이다. 놀이는 외적인 것으로부터 동기화(보상, 경쟁, 요구)되는 것이 아니고 유아의 내적인 동기화(호기심, 욕구 등)에 의해 생기는 자연스럽고 자발적인 행동이다. 놀이에서는 목표보다는 수단을 즐기게 되므로 놀이 행동의 결과보다 과정 그 자체에서 즐거움과 만족감을 얻을 수 있는 활동이다.

둘째, 놀이는 항상 자유롭다. 유아가 놀이 시 정해진 규칙이나 외부지시에 따르지 않고 유아 자신이 놀고 싶은 방식대로 마음껏 놀이를 할 수 있는 활동의 자유가 있다.

셋째, 놀이는 가상적, 비사실적 속성이 있다. 놀이에는 일상적인 현실 생활을 벗어난 가작화 요소가 많으며 상상적 측면이 강하다. 놀이에는 연극과 같은 요소가 많다. 유아들은 놀이를 하면서 '~인 척' 하는 것을 좋아한다. 이런 특성은 상징놀이에서 많이 나타나는데, 현실에서 가지고 있는 사물이나 기능을 그대로 사용하기보다는 '마치 병원놀이에서 주사기 대신 볼펜을 주사기처럼, 엄마 대신, 엄마인 것처럼' 등 가정하고 놀이를 한다. 이러한 유아들의 놀이 모습은 놀이가 가지는 비사실적인 특징을 잘 나타내는 예이다(서명원 외, 2013).

02 놀이이론

놀이이론은 크게 고전적 놀이이론과 현대적 놀이이론으로 나누어 생각해 볼 수 있다. 19세기 말에서 20세기 초의 고전적 놀이이론은 부분적으로 타당한 요소가 있고 놀이 연구가 계속되도록 기여했다는 역사적 의미를 갖는다(고수미, 2011). 20세기에 이르러 현대적 놀이이론들은 현대 심리학의 영향을 받아 체계적으로 발전되었으며, 놀이 속에서 유아의 지적, 사회적, 정서적 발달에 주는 의미를 강조하고 놀이의 본질을 파악하고자 하였기에 교육적으로 중요한 이론들이라고 할 수 있다.

1) 고전적 놀이이론

(1) 잉여 에너지이론

잉여 에너지이론의 대표적인 학자는 쉴러(Schiller)와 스펜서(Spencer)이다. 모든 유기체는 생존욕구를 충족시키기 위해 일정량의 에너지를 산출하는데 욕구 충족 후 남은 에너지는 잉여 에너지가 된다. 이러한 잉여 에너지 압력이 높아지면 방출되어야 한다(고수미, 2011). 놀이는 목적 없는 행동으로 인간과 동물이 생활을 위한 기본 욕구를 충족시키기 위해 사용하고 남은 에너지를 소모하는 활동이라고 할 수 있다.

잉여 에너지이론은 오늘날에도 여전히 대중적인 이론이며 놀이를 설명하는 특성을 가지고 있다. 오랜 시간 교실에 앉아서 학습한 후 운동장으로 뛰어나가는 유아를 본 사람이라면 누구나 이 이론의 진실적 요소를 발견할 수 있을 것이다. 또한 유아가 왜 성인보다 놀이를 더 많이 하는지 그리고 진화과정에서 고등동물이 하등동물보다 놀이를 더 많이 하는지를 자세하게 설명해 준다(Johnson, Christie, & Yawkey, 2001). 그러나 잉여 에너지이론은 유아들이 에너지 과잉상태가 아닌 완전히 지친 상태에서도 놀이를 하는 행동에서는 모순점을 보인다. 이는 유아가 배고프거나 지쳐 있을 때에도 흥미 있는 놀잇감이나 기회가 생기면 집중해서 놀이를 하는 것에 대하여 이유를 설명하지 못하는 한계점을 가진다(Ellis, 1973).

(2) 휴식이론

잉여 에너지이론과 상반된 견해를 주장한 휴식이론의 대표적인 학자는 라자루스(Lazarus)이다. 그는 인간과 동물이 생활을 위해 쓴 에너지가 결핍되었을 때

재충전을 위해 놀이를 한다고 하였다. 그에 의하면 일에는 에너지 소모가 따르며 에너지 결핍이 초래된다. 에너지는 수면이나 에너지 손실을 초래하는 일과는 전혀 다른 활동에 참여함으로써 재충전될 수 있다. 놀이는 일의 반대 개념으로 손실된 에너지를 재충전하는 이상적인 방법이다.

사람은 한 가지 활동을 계속하여 피로해지면 완전히 다른 활동으로 전환하는 것이 도움이 된다. 휴식이론은 성인의 여가 활동에 대해 다음과 같이 설명한다. 사무실에서 오랜 시간 스트레스를 받는 정신 활동을 한 후에는 동료들과 다양한 운동이나 게임 등 다른 종류의 정신 활동을 함으로써 활기를 되찾을 수 있다(Johnson, Christie, & Yawkey, 2001). 그러나 휴식이론은 성인 입장에서 스트레스가 심한 현대사회에서 놀이를 합리적으로 설명하는 것처럼 보이지만, 스트레스가 쌓일 정도로 일하지 않는 유아가 놀이에 열중하는 이유를 설명하기에는 설득력이 부족하다(Frost & Klein, 1979). 성인이 유아에 비해 일을 더 많이 하기에 에너지가 더 부족하고 그 결과 성인이 유아보다 더 많은 놀이 활동에 참여해야 하는데, 실제는 유아들이 더 빈번하게 놀이 활동에 참여하고 있다는 것이 휴식이론이 갖는 한계점이다.

(3) 반복이론

반복이론의 대표적인 학자는 홀(Hall)이며 다윈(Darwin)의 진화론에 근거한다. 인간의 진화과정이 놀이로 재현되면서 현대 생활에서 더 이상 필요 없는 본능, 즉 유전 기제를 소거시키는 것이라고 하였다(최명숙, 2002). 홀(Hall)에 의하면 유아는 놀이를 통하여 인간의 발달적 단계, 즉 동물, 야만인, 부족인 등의 단계를 재연하며, 놀이 단계는 인간의 진화과정에서 일어나는 것과 같은 순서를 따른다는 것이다. 그래서 유아는 또래 집단놀이(부족인)에 참여하기 전에 나무에 기어오르기(원시 조상)를 하게 되고, 이로써 놀이의 목적은 현대의 성인 생활에 더 이상 필요하지 않은 유아의 원시적 본능을 제거하는 것이다. 그러나 반복이론은 현대 과학 기술의 산물인 컴퓨터 관련 놀잇감을 가지고 놀이하는 유아의 행동(이연섭 외, 2001)이 사회·문화적 환경의 영향을 받고 있다는 점을 설명하지 못한다는 한계를 가지고 있다.

(4) 연습이론

반복이론과 상반된 견해를 보이는 연습이론의 대표적인 학자는 그로스(Groos)이다. 연습이론에 따르면 놀이는 유아기의 전유물이며 놀이를 위해 유아기가 존재한다고 하였다. 놀이의 목적은 성인 생활에 요구되는 필수적인 기술을 연습하고 정교화하기 위한 것이며, 유아가 사회극 놀이를 하는 동안 부모역할을 하면서 성인 생활에서 요구되는 부모역할을 연습하는 것이라고 하였다(고수미, 2011). 연습이론에 의해 미래를 준비하기 위한 것이 놀이라고 한다면 성인기에는 놀이 활동을 보이지 않아야 하는데, 성숙한 사람들도 놀이를 하는 것에 대하여는 설명하지 못하는 것이 연습이론의 한계라고 할 수 있다.

물론 고전 이론은 현대적 관점과는 다소 차이가 있지만, 놀이에 대한 역사적 관점을 제공해 주고 있으며 잉여 에너지이론과 같은 몇몇 고전 이론은 공감대를 형성하고도 있다. 또한 현대의 놀이이론 대부분이 고전적 놀이이론에 근간을 두고 있어 놀이이론 연구에 기틀을 제공하였다(고수미, 2011).

2) 현대적 놀이이론

(1) 정신분석이론

정신분석이론은 프로이트(Freud)의 관찰에서 시작되었으며 에릭슨(Erikson) 등의 학자로 이어지면서 이론이 체계화되었다. 프로이트는 놀이의 동기를 쾌락 원리로 설명하며 유아의 인성발달, 정서발달에 중요한 역할을 한다고 주장하였다. 놀이는 유아에게 희망을 성취하고 기쁨을 느끼게 하며 심리적 외상을 경험한 사건과 연결된 부정적인 감정을 제거해 주는 정화 효과를 가진다고 하였다. 놀이는 유아의 현실을 중단시켜 부정적 경험을 수동적으로 받아들이는 존재에서 경험을 제공하는 능동적 존재로 바꾸어 정서적 안정을 찾게 해준다. 예를 들어,

부모에게 야단맞은 유아가 인형을 때리거나 동생을 야단치는 흉내를 내는 것처럼 이 시기 유아는 놀이를 통해 자신이 지닌 정서적 관심이나 문제를 상징적 형태로 전환하여 해소하는 것을 볼 수 있다(신유림 외, 2014).

에릭슨(Erikson)은 놀이를 통해 자아의 세계와 사회적 현실을 관련지어 설명하였으며 놀이가 자아 기능을 강화할 수 있다고 하였다. 유아들은 주위 상황과 내적 자신의 숙달을 위해 적극적으로 놀이에 참여하며, 놀이는 유아의 심리사회적 발달을 반영하는 단계를 거쳐 발전하게 된다. 놀이를 통해 유아는 현실적 요구를 능숙하게 다룰 수 있도록 돕는 모형 상황을 만들어 낼 수 있게 된다(고수미, 2011).

정신분석이론에서 강조하는 놀이의 가치는 다음과 같다(심재연, 2011).

첫째, 놀이는 무의식적 정서의 상징적 표출이기 때문에 자신의 내적 정서를 진단하는 도구로 가치가 있다.

둘째, 놀이를 통해 자신의 내적 갈등과 좌절을 이행하고 재정비함으로써 부정적 감정을 제거하고 정화할 수 있다.

셋째, 정해진 규칙으로부터의 자유는 자아 기능을 강화하여 수용적, 긍정적 태도를 유발하도록 돕는다.

넷째, 자신의 욕구에 대하여 공상하고 상상하며 그것을 놀이에 이행해 봄으로써 현실의 주변 세계에 대한 이해를 돕는다.

그러나 정신분석이론은 인간이 심리적으로 불안정한 감정 상태일 때보다 심리적으로 안정되고 유쾌한 감정에 있을 때 놀이가 더 적극적으로 활발하게 이루어진다는 점을 설명하지 못하고 있다.

(2) 인지발달이론

인지발달이론에는 피아제(Piaget), 비고츠키(Vygotsky)이론 등이 포함된다.

피아제는 유아의 인지발달에 관해 가장 포괄적인 이론을 정립하였고, 저서 『놀이, 꿈 그리고 모방(Play, Dreams and Imitation)』에서 놀이의 본질과 발달과정을 규명하였다. 그는 놀이 경험이 유아의 인지발달과 긴밀한 관계를 맺는다고 주장하며 놀이는 유아의 인지발달수준의 단순한 반영 그 이상으로 유아의 발달에 기여함을 강조하였다(심우엽, 2005). 놀이는 인지발달을 자극하고 가속화할 수 있는 절대적인 요소로 놀이를 통해 새로운 정보를 받아들이고 적응시키는 일을 반복적으로 수행하면서 자연스럽게 인지발달이 이루어진다고 하였다(이윤경 외, 2014).

비고츠키는 놀이가 유아의 근접발달영역을 통해 인지발달에 보다 직접적인 역할을 한다고 믿었다. 근접발달영역은 유아 스스로 해결 가능한 실제적인 발달수준과 성인이나 보다 유능한 또래와의 협동을 통해 문제해결이 가능한 잠재적 발달수준 간의 차이이다. 놀이를 통해 이러한 근접발달영역을 창조하여 인지발달이 향상된다. 유아는 특정한 사물과 그 사물이 가진 의미를 분리하여 생각할 수 없어 추상적 사고가 불가능하다고 보아, 상징놀이를 통해 사물의 의미를 분리할 수 있게 되며 추상적 사고가 발달한다고 하였다. 유아는 가상놀이를 하면서 나무 조각을 음식으로, 막대를 동물로 사용해 보는 경험을 통해 사물로부터 의미를 분리하여 생각할 수 있게 된다.

인지발달이론에서 강조하는 놀이의 가치는 다음과 같다(심재연, 2011).

첫째, 유아의 인지, 언어발달 정도가 놀이 행동에 표출되므로 유아의 놀이는 인지발달 정도를 파악하는 준거가 된다.

둘째, 놀이는 호기심, 탐구심, 창의력, 사물과 상황 역할의 상징적 전환능력, 물리적 표상능력, 논리적 추리력, 사회적 지식, 보존능력, 연속성, 시간의 순서, 분류, 조망수용능력 등과 연결된 인지능력을 발달시킨다.

셋째, 유아 놀이 활동을 인지발달의 도구적 기능으로 규정하는 또 다른 측면으로 놀이가 활동에 적극적으로 참여하도록 내적 동기를 유발하는 데 매체가 된다.

(3) 각성조절이론

각성조절이론에 의하면 인간은 각성 수준을 적정하게 유지하려는 중추신경 조직의 욕구를 만족시키기 위해 놀이를 한다는 것이다. 벌린(Berlyne)은 인간은 자극이 과도한 상황에서는 각성이 높은 수준으로 증가하고 이로 인해 자극을 감소시키는 활동에 참여한다고 하였다. 예를 들어, 신기한 사물에 접하여 각성이 높은 수준으로 증가하면 그 사물을 탐색하여 친근하게 함으로써 각성 수준을 감소시킨다는 것이다. 이와 반대로 자극이 충분하지 못한 상황에서는 각성이 낮은 수준으로 감소하여 싫증을 내게 된다(이경화 외, 2013).

(4) 각본이론

각본이론은 유아의 개인적 경험에 근거하여 유아의 지식이 나타난다고 보았다. 놀이는 유아가 개인적 지식에 따라 사건을 구성할 수 있게 되며 경험에 대한 유아의 해석이 놀이 내용으로 표현된다는 것이다. 각본이란 기억에 의해 활성화되는 지식 구조를 뜻하는 것으로 구성 요소는 장면, 하위 활동, 역할과 관계, 장면 내에서의 소품, 각본의 변화, 각본의 시작과 끝을 표시하는 사회생활 조건 등이다(이경화 외, 2013).

현대적 놀이이론은 이론 자체의 설명적인 힘과 이론에 의해 자극된 연구들을 통해 놀이에 대한 이해를 증가시켜 주었다. 현대적 놀이이론으로부터 나온 놀이와 유아발달에 대한 연구들은 유아의 성장과 관련된 다양한 영역들 신체, 인지, 언어, 사회, 정서 영역이 포함되어 이루어졌다. 이와 함께 놀이 환경의 물리적 측면의 영향을 고려하여 놀이에 대한 중요성을 인식하였고, 안전하고 효과적인 놀이 환경에 대해 더 큰 관심을 가지게 되었다.

03 놀이의 유형

1) 피아제(Piaget)의 놀이 유형

피아제는 유아가 3단계의 놀이발달단계를 거쳐 인지발달이 이루어진다고 보았다(Piaget, 1962).

(1) 연습놀이

출생부터 2세까지의 감각운동기에 주로 나타나는 놀이 형태는 전에 경험했던 행동을 반복적으로 되풀이하는 단순한 형태의 놀이이다. 이 단계에서는 적극적인 탐색 활동으로 인한 성공적인 놀이를 반복하게 되는데, 이는 단순 반복이 아니라 변화를 수반함으로써 놀이가 발달하게 된다. 즉, 감각 기관과 신체운동능력을 활용한 단순한 놀이의 반복 연습을 통해 다음 단계의 놀이 유형이 나타나게 된다(방인옥 외, 2008).

(2) 상징놀이

2~6세까지의 전조작기에 주로 나타나는 놀이 형태로 존재하지 않는 사물을 표상하는 놀이이다. 피아제는 감각운동기에 나타나는 물체의 영속성, 자연 모방, 언어 등과 같은 인지발달 및 표상능력 발달의 결과로 상징놀이가 나타난다고 하였다(지옥정 외, 2020). 이 시기의 인지적 특징인 자기중심적 사고에 의해 자신에게 일어났던 중요한 일을 재연해 내고 자신의 욕구에 따라 새로운 세계를 만들어 실제와 다르게 '마치 ~인 것처럼' 하는 등의 가작화 상징놀이가 나타난다.

(3) 규칙 있는 게임

7~11세경 구체적 조작기에 들어가면서부터 유아의 놀이는 집단과 도덕적 규칙에 의해 조절되므로 집단의 정해진 놀이 규칙을 지켜야 한다. 유아는 자기중심적 사고에서 벗어나는 인지적 경험과 함께 구조화된 놀이로 게임을 이해하고 규칙을 지키는 경험을 계속하게 된다(방인옥, 2008).

규칙 있는 게임은 게임 규칙의 의미를 이해하고 내면화할 수 있는 인지 수준을 요구하므로 유아가 적어도 구체적 조작기 단계가 되어야 가능하게 된다. 연습놀이와 상징놀이가 4세 이후에 감소하게 되는 원인 중 하나는 연습놀이나 상징놀이가 집단적인 형태를 취하게 되면서 규칙이 나타나게 되고 이로 인해 점차 규칙 있는 게임으로 전환되기 때문이다(지옥정 외, 2020).

2) 에릭슨(Erikson)의 놀이 유형

에릭슨은 유아가 3단계를 거쳐 자신의 내부 세계를 현실 세계와 관련지어 나간다고 보았다(이윤경 외, 2014; Hughes, 2011).

(1) 자기 세계 놀이단계

출생부터 1년 동안 유아가 자신의 신체를 가지고 탐색하며 놀이하는 단계이다. 이 단계의 놀이 대상은 주로 부모이고, 유아는 부모와의 상호작용을 통하여 주변 세계에 관심을 기울이기 시작한다.

(2) 미시적 놀이단계

2세경부터 유아가 주변의 사물이나 놀잇감을 가지고 놀이하면서 현실 세계에 적응하기 위한 준비를 시작하는 단계이다. 유아는 자신만의 세계 안에서 혼자 사물이나 놀잇감을 가지고 놀이하며 사물 세계에 대한 일정한 법칙을 이해하게 된다.

(3) 거시적 놀이단계

3세 이후 유아가 다른 사람과 함께 놀이하며 자아를 조절하고 현실 세계에 적응하게 되는 단계이다. 유아는 자신의 신체와 사물에서 벗어나 주변의 또래와 사회적 상호작용을 하게 된다.

3) 파튼(Parten)의 놀이 유형

파튼은 유아를 대상으로 자유선택활동 시간 동안 사회적 놀이행동을 관찰하여 6단계의 사회적 놀이 단계를 발표하였다(이윤경 외, 2014).

(1) 비참여 행동

비참여 행동은 놀이에 참여하지 않은 상태로 특별한 자극이 없으면 아무것도 하지 않고 시간을 보내지만 자극에 의해 순간적으로 흥미 있는 것을 쳐다보기도 한다.

자신의 신체를 가지고 놀이하거나 다른 유아가 놀이하는 영역에 서 있거나 왔다 갔다 하면서 쳐다본다.

(2) 방관자적 행동

방관자적 행동은 다른 유아들이 놀이하는 것을 관심을 가지고 지켜보는 행동으로 대부분의 시간을 보내는 것을 말한다. 놀이하는 유아에게 말을 걸거나 질문 또는 제안을 하기도 하지만 놀이에 참여하지는 않는다.

비참여 행동처럼 우연한 관심거리를 쳐다보는 것은 아니며, 자신에게 관심있는 특별한 놀이 집단을 관찰한다는 점에서 비참여 행동과는 차이가 있다.

(3) 혼자(단독)놀이

혼자놀이 혹은 단독놀이는 다른 유아들과 어울리거나 상호작용하지 않고 놀잇감을 가지고 혼자서 놀이하는 것을 의미한다. 다른 유아와 가까이 있어도 아무 상관없이 다른 유아들의 행동과 무관한 자신만의 놀이에 몰두하는 형태이다.

(4) 병행놀이

병행놀이는 다른 유아들과 가까운 거리 내에서 비슷한 놀잇감을 가지고 놀이하지만 자기 마음에 드는 놀잇감으로 독립적으로 놀이하는 형태이다. 주변 유아들의 활동에 영향을 미치거나 그들의 활동을 변형시키려고 하지 않는다. 단지 다른 유아들 옆에서 놀이하는 것일 뿐, 다른 유아들과 함께 놀이하고 있다고 볼 수는 없다.

(5) 연합놀이

연합놀이는 다른 유아들과 어울려서 같은 혹은 비슷한 놀이를 함께 하면서 서로 이야기도 주고받는 형태이다. 일과 역할 분담, 활동의 조직은 없으나 놀잇감을 서로 주고받으며 집단에서 함께 놀이하거나 그렇지 않은 유아도 포함하려고 한다. 아직까지는 조직 결속력이 약해서 조직적인 놀이는 이루어지지 않고, 자신의 관심이나 흥미를 집단에 예속시키려 하지는 않지만 자신이 원하는 바에 따라 행동하고자 한다.

(6) 협동놀이

협동놀이는 한두 명의 리더를 중심으로 조직적인 놀이 집단을 구성하고 공동의 목적을 달성하기 위해 함께 하는 놀이를 한다. 경쟁적인 목적이나 집단에 대한 명확한 소속감을 가지고 놀이가 진행되기 때문에 놀이 목적에 따라 각자의 역할이 요구되고 그에 따른 일과 역할의 분담과 통제도 이루어진다. 병원놀이,

가게놀이, 기차놀이, 소꿉놀이 등과 같이 구성원에게 역할이 주어지며 협동하여 놀이하는 형태이다.

04 놀이와 유아발달

유아는 아침에 눈 뜨면서부터 밤에 잠들 때까지 쉬지 않고 놀이를 하며 지낸다. 놀이는 유아의 생활이자 삶 그 자체로 놀이를 하는 동안 성장·발달하며 미래의 삶을 위한 많은 기술을 배운다. 본 장에서는 놀이에 대한 가치를 신체, 언어, 사회·정서, 인지발달영역과 관련하여 살펴보고자 한다.

1) 놀이와 신체발달

건강한 유아는 깨어 있는 대부분의 시간 놀이를 하며 보낸다. 주로 뛰고, 던지고, 기어오르는 등 온몸을 움직인다. 유아는 온몸의 근육을 많이 사용함에 따라 신체적·정서적 긴장을 해소할 수 있으며, 신체적 움직임을 통하여 성장과 발달이 촉진된다. 신체발달에 따른 놀이의 가치는 다음과 같다.

첫째, 유아의 신체 성장을 촉진한다.
달리기, 매달리기, 미끄러지기, 손으로 조작하기 등의 대·소근육 활동 등의 다양한 놀이를 통해서 신체가 성장하고 심장·혈압·배설·수면 등의 생리기능도 발달한다.

둘째, 바른 자세를 형성할 수 있다.
유아기는 서고, 걷고, 앉는 등 기본자세가 형성되는 시기이다. 이때 시소 타기, 평균대 걷기, 굴속 달리기, 철봉에 매달리기 등 다양한 놀이 동작은 바른 자세를 형성하는 데 도움을 준다.

셋째, 기본 운동능력이 발달한다.

유아기는 기본적인 운동능력의 발달이 가장 왕성한 시기이다. 그러므로 유아기 때 신체가 유연하여 다양한 운동기술을 연습할 수 있고 호기심과 모험심도 많아 새로운 행동을 적극적으로 시도해봄으로써 기본적인 운동능력이 발달한다.

2) 놀이와 언어발달

놀이는 유아의 언어연습장으로 유아는 놀이를 통해서 다양한 어휘를 습득하고 상황에 적절한 언어를 사용하는 방법을 배운다. 놀이 활동에서 또래들과 의사소통하고 이를 통해 사회적 관계를 만들어 나가므로 자기중심적인 사고에서 벗어나 상대의 말을 듣고 이해하는 능력 및 자신의 의견을 교환하는 의사소통 능력을 기르게 된다. 언어발달에 따른 놀이의 가치는 다음과 같다.

첫째, 의사소통 기술 및 문해 능력이 발달한다. 상징 놀이는 유아들에게 많은 말을 요구하게 만든다. 유아들은 상징놀이에서 자신의 역할에 부합하는 언어를 구사하면서 새로운 언어적 표현을 연습할 기회를 갖는다. 상징 놀이는 놀이 중에 자신들이 주고받는 말 가운데에서 어떤 의미를 파악하여 이해하고 기억하는 능력을 향상시키는 데 도움이 된다. 그리고 추후 학문적 읽기, 쓰기 수업에서 전혀 관련이 없는 교재를 이해하는데 필요한 기술을 연습하는 데 도움이 된다 (신은수 외, 2011).

둘째, 놀이 과정에서 사회적으로 적절한 언어를 연습하고 배운다. 자신의 역할에 적절한 언어를 구사해봄으로써 다양한 역할의 사회적 언어를 연습할 기회를 갖게 되어 적절한 언어 표현이 가능해진다. 놀이 과정에서 다양한 놀이 배역, 즉 엄마, 의사, 선생님, 아기 등의 역할을 해 보면서 사회적 관계와 상황에 적절한 언어를 사용해야 한다는 것을 자연스럽게 알게 되며 동시에 상황에 적절한 언어를 연습하게 된다.

3) 놀이와 인지발달

놀이는 유아의 인지발달과도 밀접한 관련이 있다. 피아제는 "놀이는 유아가 이 세상을 이해하는데 도움이 되는 매개체일 뿐만 아니라 인지발달의 부산물이다"라고 하였다. 인지발달에 따른 놀이의 가치는 다음과 같다.

첫째, 유아는 놀이를 통해서 주변 세계를 이해하고 파악하게 된다. 유아는 놀이 활동 시 새로운 기술과 지식을 바로 축적하는 것이 아니라 이전에 알게 된 지식과 기술을 수정하면서 놀이 활동을 새로운 지식과 기술을 학습한다.

유아는 놀이 과정에서 직접 사물을 탐색하고 다루어보는 활동을 통해서 물리적 지식을 습득하고 물리적 지식의 기반이 증가함에 따라 사건, 사물 간의 인과관계를 파악하게 되어 논리·수학적 지식을 습득하게 된다. 예를 들면, 유아가 모래만 갖고 놀이할 때 '거칠거칠하다, 성글다' 등의 모래의 특성에 대한 물리적 지식만 알게 된다. 그러나 한쪽 모래통에는 물을 붓고, 다른 모래통에는 물을 붓지 않았을 때 양쪽의 무게 차이를 파악하게 되어 젖은 모래와 마른 모래 간의 차이를 비교함으로써 논리·수학적 지식을 습득하게 된다.

둘째, 유아는 놀이를 통해 표상적 사고, 창의적 사고, 추상적 사고 등의 인지발달을 이루게 된다. 상징놀이는 막대나 블록·돌 등을 특정 사물로 대체해서 놀이함으로써 특정 사물과 그 의미를 분리해서 생각할 수 있어 추상적 사고발달에 결정적 역할을 한다고 볼 수 있다. 유아는 상징놀이를 통해 추상적 사고 및 확산적으로 사고하는 기술을 연습하게 되고 놀이 상황에서 다양한 행동 과정을 생각하고 결정함으로써 다양한 놀이 아이디어를 생각해낼 수 있게 된다.

4) 놀이와 사회·정서발달

유아들은 또래 집단과 어울리기 시작하면서 사회구성원으로 발전한다. 또래들과 놀면서 신체·인지발달뿐만 아니라 양보 및 자기조절능력을 배우게 된다. 유아기에는 자기중심적 사고를 많이 하기 때문에 놀이 중에 자주 다툼이 일어난다. 그렇지만 이런 과정을 통해서 또래들과 더불어 살아가는 방법, 규칙, 성 역할 등과 같은 수많은 사회적 학습을 배운다. 또한 또래들의 다양한 정서 표현 방법을 관찰하여 동일한 정서가 각각 다르게 표현될 수 있음을 알게 된다. 놀이의 또 다른 영향력은 다른 사람의 정서에 감정 이입을 하게 된다는 것이다.

첫째, 또래와 집단을 이루어 협동하는 놀이는 집단의식, 사회공동체 의식을 키워준다.

둘째, 놀이를 통해 협동, 경쟁, 싸움 등을 경험하면서 자신과 타인의 관점 차이를 깨닫고 도덕적 기준, 규칙, 성 역할, 친사회적 행동, 우정, 화해, 협상을 학습한다.

셋째, 놀이는 내면의 부정적 정서를 정화할 수 있는 수단이 된다.

넷째, 놀이를 통해 부정적 정서를 해소하고 정서적 안정을 가질 수 있다.

다섯째, 놀이를 통해 성취감, 만족감을 느낄 수 있고 긍정적·부정적 정서를 자유롭게 표출함으로써 건전한 자아 형성에 도움이 된다.

05 놀이에 영향을 미치는 요인

유아는 놀이에 대한 본능적인 욕구를 가지고 있어 누가 강요하지 않아도 스스로 다양한 모습의 놀이를 한다. 특히나 유아기는 주변 환경에 대해 흥미와 호기심을 가지고 탐색하는 과정을 통하여 성장하고 발달하는 시기이므로 유아교육에 있어 인적 요인과 함께 물리적 환경도 유아발달의 질을 결정짓는 중요한 요인이 될 수 있다. 유아의 놀이를 자극하고 증진하는 데 영향을 줄 수 있는 요인으로 개인적 요인과 환경적 요인을 구분하여 설명하면 다음과 같다.

1) 개인적 요인

(1) 연령

연령은 유아의 놀이에 영향을 주는 중요한 요소 중 하나이다. 연령이 증가함에 따라 변화하는 유아의 신체적 측면의 변화도 놀이에 반영되어 나타나기 때문이다.

기어 다니고, 서고, 걷고, 달리는 등의 신체 움직임 기능을 연습하는 유아 초기의 연습놀이는 대근육 발달의 필요성과 관계가 있다. 3~4세경 유아의 놀이는 보다 정교해지고 4세 이후부터는 대·소근육을 협응하면서 신체적으로 점차 안정된다.

유아의 연령이 높아짐에 따라 점차 혼자놀이보다 상징놀이가 증가하게 되는데, 이것은 유아가 신체적, 정신적으로 성장함에 따라 발전된 형태의 놀이를 주도하게 되기 때문이다. 유아의 연령이 높아지고 사회화 경험이 많아질수록 하나의 놀이를 오랫동안 지속하거나 다양한 주제로 놀이를 진행할 수 있게 되며 사회적 놀이 빈도도 증가하게 된다. 따라서 연령은 놀이의 질적인 성장에 크게 영향을 준다고 할 수 있다.

(2) 성별

성별에 따라 선호하는 놀이, 놀이 유형, 놀잇감, 놀이 성향 등에도 차이가 있을 수 있다. 성별에 따른 유아의 놀이를 생물학적 측면에서 살펴보면, 남아는 블록이나 바퀴 달린 놀잇감으로 할 수 있는 놀이를 선호하고 여아는 인형놀이, 소꿉놀이 등을 선호한다(Wardle, 1991)는 것이다. 놀이성 유형 차이에 의하면 남아는 상상적, 활동적 역할을 많이 하는 반면 여아는 가정생활, 결혼 등의 역할을 많이 한다(Mcloyd, 1980)고 한다. 그러나 4세 이후에는 여아들도 적극적인 놀이 활동에 참여하게 되고 남아들도 여아처럼은 아니어도 정적인 놀이를 이전보다 더 즐기기 시작한다(지옥정 외, 2020).

따라서 성별에 따라 놀이의 형태나 놀잇감을 제한적으로 제공하는 것보다는 유아의 요구나 흥미에 맞추어 자유롭게 선택할 수 있도록 기회를 제공함으로써 유아의 놀이를 더욱 풍부하게 발달시킬 필요가 있다.

(3) 지적 능력

지적 능력이 우수한 유아의 경우 사고능력을 요구하거나 조용한 놀이, 상상놀이, 창의적인 놀이에 관심을 많이 보이는 반면, 지적 능력이 평균보다 낮은 유아의 경우는 단순, 반복 놀이를 자주 하는 경향이 있다. 유아의 지적 능력이 놀이 발달의 충분조건은 아니지만 놀잇감의 선택, 게임 수행하기, 놀이 친구 간의 관계 등에는 지적 능력이 중요하게 작용한다고 할 수 있다.

유아의 지능과 놀이에 관한 연구에 의하면 지능과 상상놀이 참여 간에 유의미한 정적 상관이 있는 것으로 나타났으며 상상놀이를 많이 하는 유아들의 지능 발달이 빠르다고 하였다(지옥정 외, 2020). 따라서 유아에게 인지적 자극을 줄 수 있는 놀이를 다양한 방법으로 제공하여 유아의 문제해결력과 상상력, 창의성 발달에 도움을 줄 수 있도록 해야 할 것이다.

2) 환경적 요인

(1) 가정환경

가정은 유아의 일차적이고 직접적인 환경으로 어떤 환경보다 강력하고 지속적인 영향력을 미치는 사회적 환경이다. 부모가 놀이에 대하여 어떤 인식을 가지고 있느냐 하는 것은 유아의 전인 발달에 중요한 영향을 끼친다. 유아는 부모와의 관계 속에서 처음으로 사회성이 형성되기 때문이다. 인간의 성격과 지능, 도덕성, 창의성, 사회성 등 모든 발달의 기초가 바로 유아기 가정환경에 의해 결정된다고 할 수 있다.

유아의 놀이 행동은 가정의 사회·경제적 수준과도 관계가 있다고 할 수 있다.

유아기 부모의 사회계층별 놀이 인식에 관한 연구에 의하면 중산층일수록 놀이의 필요성과 가치를 인정하며 문자보다 놀이를 중시하고 놀이를 정신건강의 측면에서 높게 인식하고 있다고 하였다(김민영, 1997). 유아의 놀이 행동의 수준 차이, 격차를 줄이기 위해서는 교육현장에서 보다 풍부한 놀이를 제공하는 것이 바람직할 것이다.

부모 요인 이외에도 형제, 자매의 유무에 의해서도 놀이 양상은 달라질 수 있다. 보통 유아와의 놀이에서 부모는 감독자, 교수자의 역할을 수행하는 경우가 많지만 형제, 자매와의 놀이에서 경험하는 사회적 상호작용은 이후 유아의 정서, 인지, 사회적 행동의 기초 형성에 중요한 영향을 제공한다.

(2) 교육환경

유아의 놀이에 영향을 미치는 교육환경에는 교사, 놀이 공간, 놀잇감 등이 있다. 교사는 유아의 놀이 유형, 지속 시간, 놀이의 질에 가장 큰 영향을 제공하는 요인이다. 시밀란스키(Smilansky, 1968)는 유아의 놀이에서 교사 역할의 중요성을 강조하며 교사가 유아의 놀이에 개입함으로써 놀이 전개에 도움을 주고 유아가 내면세계를 표현하는 데 도움을 준다고 하였다. 그에 따르면 유아는 교사와의 놀이를 통해 자기 자신에 대한 인식을 확대·발전시켜 나간다고 하겠다. 교사는 유아의 요구, 흥미, 발달수준 등을 고려하여 적합한 놀이를 제공하고 놀이가 흥미롭게 진행되도록 지지함은 물론, 현재의 놀이 수준보다 발전할 수 있도록 풍부한 교육환경을 마련해 주어야 한다.

따라서 교사는 유아가 놀이하는 것을 자세히 관찰할 필요가 있다. 유아의 놀이 수준을 파악하여 놀이를 진행하는 유아의 사고 수준을 파악, 사고를 확장시키기 위하여 노력하여야 한다. 또한 놀이 활동에 필요한 사회적 기술과 태도를 신장시키기 위해 노력과 함께 유아가 자신의 놀이를 스스로 평가해 보는 경험도 제공해 주어야 한다.

놀이 활동에 있어 교사의 태도 및 역할은 다음과 같다(Seefelt, 1987)

첫째, 교사는 유아와 함께 놀이를 즐기려는 태도를 갖고 있어야 하며, 유머와 인내심을 가지고 예기치 않은 상황도 받아들일 준비가 되어 있어야 한다.

둘째, 교사는 상황에 따라 적절하게 유아의 놀이에 개입할 수 있어야 한다.

셋째, 교사는 새로운 자료와 상황들을 제시할 때 친숙한 것과 새로운 것을 균형 있게 제공될 수 있도록 계획해야 한다.

넷째, 교사는 협동적 놀이를 제공하고 사회·문화적, 언어적, 인지적, 창의적, 심미적, 정서적으로 가치 있는 다양한 경험을 제공해야 한다.

유아의 놀이에 영향을 미치는 요인으로 놀이 공간을 들 수 있는데, 이는 놀이의 질을 평가하는 데 결정적인 영향으로 작용한다. 유아는 환경과의 직접적인 상호작용을 통해 학습 과정이 이루어지기 때문에 적절한 놀이 공간과 놀이 환경을 제공해 주어야 한다. 유아에게 다양한 경험 기회를 제공할 수 있도록 놀이 공간을 교육적으로 정비하여 마련해 주는 것은 매우 중요하다. 놀이 공간, 놀이 환경은 한 가지 활동의 제한된 영역일 수 있지만 반면 다른 영역과 연계성을 갖고 순환적으로 이동할 수 있어야 하며, 동시에 다른 행동적 환경으로부터 명확한 경계가 있어서 최소한의 소리와 시각적 분리가 있는 영역으로 구성되어야 한다(신유림 외, 2014).

놀잇감은 유아의 감정이나 흥미를 표현할 수 있는 대표적인 매체로 유아가 사회적 상호작용을 할 수 있도록 도와주는 역할을 한다. 교사는 유아의 연령, 흥미, 발달수준 등에 따라 놀잇감의 종류와 수량을 적절하게 조절하여 제시해야 하고, 난이도를 달리하여 제시해줌으로써 유아가 시간의 흐름에 따라 서서히 성취감을 느끼도록 도와야 한다. 또한 교사는 유아가 놀잇감을 단순한 것에서 복잡한 것, 구체적인 것에서 추상적인 것으로 선택해 볼 수 있는 환경을 구성해 주어야 한다(지옥정 외, 2020).

(3) 사회문화 환경

유아의 놀이는 사회문화적 요소의 영향을 많이 받는다. 어떤 사회에서는 유아들이 고도로 복잡하고 정교한 게임에 몰두하는가 하면 어떤 사회에서는 게임이 너무나 단순하며 또 다른 사회에서는 어떤 경쟁적 게임의 종류가 거의 존재하지 않는다(지옥정 외, 2020). 이러한 다양한 배경에 대해 관심을 가질 때 우리는 유아의 놀이를 더 잘 이해할 수 있게 된다. 우리나라와 미국 유아의 놀이 유형을 관찰, 비교한 연구(장상옥, Maxwell, 2009)에서 보면, 우리나라 유아는 구성놀이에 치중하고 있는 반면 미국 유아는 기능놀이, 역할놀이, 교육적 놀이 등을 고르게 하는 것으로 나타났다. 이는 우리나라와 미국 유아교육기관의 환경에 의한 결과라고 할 수 있을 것이다.

최근 들어 놀이에 영향을 미치는 사회문화적 환경 요인으로 제안되고 있는 것 중 하나가 매체이다. TV, 휴대전화, 컴퓨터 등은 그 자체가 놀이의 성격을 갖고 있지만 매체의 발달로 인해 놀이의 주제와 내용이 변화되고 있다. 이는 매체가 시대의 변화에 따라 놀이에 영향을 미칠 수 있고 문화 특성도 변화시킬 수 있다는 것을 보여주는 대표적인 예라고 할 수 있다(지성애, 2012).

06 실외놀이

1) 실외놀이 중요성

실외놀이는 자유롭고 움직임이 큰 신체활동을 가능하게 하며 자연을 탐색할 수 있는 기회를 제공하고, 적극적이고 능동적인 또래와의 상호작용을 이끌어낸다. 또한 '안'보다는 덜 구조적이고 개방적인 '밖'이라는 공간적 특성으로 인해 유아들로 하여금 정서적으로도 자유와 여유를 느끼게 한다(Davies, 1996; Dempsey & Frost, 1993; Frost, 1992). 실외놀이는 유아들에게 건전한 모험을 시도함으로써 성취감을 주고 사회적 참여, 문제해결, 신체적 활동, 협동놀이, 극놀이 등의 다양한 놀이형태와 정서적 안정감을 제공해 줄 수 있다. 이에, 실외놀이는 유아의 전인적 발달에 매우 중요한 역할을 하는 활동으로 유아교육기관에서는 유아에게 실내 활동뿐 아니라 실외놀이도 비중 있게 제공되어져야 한다(이상은, 2007).

2) 실외 놀이터의 조건

실외 놀이터가 유아의 발달과 성장에 적합하고 유아의 요구를 얼마나 반영하고 있는지 다음 몇 가지 지침을 통해 점검해 볼 수 있다.

① 경험 - 실외 놀이터는 다양한 경험을 제공하는 곳이어야 한다.
② 경험 통제 - 실외 놀이터는 유아들에게 짓기, 구르기, 선택하기, 엎지르기, 땅 파기 등의 다양한 경험을 조절할 수 있는 기회를 제공해야 한다.
③ 도전 - 실외 놀이터는 경험, 관습 놀이, 새로운 도전 등의 범위를 제공해야 한다.
④ 선택 - 유아들이 높은 미끄럼틀에서 미끄러져 내려오거나 낮은 높이에서 뛰어내리는 것과 같이 환경을 통제하고 조절할 수 있도록 허용해야 한다.
⑤ 환상적 - 실외 놀이터에는 유아들이 자신의 역동적 상상력을 발휘할 수 있는 집, 요새, 터널, 다양한 구조물 등의 다양한 환경이 마련되어 있어야 한다.
⑥ 성인으로부터 독립 - 유아들은 실수, 발 헛디딤, 떨어짐 등과 같은 자유의 기쁨이 허용되고 스스로 규칙을 만드는 것을 좋아한다.
⑦ 내구성 - 실외 놀이터가 유아들의 일반적인 무거운 사용을 버틸 수 있는지, 지역의 날씨 상황 등에 견고한지도 파악되어야 한다.
⑧ 흥미 - 일반적으로 실외 놀이터는 유아들에게 매우 흥미로운 공간이다. 실외 놀이터가 지속적인 흥미를 유지하기 위해서는 단순과 복잡, 쉬운 것과 도전하고 싶은 것 등이 적절하게 갖추어져야 한다.
⑨ 적응 - 실외 놀이터의 기구는 유아들에 의해 자주 사용되기 때문에 다양한 방식으로 적응, 재해석될 수 있어야 한다.
⑩ 대근육, 소근육 발달과 눈과 손의 협응력 강화 - 머리보다 높이 있는 막대

는 유아의 대근육 발달을 촉진하고 잔디 풀을 뽑는 놀이는 소근육 운동능력을 발달시킨다. 벽화를 그리거나 조약돌을 컵에 채우는 놀이는 눈과 손의 협응력을 강화한다.

⑪ 사회적 관계 강화 – 실외 놀이터는 사회적 놀이, 역동적 놀이, 규칙 있는 게임을 강화한다. 유아들은 함께 놀이하고 상호작용하면서 규칙 있는 게임을 배우고 싶어 하고 자기 차례를 기다리는 것에서 사회적 기술을 배운다. 수건 게임, 대장 따라 하기 등은 규칙 있는 게임의 일종이다.

⑫ 지적 발달 강화 – 실외 놀이터는 유아가 놀이를 통해 언어발달, 유목화, 표시, 추상적 생각하기 등의 지적 발달의 기본 지식을 습득할 수 있도록 한다. 유아는 텃밭 식물 가꾸기 과정을 통해 날씨, 순환, 해충 등의 정보를 알게 되고, 비가 내리면 모래성에 어떤 일이 일어날지를 예측해 보는 추상적 사고 과정을 통해 지적 발달과 성장을 이룬다고 할 수 있다.

3) 실외 놀이터의 조건

(1) 위치

실외 놀이터는 가능하면 기관 건물과 교실에 근접하여 위치해야 한다. 교사와 유아가 앉아서 놀이하거나 휴식할 수 있는 공간이 마련되어 있어야 하고, 잔디와 그늘이 있어 유아들이 담요를 깔고 앉을 수 있는 공간도 있어야 한다.

실외 놀이터 안에는 안전하고 다양한 바닥 표면, 동·식물의 냄새와 소리 등을 갖고 있어야 한다. 잔디는 구르고 뛰어다닐 수 있도록 평탄해야 하며 모래와 물을 사용할 수 있도록 배수시설도 갖추어야 한다. 실외 놀이터는 유아들이 햇빛에서 또는 그늘에서 놀이할 수 있도록 날씨, 기후 조건을 고려하여 위치해야 하고, 폐쇄적 혹은 개방적 공간이 고루 갖추어져 있어서 유아가 놀이 유형이나 필요에 따라 선택하여 놀이할 수 있어야 한다.

(2) 구성 요소

유아의 놀이를 지원하는 실외 놀이터는 다양한 구성 요소들도 갖추어야 한다.

① 구역 - 낮은 벽, 정원, 텃밭, 놀이터의 자연물 등을 활용하여 유아들이 보호되고 있다는 느낌이 들 수 있도록 보호구역을 만들어야 한다.
② 인도 - 실외 놀이터에는 기어다니거나 걸어다닐 수 있는 인도와 특정 방향이 없는 꼬부랑길과 같은 흥미로운 통로도 있어야 한다.
③ 질감, 색깔, 소리 - 실외 놀이터에는 유아들이 만질 수 있는 다양한 질감들, 계절에 따라 변화하는 나무와 관목들도 제공되어야 한다.
④ 그늘 - 그늘은 유아와 교사 모두에게 필수적인 공간이다. 나무는 최고의 그늘이지만 잔디, 우산, 그늘막, 천막 등으로도 그늘을 만들 수 있으며 바람을 피할 수 있는 낮은 벽도 필요할 것이다.
⑤ 물, 모래 - 모래는 유아의 감각놀이 중 촉각 자극을 위해 필요한 매개물이다. 집단으로 놀이할 수 있는 큰 모래 상자나 혼자놀이가 가능한 작은 모래 상자가 제공되어야 하며, 물과 함께 제공되면 놀이를 더욱 풍성하게 지원할 수 있다.

4) 교사 역할

유아들의 실외 바깥놀이 모습을 보면 뛰기, 달리기, 잡기 등의 단순 놀이를 반복하거나 혹은 어떻게 놀이할지 모르고 망설이는 경우를 보게 되는데, 이 때문에 교사의 놀이 지도와 지원은 필요하다고 할 수 있다. 교사는 유아들이 스스로 놀이를 선택하고 조절하여 놀이에 집중할 수 있도록 도와줄 필요가 있다.

실외 놀이터에서 필요한 교사의 역할과 지원을 살펴보면 다음과 같다.

① 교사는 적절한 실외놀이 환경을 조성해 주어야 한다. 유아의 놀이를 지

원하기 위하여 교육적 환경을 구성하고 변화를 추구하기 위해 노력해야 한다.

② 유아의 놀이를 격려해 주어야 한다. 유아와 놀이에 참여해 본 교사들은 유아의 놀이가 얼마나 중요하고 가치 있는 것인지를 알고 격려할 수 있게 된다. 반면 유아의 놀이를 의미 없는 행동으로 생각하는 몇몇 부모나 교사에게는 놀이의 의미와 가치를 이해시키는 과정이 필요하다.

③ 역할 모델링을 제공한다. 유아와 함께 놀이하면서 교사들은 좀 더 복잡하고 다양한 형태의 놀이를 유아에게 알려 준다(Sylva, Roy & Painter, 1980). 교사가 유아와의 놀이에 역동적으로 개입하면 유아들은 놀이 시간을 더 길게 가져가고 놀이에 좀 더 적극적으로 참여하는 경향을 보이게 된다.

④ 교사는 유아들에게 적절한 또래 상호작용을 가르칠 수 있어야 한다. 유아들이 놀이 중에 발생한 갈등 상황을 해결하기 위해 타인 이해, 양보와 배려, 절제, 상호 협력 등의 바람직한 사회적 기술을 적절히 사용할 수 있도록 지도할 수 있다.

⑤ 교사는 유아의 놀이 활동에서 비계설정을 할 수 있어야 한다. 교사의 제안, 지원, 격려 등은 유아가 자신의 놀이를 새롭게 혹은 좀 더 복잡한 놀이로 확장해 나갈 수 있게 도와준다.

⑥ 유아의 언어 상호작용 기술을 증가시켜 줄 수 있다. 교사는 유아와의 언어 상호작용을 통해 새롭고 복잡한 언어 표현과 대화 기법을 모델링할 수 있다. 다양한 놀이 환경 속에서 유아들은 새로운 단어나 언어 표현을 경험하게 될 것이다.

핵심내용 및 토의주제

1. 2019 개정누리과정에서 강조하는 '유아중심', '놀이중심'에 대하여 개념, 의미를 정리해 보고 각자의 생각을 정리하여 발표해 봅시다.

2. 유아의 놀이를 지원하기 위해 필요한 교사의 역할에 대하여 설명하고, 놀이 상황을 설정(예: 모래놀이, 블록놀이 등)하여 필요한 교사 지원을 이야기 나눠 봅시다.

학습자 활동

1. 최근 유아교육기관에서 실시하고 있는 원격수업의 유형과 방법 및 내용에 대하여 알아보고 향후 개선사항, 발전 방향 등에 대하여 정리해 봅시다.

2. 2019 개정누리과정은 유아의 놀이 지원을 위해 '공간 재구성'을 강조합니다. 공간 재구성의 의미를 정의하고 유아교육기관의 공간 재구성 실천 사례를 찾아봅시다.

CHAPTER

08

유아교육과 부모

01 바람직한 부모–자녀 관계

02 유아교육기관과 가정의 연계

01 바람직한 부모-자녀 관계

부모는 자녀에게 세상을 살아가는 데 필요한 많은 지식, 기술 및 태도를 가르친다. 즉, 유아는 가정생활을 통해 그 사회와 문화가 요구하는 가장 기본적인 기능이나 태도를 습득하게 된다. 또한 가족들 간의 상호작용 경험으로 유아의 성격이 형성되어 간다. 이와 같이 가정은 유아가 접하는 최초의 사회 집단이며 생활의 터전이므로 유아의 성장과 발달에 큰 영향을 미친다.

1) 부모 됨의 의미

결혼한 부부들이 모두 부모가 되는 것은 아니며, 부모가 되는 시기도 다양하다. 불임으로 인한 무자녀 외에도 무자녀를 선택하는 부부들이 늘어가고 있다. 과거 우리나라에서는 부모 됨에 대한 문화적 가족적 압력이 커서 비교적 결혼 초기에 자녀를 가졌으나 현재는 아내의 직업이나 경제적 안정의 목적 등으로 그 시기를 연기하는 부부가 늘고 있다. 이와 같이 현대사회에서 결혼은 선택이며, 결혼한 부부가 부모가 된다는 것도 마찬가지로 하나의 선택이 되고 있다.

(1) 부모 됨의 사회적 의미

비버스(Veevers, 1973)는 부모 됨의 사회적 의미를 도덕성, 책임감, 자연스러움, 성에 대한 인식과 신체적 성숙, 결혼, 정신위생 등의 6가지로 분류하여 설명하고 있다. 비버스는 어느 사회에서나 부모 됨을 긍정적이며 바람직한 것으로 수용되고 있으므로 성인이 되어 결혼하고 자녀를 갖는 것은 사회적으로 승인된 도덕적인 의미를 수행하는 일이라고 여긴다.

비버스의 부모 됨의 사회적 의미는 다음의 몇 가지로 정리된다.

첫째, 결혼하여 자녀를 갖는 것은 도덕적 의무를 수행하는 것을 의미한다.

둘째, 부모가 되는 것은 사회적으로 긍정적인 일이며, 시민으로서의 책임을 수행하는 것이다.

셋째, 부모가 되는 것은 자연스러운 일이다.

넷째, 부모가 되는 것은 남성성 혹은 여성성의 능력을 나타내 주는 중요한 지표이다.

다섯째, 부모가 되는 것은 결혼생활에서 부부관계를 개선하고 이혼을 방지해 줄 것이다.

마지막으로 부모가 되는 것은 정신위생상 정상적인 상태를 의미하며, 부모 스스로도 사회적 성숙과 개인적 안정을 갖게 된다.

(2) 부모 됨의 개인적 의미

부모 됨의 개인적 의미는 자아 확장, 성인으로서의 지위획득, 가족의 결속, 노후의 생활보장, 행복과 애정의 5가지로 요약될 수 있다.

첫째, 부모는 자녀를 가짐으로써 대를 잇는다고 여기며 자신의 불멸감을 느낀다. 대체로 아버지는 아들을 통해, 어머니는 딸을 통해 자신의 계획을 실현시킴으로써 자기 확장의 욕구를 충족시킨다.

둘째, 성인은 부모가 됨으로서 사회가 바람직하게 여기는 새로운 지위를 획득하게 된다.

셋째, 자녀는 부부의 결속력을 강하게 하는 요인이 된다. 무자녀가 이혼의 사유가 되는 것은 자녀가 가족결속의 구심체가 되기 때문이다.

넷째, 자녀를 기른다는 것은 많은 경제적 투자를 의미하지만, 경제력이 없는 노후에 자녀에게 의지할 수 있다는 생각으로 자녀를 갖게 된다.

마지막으로 자녀는 부모에게 여러 가지 기쁨과 행복을 가져다주기 때문이다. 자녀가 자라면서 부모에게 주는 기쁨은 어떤 다른 종류의 행복과 기쁨과는 다르다. 부모와 자식 간의 애정적 교류는 인간사회에서 가장 두터운 감정의 교류로서, 부모가 된다는 것은 사랑에 대한 인간의 기본적 욕구를 만족시켜 준다.

2) 부모 됨에 대한 잘못된 신념

잘못된 신념은 사실로 확인되지는 않았으나 사람들 사이에 널리 받아들여지는 믿음을 말한다. 보통 이러한 믿음은 사실을 낭만적으로 보이게 하는 경향도 있으나 그 반대인 경우도 있다. 그리하여 실제 부모가 되어서는 기대했던 것보다 더 좌절하는 일이 많다는 것을 깨닫게 되어 더 큰 문제가 야기된다.

부모 됨에 대한 잘못된 신념은 다음과 같다(Le Master & De Frain, 1983).

- 자녀를 키우는 것은 재미있다.
- 아이는 사랑스럽고 귀엽다.
- 좋은 부모를 만나면 아이는 훌륭하게 성장한다.
- 자녀가 부모의 결혼생활을 향상한다.
- 부모가 바르게 지도하면 자녀는 바르게 된다.
- 아이의 본성은 별로 중요하지 않다.
- 현대 젊은 부모들은 과거의 부모들보다 못하다.
- 자녀가 없는 부부는 좌절감을 느끼며 불행하다.
- 자녀는 하나만 가져서는 안 된다.
- 문제아는 없다. 문제부모가 있을 뿐이다.
- 부모는 성인이다.
- 오늘날 자녀들은 부모로부터 받는 모든 편의에 대해서 감사하고 있다.
- 부모-자녀관계는 사회에서 최우선적으로 고려된다.
- 부모는 자녀에게 사랑을 충분히 쏟기만 하면 된다.
- 한 부모 가족은 병적이다.
- 자녀가 성장하면 부모로서의 임무는 끝난다.
- 자녀가 성장하여 집을 떠나면 부모들은 허탈해진다.

3) 부모 됨의 발달과정

부모가 된다는 것은 자녀를 가짐으로써 저절로 터득되는 것은 아니다. 일련의 발달과정을 거쳐서 성숙한 부모가 되는 것이다. 대개 부모들은 체계적 훈련이나 교육과정 없이 부모가 되므로 부모역할을 시행착오적으로 해나가고 있는 것이 현실이다.

두발(Duvall, 1977)의 가족의 생애주기(family life cycle)에 따라 부모 됨의 8단계 발

달과정을 살펴보면 다음과 같다.

(1) 1단계: 가족 형성기(부모의 결혼, 자녀 없음)

이 시기는 부부 상호 간의 결혼에 대한 적응기에 해당된다. 서로 다른 환경, 배경, 문화, 풍습, 전통 속에서 자란 성숙한 성인남녀가 사회의 기본 단위인 가족을 형성하는 시기이다. 또한 양가의 유대관계, 미래에 전개될 가정의 모습과 새 가족 구성원의 면모를 꿈꾸는 시기이다.

(2) 2단계: 자녀 양육기(첫 자녀 출생~30개월)

이 단계는 부부간의 스트레스가 가장 많이 발생하는 시기이다. 특히 이전의 아내와 남편의 역할에서 새로운 역할인 엄마와 아빠의 역할을 수행해야 한다. 부모역할에 대한 훈련을 받지 않은 경우, 자녀의 양육과 돌봄에 따른 정신적·신체적 고통이 따르며, 특히 취업모의 경우 남편이 육아와 가사에 적극 참여할 때 자녀양육은 즐겁고 보람된 생활의 활력소가 될 수 있다.

(3) 3단계: 유아기(첫 자녀 30개월~6세 이전)

이 단계는 유아의 흥미, 욕구, 관심, 발달적 특성에 적합한 다양한 교육적 경험과 자극들을 제공해 주는 시기이다. 이 시기의 유아들은 매우 적극적이고 활동적이므로 부모들의 에너지가 소모되어 부부간의 애정적 결속이 약화될 수 있다.

(4) 4단계: 학동기(첫 자녀 6~13세 이전)

이 단계는 자녀가 초등학교에 진학하여 학업에 몰두하는 시기이다. 자녀의 일과 활동이 가정이 아닌 학교생활 중심으로 확대되고, 자녀의 취미나 적성 등이 구체화되는 시점이므로 다양한 교양 및 취미생활 프로그램을 제공해야 하고, 학습준비 능력의 육성에도 신경을 써야 한다. 특히, 이 시기는 자녀의 또래관계가 형성되고 또래의 영향을 크게 받는 시기이므로 건전하고 우호적인 친구관계를 적극 지원할 필요가 있다.

(5) 5단계: 십대 자녀기(첫 자녀 13~20세 이전)

이 단계는 부모로부터 정신적·신체적 독립을 추구하는 시기이다. 일상생활에서 제반 문제의 결정 시에 상당한 정도의 자율적 선택과 결정이 허용되므로 이에 따른 책임 의식을 가질 수 있도록 지도하고 격려할 필요가 있다.

특히 이 시기의 청소년은 이상과 현실 사이의 적절한 조화를 유지하지 못하는 데서 오는 정신적·정서적 공허감이 크다. 부모는 자녀의 비현실적 이상과 포부를 비판하거나 비난하기보다는 긍정적으로 격려해줌으로써 창의적 아이디어, 진취적 노력을 북돋아 줄 필요가 있다.

(6) 6단계: 독립기(첫 자녀 떠나보내는 시기)

이 단계는 주로 자녀를 출가시키는 시기이다. 취업, 대학진학, 군입대, 결혼 등으로 자녀가 집을 떠나 사회구성원의 일원으로 본격적인 자신만의 삶을 위한 생활설계가 시작되는 시기이다. 이 시기 부모의 가장 큰 과업은 자녀들이 원만하게 삶의 보금자리에 정착할 수 있도록 안내하고 지원해 주는 역할이다.

(7) 7단계: 빈 둥지기(모든 자녀 출가~부모 은퇴기)

이 단계는 부모만 혼자 남는 시기이다. 조부모의 역할을 수행하기도 하며, 직장에서의 은퇴로 경제적·심리적 측면에서 변화가 예상된다.

(8) 8단계: 가족 해체기(은퇴~사망)

이 단계는 노인기의 제반 발달적 과업을 체험하는 시기이다. 가족은 배우자의 한쪽 또는 양쪽의 사망으로 인해 해체기에 접어든다. 죽음을 슬기롭게 준비하는 진지한 자연의 순리를 받아들이는 자세가 요구되는 시기이다.

4) 부모 역할의 특성

부모의 역할은 다른 역할과는 여러 측면에서 구별되는 특성이 있다(이재연·김경희, 1993).

(1) 부모의 역할은 명확하게 정의되어 있지 않다.

부모역할은 모호하다. 자녀를 낳아 키우는 일이 주어지면 이 일이 수행되기 위해 그 역할을 명확하게 정의하여 부여되어야 하는데 그렇지 못하다. 부모들은 부모로서 성취해야 하는 것을 제대로 알지 못하고 자녀양육에 대한 기대수준도 매우 높다고 느낀다.

(2) 실수의 여지가 없다.

인생사에는 조금씩 실수의 여지가 있다. 그러나 부모는 자녀 모두를 성공적으로 키우도록 기대되며, 한두 자녀만을 갖는 현대 가정에서는 실수의 여지가 없어 부모에게 걱정과 죄책감을 준다.

(3) 부모는 도중에 그만둘 수 없다.

부모 역할이 힘들다고 도중에 그만둘 수는 없고, 만일 그렇게 되면 아동 유기죄에 해당된다. 이 점이 부모역할 중 가장 어려운 점이라고 할 수 있다.

(4) 부모의 권위는 없고 의무만 있다.

현대사회의 부모 권위는 급속도로 손상되었고 자녀에 대한 최종적인 책임은 결국 부모에게 맡겨진다.

(5) 부모들이 따를 전통적인 자녀양육 모델이 없다.

과거에는 부모나 친척이 키우던 방식대로 자녀를 양육하였지만 사회변화가 급격해지면서 쉽게 그러한 본보기를 찾을 수도 없고 더 이상 적용할 수 없는 것들도 있다.

(6) 부모는 자녀를 부모 자신보다 더 나은 존재로 키우도록 기대하고 있다.

급속하게 변화하는 사회에 적응해 나갈 수 있도록 부모는 자녀를 더 나은 존재로 키워야 한다. 따라서 부모는 자신이 경험해 보지도 않은 사회에 자녀들이 적응하도록 양육해야 한다는 부담을 가진다.

(7) 부모는 자녀에 대한 총 책임을 진다.

부모는 자녀에게 어떠한 일이 생기든지 어머니나 아버지로서 궁극적인 책임을 진다.

(8) 부모 두 사람이 한 팀이 되어 자녀를 양육한다.

두 사람이 협동하여 자녀를 양육하는 일이 장점이 될 수도 있지만, 서로 의견 차이가 있을 때는 갈등의 소지가 된다.

(9) 각 유아마다 독특하다.

부모가 첫째 아이를 잘 이해하면 둘째 아이는 잘 이해할 수 있을 것 같지만 유아는 각기 다르기 때문에 부모역할은 어렵다. 형제간이라도 유전적으로 다르게 태어난다.

(10) 대부분의 부모들은 부모역할에 대한 준비나 훈련없이 부모가 된다.

어떤 어려운 일을 할 때에는 미리 훈련을 받는 것이 통상적이다. 예를 들어, 교사가 되려면 소정의 교육을 받아서 자격증을 받은 후 교사가 되고, 자동차를 운전하려면 운전 면허증을 취득하여야 한다. 그러나 대부분의 부모는 훈련 없이 부모역할을 한다.

5) 부모의 양육태도

부모들은 사랑으로 자녀를 낳아 잘 기르기를 원하지만 모든 부모가 민주적인 양육태도를 갖지 못하는 것은 부모의 양육태도에 영향을 미치는 여러 가지 요인이 있기 때문이다. 부모 자신의 어린 시절의 경험, 부모 자신의 결혼생활 그리고 부부의 심리적·정서적 안정 등의 요인이 양육태도에 영향을 미친다.

(1) 양육태도의 유형

부모의 양육태도는 애정과 적대감 차원과 자율과 통제의 두 차원으로 구분할 수 있다. 이 두 차원을 중심으로 자율적 태도, 독재적 태도, 허용적 태도, 방임적 태도의 네 가지로 분류할 수 있다(이순형 외, 2012 재인용).

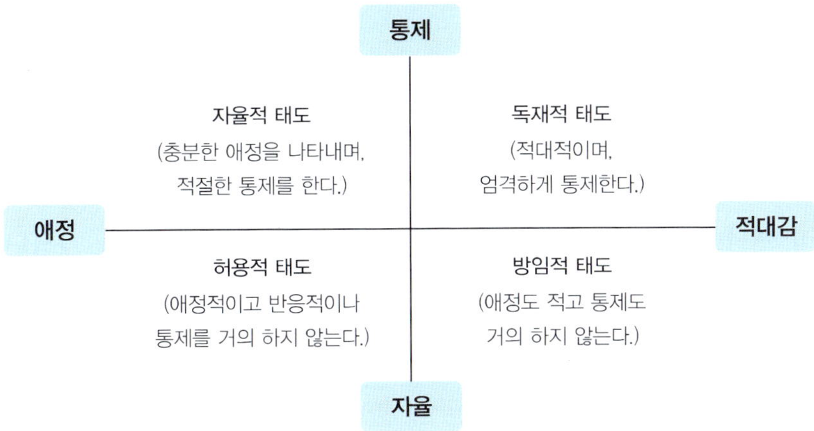

출처: Maccoby & Martin, 1983

그림 8-1 부모의 양육 유형

① 자율적 태도(애정-통제)

이 유형의 부모는 자녀에게 깊은 관심과 사랑을 가지고 자녀를 독립된 인간으로 존중한다. 자녀의 욕구를 인정하고, 자녀의 의견을 존중하여 경청한다. 또한 자녀에게 성숙한 행동을 요구하고 확고한 기준과 규칙을 설정한다. 이러한 분위기에서 자란 유아는 사교적이고 협동적이며, 성실하고 정서적으로 안정되고 쾌활하다. 또한 삶을 긍정적으로 받아들이고 학업성취도가 높게 나타난다.

② 허용적 태도(애정-자율)

이 유형의 부모는 자녀에게 애정을 나타내고 수용적이나 자녀의 행동을 거의 통제하지 않는다. 자녀가 원하는 것을 모두 허용해 주므로 자녀를 내버려 두는 태도이다. 따라서 이런 부모의 자녀들은 버릇이 없고 제멋대로이며, 무책임하기 쉽다. 특히 다른 사람의 감정과 생각을 배려할 줄 모르고 충동적이며 자기 통제가 부족하다.

③ 독재적 태도(적대-통제)

이 유형의 부모는 지나치게 자녀의 행동을 통제하고, 애정표현이 적고 자녀를 엄격하게 다룬다. 부모가 마음대로 규칙을 정하고 자녀는 규칙에 무조건 복종해야 한다. 이런 부모의 자녀는 지나치게 순종적이거나 반항적이다. 또한 부정적인 자아 개념이 형성되기 쉽고 자발성이 부족하며, 공격성이 높게 나타난다.

④ 방임적 태도(적대-자율)

이 유형의 부모는 자녀를 양육하는 데 관심이 매우 적으며, 자녀에 대해 애정과 관심이 부족하다. 부모역할을 적절하게 수행하지 않으며 자녀의 요구를 거부하거나 무시하고 일관성 있게 자녀를 지도하지 못하는 경향이 있다. 이런 분위기에서 자란 유아는 무력감을 느끼고 사회생활에 적응하지 못하며, 반사회적인 행동을 하기도 한다.

(2) 바람직한 양육태도 및 부모역할

바람직한 양육태도란 누구나 그대로 따라 할 수 있는 한 가지의 최선책이 아니라 민주적 양육태도라는 큰 틀 속에서 개개 부모가 자녀의 성격이나 특징에 맞게, 또 그들의 가정환경에 맞게 조절하여 적용하는 것이며, 그렇게 할 때 가장 최선의 효과를 가져올 수 있는 것이기도 하다.

이를 위해 부모는 우선 부모이기 이전에 건전한 성인으로서의 건강한 가치관을 가지고 있어야 하며, 민주적 양육태도가 어떤 것이며 왜 그런 양육태도를 가져야 하는지도 알고 있어야 한다. 그리고 자녀의 특징을 정확하게 파악하고 주어진 환경에서 부모로서 최선을 다하는 태도를 가진다면 자녀의 바람직한 성장과 발달을 가져다주는 양육을 하는 부모가 될 수 있을 것이다.

이동원(1986)은 부모역할에 대해 일반인들이 가지고 있기 쉬운 몇 가지 잘못된 생각들을 다음과 같이 지적하였다.

첫째로 부모 완벽론이다. 부모는 성숙하고 완벽한 인간이며 자녀는 그렇지 않다는 이론으로서, 부모와 자녀를 상대 개념으로 파악하는 입장이다. 오늘날에는 상반된 자녀상이 혼합된 상황에서 자녀들은 미숙하고 의존적 존재로 간주되면서 상대 개념으로서 부모는 성숙하고 완벽하다고 보는 오류를 범하게 되었다.

둘째로 부모-자녀 간의 생물학적 유대관계를 강조함으로써 이들 관계는 자연스럽게 애정적인 관계로 발전할 것이라는 생각이다. 부모-자녀 관계 역시 모든 인간관계에서와 마찬가지로 역동적인 측면에서 다루어져야 한다. 부모-자녀 관계는 다른 인간관계와는 달리 혈연에 기초하고 있기 때문에 보다 자연스럽게 애정적인 관계로 발전할 수 있는 가능성은 높다. 현대사회에서는 과거 운명적인 관계로 받아들이던 때와는 달리 부모-자녀 관계도 선택적 관계로 변화되고 있다. 따라서 혈연적 유대감보다는 정서적·상징적 가치가 더욱 부각되는 시대적 상황에 놓여 있다.

셋째로 부모-자녀 관계는 사회와 단절된 정지된 공간에서 이루어지며 자녀들을 정적 존재로 간주하는 일방적인 관계로 보는 생각이다. 외부와는 단절된 가족이라는 진공 속에서 부모에 의하여 일방적으로 자녀들이 사회화되는 것처럼 본다. 부모-자녀 관계도 상호 발전론적 입장에 따라 상호 자극을 주고받는 쌍방적 관계에서 고려되어야 한다. 특히, 자녀들의 권리라는 측면에서, 자녀들이 질적으로 양호한 환경에서 인간다운 삶을 누릴 권리를 갖고 있다는 점을 염두에 두어야 한다. 부모는 유아의 발달과 교육에 있어서 매우 중요한 존재이다. 따라서 부모의 적극적인 참여 없이는 교육의 효과가 지속되기 어렵다.

부모-자녀 관계도 다른 인간관계와 같이 부모와 자녀가 함께 사랑과 신뢰를 서로 주고받을 때 형성될 수 있다. 그러나 자녀의 나이가 어릴수록 부모가 먼저 사랑하고, 더 많이 베풀고, 먼저 이해해 주고, 더 오래 인내할 때 이루어질 수 있는 관계라는 것이 다른 인간관계와는 다른 점이라고 할 수 있다.

6) 바람직한 부모의 특징

바람직한 부모-자녀 관계를 형성하여 자녀들을 성공적으로 양육한 부모들은 다음과 같은 세 가지의 공통적인 특징들을 가지고 있다(정미라 외, 2006).

(1) 자녀에 대한 신뢰

바람직한 부모-자녀 관계를 형성한 부모들은 자녀들에 대하여 '부모가 조건 없는 사랑을 주며 잘 키우고자 노력한다면 아이는 반드시 바르고 유능하게 자랄 수 있는 성향을 가지고 있다.'는 믿음을 가지고 있다. 부모가 자녀에 대해 이러한 믿음을 가지고 있으면 우선 부모 자신이 항상 긍정적인 사고를 하게 되므로 자녀들을 대하는 태도가 늘 긍정적이다. 그 결과 이런 부모들은 자녀들을 무시하거나 비난하기보다는 자녀들을 격려하고 자녀들에게 삶에 대한 용기와 긍정적인 태도를 갖게 해 주어 자녀들이 성공적인 삶을 살 수 있는 정서적인 기반을 형성해 준다.

자녀의 성향이나 가능성에 대해 확고한 믿음을 가지고 있는 부모라면 자녀들이 자신의 속도에 맞게 발달하여 자신만이 가진 능력을 발휘하도록 기다려 줄 수도 있다. 이러한 부모는 남들이 한다고 해서 자기 아이에게도 그것을 하도록 강요하지 않으며 자기 아이가 가진 특징을 찾으려고 노력하는 반면 다른 아이와 쓸데없이 비교하지 않고 자기 아이에게 꼭 필요한 칭찬과 격려를 해줄 수 있다.

(2) 자녀에 대한 관심과 배려

바람직한 부모-자녀 관계를 이룬 부모들은 아이에게 늘 관심을 갖고 아이의 기본 욕구에 민감하게 반응해 준다는 것이다. 인간에게는 반드시 만족되어야 하는 기본적인 욕구가 있다. 유아의 경우에도 예외가 아니어서 기본적인 욕구의 충족이 이루어져야만 더 나은 단계로의 발달이 가능하게 되며 그렇지 못한 경우에는 많은 문제를 일으키게 되므로 기본 욕구의 충족이 훈육의 기초가 되며 모든 유아 문제해결의 시작이라고 말하기도 한다.

어려서부터 기본 욕구의 충족을 경험한 아이들일수록 지나치게 요구하지 않고 적절한 수준에서 잘 만족할 수 있다. 그러나 평소에 기본적인 욕구의 충족을 경험하지 못한 아이들은 자기가 정말로 원하는 것이 무엇인지 정확하게 알지 못하므로 이것저것을 끊임없이 원하게 되고, 무리한 요구에 대해 부모가 아무리 설명해도 그것을 받아들이지 못한다.

유아가 가지고 있는 기본적인 욕구의 종류는 대개 비슷하나 그 정도는 아이마다 다르며 유아가 가진 욕구 종류나 정도를 가장 잘 파악할 수 있는 사람은 부모이다. 따라서 부모는 자녀의 욕구를 정확하게 파악할 수 있도록 늘 아이에게 관심을 가지고 지켜보며 필요에 따라 그들의 욕구를 최대한 충족시켜 줄 수 있도록 노력해야 한다.

유아들에게 반드시 충족되어야 할 기본적인 욕구들은 수면, 영양, 빛, 공기, 물, 안락함, 안전, 공간, 자연, 소속감, 활동, 사랑 등이다.

부모의 사랑은 유아들이 느낄 수 있도록 표현되어야 한다. 여기에서 말하는 사랑이란 기본적인 욕구를 충족시켜 주는 것과 함께 '아이들이 느끼고 싶어 하는 부모와의 애정적인 교류'를 의미한다. 부모들은 가슴 가득 담고 있는 자녀에 대한 사랑을 자녀들이 충분히 느낄 수 있도록 표현해 주어야 한다. 아이와 눈을 마주보며 이야기하고, 아이가 관심 있어 하는 것에 함께 관심을 가져주고, 특별히 무엇을 하지 않아도 하루에 얼마 동안의 시간은 아이와 함께 있어 주고, 아이의 이름을 자주 불러주고, 눈이 마주칠 때마다 웃어 주고, 잠자기 전에는 항상 사랑한다고 말해주고, 적어도 하루에 한 번은 아이와 이야기하는 시간을 갖는 등 사소한 일이라고 생각하는 것에서부터 부모는 자녀들이 부모의 사랑을 가능한 한 자주 느낄 수 있도록 표현해 주는 것이 아이들에게는 도움이 될 수 있다.

(3) 부모-자녀 간의 의사소통

바람직한 부모-자녀 관계를 이룬 부모들은 아이들과 항상 대화를 한다는 것이다. 부모가 먼저 말을 하기보다는 우선 자녀들의 말을 들어서 그들의 마음을 이해하며 그들에게 공감하고 있다는 사실을 보여주고, 자녀가 스스로 자기를 돌아보고 문제의 해결책을 찾아낼 수 있도록 기회를 주려고 노력한다.

① 자녀의 말 경청하기

대화의 대상이 누구이든간에 대화를 함에 있어 가장 기본이 되는 것은 서로의 말을 잘 들어주는 것에서 시작된다. 서로의 말을 들어서 상대의 마음을 이해하고 공감하는 사람들 사이에서만 진정한 대화가 이루어질 수 있기 때문이다. 부모-자녀 간의 대화에서도 마찬가지여서 아이들은 주로 부모가 자신들의 이야기를 들어주기를 원한다. 그리고 만약 자신의 부모가 자신들의 마음을 이해하고 있으며 자신들과 같은 느낌을 가질 수 있다는 것을 알게 되면, 아이들은 자신의 부모를 믿고 자기의 생각이나 느낌을 솔직하게 이야기할 수 있게 되고 부모의 말에 귀를 기울일 수 있게 된다.

유아의 말을 들을 때는 다른 일을 하거나 다른 곳을 쳐다보지 말고 아이의 얼굴이나 눈을 쳐다보고 온화한 얼굴의 편안한 자세로 아이의 말을 들어주는 것이 좋다. 말의 내용에 따라 물어보아야 할 것이 있을 때는 아이의 말을 중간에 끊지 말고 다 들은 다음에 질문을 하고, 화가 나더라도 자제하고 끝까지 들어주어야 한다.

유아의 말이 끝나면 유아가 한 말의 의미를 부모가 제대로 이해하고 있는지를 반영적 경청기술 등을 통해서 확인해 본다.

② 자녀 스스로 해결책 찾기

성인이나 아이나 할 것 없이 누군가가 자기의 말을 진지하게 들어주거나 자신의 감정이 받아들여지고 있다는 것을 알게 되면 마음이 편안해지면서 자기의 행동을 돌아볼 수 있는 여유를 갖게 된다. 즉, 아이들은 자신의 생각을 언어로 표현하면서 자기의 행동이나 느낌 등을 객관적으로 분석할 수 있게 되고 자기의 잘못을 반성하거나 문제가 있었다면 해결책을 찾아낼 수 있게 된다.

아이의 말을 듣고 부모가 해결사가 되어 해결책을 제시하거나 부모가 직접 문제를 해결해 주는 것 등은 당장은 아이를 행복하게 해 줄 수 있을지 모르나,

실제로 아이들은 그러한 해결방법에 대해 마음 속 깊은 곳에서부터 우러나오는 자기 자신에 대한 만족감을 느낄 수 없게 되는 경우가 대부분이다. 따라서 자녀의 말을 듣고 난 이후에는 아이 스스로 자신을 돌아보고 해결방안을 찾아볼 수 있는 기회를 주는 것이 좋다.

부모도 완전한 존재가 아니므로 때로는 어려운 문제에 대해서는 시간을 가지고 심사숙고해야 한다는 사실을 알게 해주는 것도 필요하다. 자녀에게 조언을 할 때는 해결책을 제시하기보다는 부모의 경험을 예로 들어 적절한 해결책을 찾아낼 수 있는 방법을 함께 이야기하는 것이 좋다.

02 유아교육기관과 가정의 연계

유아교육 측면에서 가정과의 연계를 위한 부모교육의 필요성은 다음과 같다.

첫째, 성장의 잠재력을 가장 많이 갖고 있는 결정적 시기의 유아에게 최적의 환경을 부여하는 것이 필요하므로 유아의 인적 환경인 부모를 교육하는 것은 매우 중요하다.

둘째, 우리나라 부모들은 유아기부터 인지발달 중심의 교육에 치중하는 편이므로 부모교육을 통해 유아의 발달과 교육에 대한 올바른 지식을 형성하는 것이 중요하다.

셋째, 교사의 과중한 업무를 감소시키기 위해 부모참여가 필요하다. 부모참여는 교사의 업무감소뿐만 아니라 자녀교육에 필요한 지식이나 기술을 습득할 수 있다는 의미에서도 필요하다.

1) 부모교육의 내용

유아교육기관에서 이루어지고 있는 부모교육의 내용은 다음과 같다(연미희, 2015).

(1) 지식과 정보의 제공

부모에게 필요한 유아발달에 대한 지식, 유아의 문제행동과 지도, 놀이 지도 등에 관한 다양한 정보를 제공한다.

(2) 기술 훈련

지식과 정보의 제공만으로는 부모의 행동에 실질적인 변화를 가져오기에는 불충분하므로 기술 훈련을 실시하는 것이 좋다. 구체적으로 부모역할 기술의 훈련은 역할놀이, 시범보이기, 행동연습 등을 통하여 이루어진다.

(3) 자기 인식의 증진

부모는 자기 인식을 통하여 현재의 자녀양육에 영향을 주어 온 자신의 부모세대의 양육 방식 및 과거 부모와의 경험을 통하여 형성된 의사소통 유형과 스트레스에 대처하는 방법 등을 인식하게 되며, 자신의 가치체계의 변화를 경험할 수 있다.

(4) 문제해결하기

유아발달의 광범위한 영역에 적용할 수 있는 문제해결의 기본적인 방법을 부모들에게 가르쳐서 부모가 중재할 수 있도록 하는 것이다.

2) 학부모와의 소통

(1) 가정통신

교사가 부모와 직접적으로 대면하지 않고 일종의 서신을 통하여 의사소통하는 것을 말한다. 메모, 편지, 주간 교육계획안 등이 가정통신문의 한 형태이다. 다양한 가정통신문을 통해서 부모들은 유아교육기관에 대하여 잘 이해하고 그 이외의 다른 정보를 얻을 수 있는 중요한 자료가 된다.

(2) 부모상담

부모상담은 개별 상담과 집단 상담, 형식적 상담과 수시 상담, 대면 상담과 비대면 상담(전화상담, 줌 활용 등의 화상상담 등)으로 나눌 수 있다.

① 개별 상담

일반적으로 학기 초와 말에 상담 기간을 정하고 면담 일정을 짜서 가정통신문으로 알린다. 이때 교사는 유아에 대한 정보와 지식에 대해 부모와 상호 의견 교환을 함으로써 전반적인 유아행동과 사고에 대한 이해를 넓히며 유아지도에 대한 공동 지침을 마련한다.

② 집단 상담

일반적으로 학기 초와 말에 갖는 것이 적절하며, 집단 상담의 수는 10명 정도로 하는 것이 바람직하다. 집단 상담을 통하여 유아의 일반적인 문제에 대하여 경험담을 함께 나누면서 스스로 해결방법을 찾을 수 있다.

③ 형식적인 상담과 수시 상담

형식적인 상담은 학기 초, 학기 중, 학기 말 등 정기적으로 이루어지는 것으로 교사는 상담자료로 유아에 관한 기록과 검사자료 그리고 유아교육기관 생활에 대한 내용을 상담 전에 미리 정리하여 부모와 보다 효율적으로 상호작용하여 유아의 발달을 도울 수 있다.

수시 상담은 부모가 유아를 유아교육기관에 등·하원 시킬 때, 학교 외의 장소에서 우연히 마주쳤을 때 이루어지는 것이다. 이러한 비공식적인 상담은 오래 대화를 계속할 수 없기 때문에 공식적인 상담의 필요를 결정하고 계획하는 기회로 활용될 수 있다.

(3) 인터넷을 이용한 학부모 소통

부모와 유아교육기관 간에 여러 가지 문제 상황, 행사, 질문 등을 인터넷 홈페이지에 개설한 카페나 게시판을 이용하여 정보를 교환할 수 있다. 유아교육기관을 방문하기 어려운 학부모들에게 유용하며 특히 현대 부모들은 정보통신 기술에 익숙하므로 편리하게 효과적으로 활용할 수 있다. 유아교육기관과 가정의 소통 및 연계를 위한 행사들 중 원래 대면으로 진행되었던 것들이 2020년 코로나19 사태이후부터 웨벡스, 줌 등의 비대면 화상회의를 활용하여 비대면으로도 많이 이루어지고 있다.

(4) 가정방문

현재 우리나라 실정상 교사의 시간이 부족하고 가정방문으로 야기되는 부작용 때문에 거의 시행되지 않고 있다. 그러나 가정방문은 유아의 가정환경과 부모의 배경을 고려하여 교육적인 제안을 할 수 있다는 것과 유아교육기관을 방문할 수 없는 부모와 접촉할 수 있다는 점이 장점이라 할 수 있다. 가정방문은 20~30분 정도가 적당하지만 부모가 원할 때는 충분한 시간을 가질 수 있다.

3) 유아교육기관과 가정의 연계

(1) 수업참관

수업참관은 많은 부모들이 참가할 수 있도록 계획되어야 하며, 참관의 목적과 내용 그리고 유의사항을 미리 부모들에게 나누어 주고 설명한 후 참관하는 것이 바람직하다. 수업참관은 유아의 발달정도를 객관적으로 파악하고, 가정과 기관에서의 유아행동 차이에 대한 이해하고 일관성 있게 지도하는 데 도움이 된다.

(2) 부모 참여수업

부모와 유아가 정규 프로그램(자유선택활동 시간 등)이나 야외활동에 함께 참여하여 유아와의 상호작용 기회를 확대하고 놀이하는 경험을 통해 부모-자녀 관계를 원만하게 하는 데 도움을 주기 위한 것이다. 개별 참여와 집단 참여, 가족구성원 모두의 참여와 어머니, 아버지, 조부모 대상의 참여수업이 있다.

(3) 강연회

강연회는 매달 1회 혹은 1년에 1~2회 정도 강사를 초빙하여 정해진 주제에 대해 강연을 듣는 것이다.

강연회의 내용은 주로 유아교육기관의 이해, 유아발달과 지도방법, 성교육 등 부모들의 관심사를 다룬다.

(4) 워크숍

부모들이 주어진 어떤 일에 실제로 참여하여 배우고 실습해 보는 집중적인 교육 프로그램이다. 폐품을 활용하여 교구나 유아 놀잇감을 제작하는 워크숍이 흔히 이루어진다.

(5) 부모역할 훈련

부모역할 훈련은 10~20명 이내의 부모가 1주일에 한 번씩 유아교육기관에서 정기적으로 모여 바람직한 부모역할에 대해 토론하고 자녀와의 상호작용 방법을 익혀 나가는 교육 프로그램이다. 이를 통해서 부모는 자녀를 이해하고 바람직한 교육방법을 인식하고 기술을 익힐 수 있다.

부모역할훈련 프로그램으로 부모효율성훈련(Parent Effectiveness Training: PET), 효율적 부모역할을 위한 체계적 훈련(Systematic Training for Effective Parenting: STEP), 적극적 부모역할훈련(Active Parenting: AP) 등이 있고 6~9주 동안 진행된다.

(6) 장난감 대여 프로그램

이 프로그램은 유아가 다양한 장난감을 가지고 놀 수 있는 기회를 제공해 주고, 부모에게는 자녀에게 적절한 장난감을 선택하는 방법과 사용법을 익히도록 하여 가정에서의 학습을 강화해 준다. 현재 우리나라에서는 도서 대여 프로그램이 주로 실시되고 있다.

핵심내용 및 토의주제

1. 바람직한 부모-자녀의 관계형성을 위한 조건에 대하여 이야기를 나눠 봅시다.

2. 부모의 양육태도가 자녀의 발달에 미치는 영향에 대하여 각자 의견을 나눠 봅시다.

3. 유아교육기관과 가정과의 연계 유형과 내용에 대하여 이야기를 나눠 봅시다.

4. 학부모들과 유아교육기관의 소통유형 및 내용에 대하여 각자 의견을 나눠 봅시다.

학습자 활동

1. 건강가정지원센터의 홈페이지에서 부모교육 및 지원에 관한 정보를 살펴본 후, 중요한 내용을 1쪽으로 요약하여 정리해 봅시다.

2. 육아종합지원센터 혹은 유아교육진흥원 홈페이지에서 부모교육 및 지원에 관한 정보를 살펴본 후, 중요한 내용을 1쪽으로 요약하여 정리해 봅시다.

CHAPTER

09

유아교육기관 운영관리

01 유아교육기관 운영관리의 이해

02 유아교육기관의 인사관리

03 유아교육기관의 재정관리

04 유아교육기관의 사무관리

05 유아교육기관의 시설·설비관리

01 유아교육기관 운영관리의 이해

1) 유아교육기관 운영관리의 개념

유아교육기관 운영관리란 교육목적을 달성하기 위한 수단이며 개념에 대해서는 학자들의 견해에 따라 다소 차이가 있으나 일반적으로 '시설의 목적과 목표를 효과적으로 달성하기 위한 인적, 물적, 재정적, 운영·방법적 조건을 정비하고 운용하는 일'이라고 규정할 수 있다(김옥련, 1993). 즉, 기관의 목적이나 목표의 효과적인 달성을 이루기 위하여 기관에 소속된 사람, 시설·환경 및 재정을 합리적이고 체계적인 방법으로 운용하는 것을 말한다. 임재택(2001)은 운영관리의 개념을 기관의 목적을 달성하기 위하여 사람, 돈, 공간, 시간 등을 효율적으로 계획하고, 조직하고, 실행하고, 평가하는 일련의 과정으로 정의하였다.

따라서 유아교육기관의 운영관리란 유아교육기관의 목적을 효율적으로 달성하기 위하여 사람, 시설, 재정, 교육과정, 학급, 기타 필요한 업무를 계획, 조직, 실행, 평가하는 일련의 과정이라고 규정할 수 있다. 유아교육기관 운영관리의 영역별 주요 내용은 다음과 같다.

표 9-1 유아교육기관 운영관리의 영역별 주요 내용

영 역	주요 내용
시설·설비관리	건물, 교실, 유희실, 실외놀이 설비, 생활시설·관리, 안전시설 관리, 주변 환경 관리, 시설·설비 구입, 수리, 유지, 관리 등
교재·교구 관리	교재·교구 구입, 보수 및 관리, 시청각 교재 구입 및 관리 등
공간(교실) 관리	환경구성 및 관리, 흥미영역의 구성 및 관리, 청결유지 등
교직원 관리	채용 및 퇴직, 담임 배정, 업무분담, 연수 및 직원회의, 근무평가, 장학 등
유아 관리	입소 및 퇴소, 반 및 집단 편성, 출·결석, 가정환경 조사, 원아관찰기록, 생활습관 지도·안전지도, 건강지도, 영양(급식, 간식)지도, 청결지도 등
교육활동 운영	교육과정 내용의 계획수립 및 관리, 일과계획 및 운영, 행사계획 및 운영, 현장견학, 원외활동 지도, 외부 전문가 또는 기타 인적 자원 활용 등

영 역	주요 내용
재정관리	예산 편성, 교육비의 수납, 운영비의 지출, 회계장부 기록, 결산서 작성, 기부금 및 보조금 관리, 감사 등
사무관리	사무분담 및 사무처리 조직, 법정 서류관리, 통신, 문서처리 등
부모 협력	가정통신, PTA, 부모회 조직 및 운영, 부모교육, 부모 및 가족 상담, 부모참여, 부모훈련, 가정교육 등
지역사회 협력	지역환경관리, 지역사회기관과 협력, 관련 행정기관과 협력, TV·라디오 등 대중매체 기관과 협력, 견학기관과 협력, 자원봉사자 모집·운영관리 등

2) 유아교육기관 운영관리의 필요성

유아교육기관에서 이루어지는 교육활동의 모든 영역에 있어 그 기본 방향을 제시해 주는 운영관리의 필요성과 중요성이 크게 부각되고 있다. 그러나 실제로 유아교육기관의 몇 가지 특성, 즉 규모가 다른 교육기관에 비해 작고 조직과 교육활동이 비교적 단순하며 정책상 전문성이 미약하다는 특성으로 인해 유아교육기관의 운영관리 현실은 비합리적이고 일관성이 없으며 비체계적으로 운영·관리되고 있는 실정이다. 유아교육기관을 형식적 조직체제로 과학적, 효율적으로 운영하기 위해서는 이론, 연구, 실험, 적용, 지식에 기초하여야 한다(강문희 외, 2007). 유아교육기관 운영이 합리적이고 일관성 있게 이루어지려면 운영정책이 유아교육의 목적달성을 위한 지침이 되며 기관 운영자가 확신을 가지고 정책 실현을 위한 결정을 할 수 있어야 한다.

3) 유아교육기관 운영관리의 영역별 내용

(1) 의사결정(decision making)

유아교육기관의 운영 목표나 정책을 결정하는 단계이다. 이때 적기에 합리적으로 결정하는지의 여부가 과업의 성패를 좌우하는 중요한 요인이 된다.

(2) 기획(planning)

기획은 목적과 행동을 구체화하는 것으로 유아교육기관의 효율적인 운영에 필요한 절차와 방법을 합리적이고 효과적으로 수행하기 위한 준비과정이다. 이 과정에는 ① 외부환경과 유아교육기관의 여건 분석, ② 교육목표 및 운영목표 설정, ③ 운영방침 설정, ④ 활동계획의 작성, ⑤ 목표와 계획에 대한 평가 등의 내용이 포함된다.

(3) 조직(organizing)

조직은 기관의 목표나 목적을 효율적으로 달성하기 위한 협동 체제의 구성, 즉 사람, 물건, 시설과 같은 요소를 정비하고 활동들을 연결시킴으로써 달성하고자 하는 목적을 효과적으로 성취하도록 구성하는 것이다. 다시 말해 조직은 인적·물적 요소를 적절하게 배정하고, 각 요소들이 서로 유기적인 관련을 가지고 충분히 기능하도록 하는 일, 즉 인적 자원, 물적 자원, 아이디어를 확보하여 구조화하는 것이다.

(4) 의사소통(communication)

의사소통은 정보 교환과 의사 교환을 의미하는 것으로 인간관계의 의사소통 기술은 운영자에게 필수적이다. 의사소통 방법에는 원장이 교사들에게 지시, 명령 등의 방법으로 의사를 전달하는 상의 하달식과 직원회의 등을 통해 결정된 의견을 건의하는 하의 상달식 및 교사 상호 간의 협의를 통한 횡적 의사전달 등 세 가지 방법이 있다.

(5) 영향(influencing)

지휘, 설득, 지시의 결과로 나타나는 행동을 말하며 자발성과 자율적으로 나타나는 것이 바람직하다.

(6) 조정(coordinating)

조정은 운영정책이 관여하는 여러 가지 측면, 즉 조직·인사·재정·시설·사무·교육활동 등이 유아교육기관의 교육목표 달성에 최적의 상태가 되도록 조화시키는 것이다. 교직원 상호 간의 접촉을 통해 갈등을 해소할 수 있도록 하며 직원회의 등을 통해 부조화 등을 조절하여 최대한의 목표 달성을 할 수 있도록 노력해야 한다.

(7) 평가(evaluating)

평가는 계획한 과업이 실행된 과정과 성과 등의 결과를 분석, 검토하여 합리성과 효율성을 측정하는 것으로 단계 전후와 중간에도 정기적으로 실시하는 것이 바람직하다. 평가관점 설정, 자료수집, 평가실시, 결과 처리, 결과 활용 등의 과정을 거친다.

02 유아교육기관의 인사관리

1) 교직원의 임용

임용이란 특정한 직위에 임명하는 것으로서 신규 채용, 승진, 승급, 전직, 전보, 휴직, 복직, 강임, 직위해제, 면직 및 파면 등을 포함한다. 임용에서 가장 핵심적인 사항은 선발과 임명이다. 선발이란 자격을 갖춘 후보자들 중에서 최적임자를 선정하는 것을 말하며, 임명이란 선발된 후보자에게 직위를 보하는 것을 말한다(임재택, 2001).

교직원의 임용은 현행 제도상에서 자격, 재교육 성적, 근무 성적, 기타 능력 등에 근거하여 자격 임용주의와 성적주의 및 전형주의의 원칙을 따른다. 유치원의 교직원 임용은 공립 유치원의 경우 임용권자인 교육청장이 맡고, 법인체 사립 유치원의 경우 「사립학교법」 제53조의2에 따라 원장의 제청으로 이사회의 의결을 거쳐 결정된다. 또한 법인체를 제외한 사립 유치원의 경우 원장의 제청으로 설립자의 의결을 거쳐 구비서류를 당해 교육청장에게 제출하여 최종적으로 결정된다.

2) 교직원의 역할 및 자질

'교육의 질은 교사의 질을 능가하지 못한다.'는 말에서 알 수 있듯이 교사는 교육의 질을 좌우하는 가장 중요한 요소이다. 유아교육기관의 교직원들은 다른 기관과 달리 어린 영유아들의 건전한 성장·발달을 도와주는 역할을 수행해야 하므로 그에 적합한 능력과 자질을 갖추어야 한다.

(1) 원장

원장은 유치원의 전체적인 운영 및 관리에 대한 책임을 지며 기관을 대표한다. 「유아교육법」 제21조제1항에 '원장은 원무를 통할하고 소속 교직원을 지도·감독하며 원아를 교육한다.'고 그 역할을 명시하고 있다.

힐데브랜드(1993)가 제안한 관리자로서의 역할은 다음과 같다.

① 유능한 인재를 적재적소에 배치하는 역할
② 창의적 수행과 협동적인 노력을 고무시키는 역할
③ 성공을 방해하는 장애물을 제거하는 역할
④ 학부모, 아동, 사회에서 바람직하게 여기는 높은 질의 서비스를 제공하는 역할
⑤ 교직원들을 지속적으로 동기화시키고 활성화하는 역할
⑥ 교직원들 간의 분위기가 좋아 매일 일하는 것에 좋은 감정을 가지도록 하는 역할

⑦ 교직원들에게 일에 대한 인정과 보수를 충분히 보상하는 역할
⑧ 교직원들이 아동이나 학부모를 이용하지 못하도록 막는 역할
⑨ 교직원들이 편안히 일할 수 있는 물리적 환경을 제공하는 역할
⑩ 안정적인 전문적 집단으로 유지될 수 있는 근로 환경을 위하여 노력하는 역할

힐데브랜드(1993)는 매슬로우(Maslow)의 '욕구이론'을 기본으로 하여 교직원의 동기와 욕구에 대해 강조하였다. 원장은 기본적인 생리적 욕구로부터 시작하여 안전의 욕구, 사회적 욕구, 자존심의 욕구, 자아실현의 욕구로 발전되어 가는 인간의 동기체제를 이해함으로써 교직원들에게 높은 질의 서비스를 제공해야 할 것을 주장하였다.

역할을 수행을 위해 갖추어야 할 원장의 자질은 다음과 같다(곽덕영 외, 2009).

① 유아교육 프로그램, 교수법과 교육과정 조직에 관한 충분한 지식을 갖추어야 한다.
② 유아교육기관과 지역사회 협력을 위한 충분한 소양을 갖고 있어야 한다.
③ 다양한 프로그램을 제작·활용할 수 있는 능력이 있어야 한다.
④ 학사일정, 행정사항에 필요한 제반 처리 규정을 알아야 한다.
⑤ 교사 선발, 관리에 대한 법규 및 기술이 있어야 한다.
⑥ 미래교육에 대한 안목, 교육평가 등에 대한 기본 소양을 갖고 있어야 한다.

(2) 원감

원감의 역할은 「유아교육법」 제21조제2항에 '원감은 원장을 보좌하여 원무를 관리하고 원아를 교육하며 원장이 부득이한 사유로 직무를 수행할 수 없는 때에는 그 직무를 대행한다. 원감의 역할은 일반적인 역할, 원장 대리자로서의 역할, 학급에서의 역할 세 가지로 나눌 수 있는데 그 내용은 다음과 같다(곽덕영 외, 2009).

① 일반적인 역할

- 신속하게 일, 업무를 처리한다.
- 협동 정신으로 모든 교직원들과 도우며 일한다.
- 교사 강습회에 참석하여 유아교육 분야의 지식 증진을 꾀한다.
- 유치원의 인사 정책에 따른다.

② 원장 대리자로서의 역할

- 원장의 부재 시에는 대리자의 역할로 책임을 맡는다.
- 원장 승인 하에 교사교육을 위한 강습회를 계획하고 추진하는 책임을 맡는다.
- 원장의 장기간 부재 시에 대비, 원장들의 모임과 긴밀한 접촉을 유지한다.

③ 학급에서의 역할

- 교실에서 이루어지는 유아지도에 대한 지도 및 조언을 하고 연간계획을 진행한다.
- 유아들의 사회·인지·신체 발달을 지원하는 교육활동을 계획, 실천한다.
- 교육활동에 필요한 시설·설비와 비품 등을 보존, 관리한다.
- 유아활동을 위한 전반적인 시설을 점검한다.

(3) 교사

교사의 역할은 「유아교육법」 제21조제3항에 '교사는 법령이 정하는 바에 따라 원아를 교육한다'라고 명시되어 있다. 교사의 역할에 대해 데커와 데커(Decker & Decker, 1992)는 유아를 보호하는 일과 교육하는 일의 이중적이라고 하였다.

일반적인 교사의 역할을 보면 다음과 같다(Decker & Decker, 1992).

① 유아의 신체적·심리적 안전을 관리한다.
② 교육목표 달성을 위해 적절한 교육과정을 계획하고 운영한다.
③ 비품, 교구, 교수-학습 자료의 구입 및 제작, 활용한다.
④ 실내·외 교육환경을 조성하고 활용한다.
⑤ 각 학급의 운영 및 관리를 맡는다.
⑥ 유아를 관찰하여 기록하고 평가한다.
⑦ 부모 면담 및 상담 등 부모교육을 계획하고 실시한다.

유아교사의 자질에 대한 초기의 관점은 교사의 개인적 인성에 중점을 두었다. 즉, 유아를 사랑하는 사람, 정서적으로 성숙한 사람, 친절, 인자함, 신뢰, 동정심을 지닌 사람 등의 요소를 강조하였다. 알미(Almy, 1975)는 성공적인 유치원교사의 인성적 특성을 사랑, 인내, 온정 그리고 아동은 물론 성인과도 즐겁게 일하고자 하는 특성, 새로운 의견에 대해 개방성과 포용력을 갖는 것, 인간관계에 대한 관심을 갖는 것, 융통성과 유머 감각, 창의성 등으로 보고 있다. 최근 유아교육의 발전과 함께 교사의 개인적 자질은 물론 전문적 자질에 대한 요구와 관심도 커지고 있다.

유아교사에게 요구되는 전문적 자질에는 다음과 같은 것이 있다(이영자, 2006).

① 프로그램을 계획하고 실천하는 능력을 갖추어야 한다.
② 부모, 전문가 및 유아교육 관련 여러 관계자들을 참여시키는 능력이 요구된다.
③ 유아의 성장·발달을 촉진하는 능력이 필요하다.
④ 직업윤리를 바탕으로 지속적인 전문적 성장을 위해 노력해야 한다.

03 유아교육기관의 재정관리

1) 유아교육기관 재정관리의 개념 및 특징

유아교육기관의 교육활동이 정상적으로 수행되기 위해서는 그에 상응하는 인적·물적 조건이 구비되어야 한다. 이러한 인적·물적 조건을 바람직하게 뒷받침하기 위해서는 교육재정이 확보되어야 하며 이를 위한 재원이 마련되어야 한다.

교육재정이란 국가 및 지방 공공단체가 교육활동의 운영을 지원하기 위하여 공권력에 의해 필요한 경비를 조달하고 합법적으로 그것을 관리·지출하는 경제활동을 의미한다. 따라서 유치원 재정관리는 유치원 교육활동과 운영 및 운영관리 활동을 지원하기 위하여 필요한 재정을 확보하고 그것을 관리·운영하는 활동이라고 정의할 수 있다.

유치원 재정의 특징은 다음과 같다.

① 교육비의 확보 및 지출은 공경제의 성격을 띠며 수입, 보관, 지출은 합법적 절차로 운영되어야 한다.

② 유치원 재정은 교육목표 달성을 위한 유치원 운영관리 활동의 수단적인 성격을 띠고 있다.

③ 유아교육비에 대한 산출 효과는 장기적이다. 유아기에 투입되는 교육비의 효과는 장래에 더 큰 생산에 기여할 수 있는 인력을 길러내게 된다는 점을 중요하게 인식해야 한다.

2) 재정관리의 운영원리

유아교육기관의 재정관리에 있어서 다음과 같은 운영원리를 고려해야 한다.

(1) 회계 연도 독립

유아교육기관의 재정관리는 일정 기간을 정하여 수지를 예측하고 설계하고 집행의 현실화를 도모하며 그 결과를 분석, 평가하여 개선하는 것이 필요하기 때문에 회계 연도를 설정하는 것이 좋다. 우리나라의 교육기관 회계 연도의 기간은 매년 3월 1일에 개시하여 다음 해 2월 말일로 종료된다.

(2) 건전 재정

단위유치원이나 학교의 예산운영에 있어서 부득이한 경우 외에는 지방채나 차입금 등을 재원으로 해서는 안 되고, 예산이 없는 교육활동으로 부채를 지지 않도록 해야 한다.

(3) 합리적인 경비 절약

교육활동에 있어서도 최소의 경비로 최대의 효과를 올려야 하는 경제주의적 원리는 지켜져야 한다. 절약과 경제윤리는 교육재정에서도 지켜져야 하되 일반 기업의 생산과는 근본적으로 다르다는 점을 충분히 고려해야 한다.

(4) 재정 운영의 공개

모든 재정 상황은 분명해야 하고 아울러 회계 관리는 공개하는 것이 좋다. 원장이나 서무 담당자가 재정을 자기 것인 양 혼동하여 사적으로 지출한다면 교직원으로부터 비난을 받기 쉽다.

04 유아교육기관의 사무관리

1) 유아교육기관 사무관리의 의의

사무관리란 유아교육기관에서 유아를 교육하는 과정에서 수반되는 제반 기록을 보존·관리하는 것을 의미한다. 다시 말해 교육행정을 수행하는 과정에서 수반되는 제반 기록과 장부의 작성 및 보관, 공문서와 제 보고의 처리 등의 문서관리를 집행하고 처리하는 업무를 말한다. 유아교육기관의 사무관리 영역은 교육적 업무기록과 일반 사무활동으로 구분할 수 있다. 교육적 업무기록이란 생활기록부, 유아의 신체발달 상황과 건강 상태 파악을 위한 신체 검사표의 기록과 보고나 유아의 행동관찰 기록부, 교육일지 기록, 교육 계획안(일일교육계획안, 주간계획, 월간계획, 연간계획) 작성과 출석부 정리 등을 말하며, 일반적 사무활동이란 각종 행사계획, 비품대장 정리, 교직원 인사 서류의 정리 등이 포함된다.

사무관리의 활동에서 기록이 강조되는 이유는 다음과 같다.

① 기록은 유아를 이해하는 데 도움을 준다. 부모나 교사에게 유아에 대한 명확한 지식을 제공해 준다.
② 유아들의 개성과 동태 중에서 곤란한 점들이 무엇인가를 알게 한다.
③ 유아들의 특수한 요구를 알게 해 주고 그에 대한 대책을 세울 수 있게 한다.
④ 외부의 전문가나 의사에게 믿을 만한 보고자료를 공급해 준다.
⑤ 상급 학교에서 유아가 어떤 문제를 가졌을 때 좋은 참고자료가 된다.
⑥ 교육과정 작성에 있어 방향을 제시해 주고 도움을 준다.
⑦ 유아를 지도하는 데 교사들에게 많은 도움을 준다.
⑧ 여러 가지 연구자료를 제공해 준다.

2) 유아교육기관 사무의 내용 및 업무분담

(1) 유아교육기관 사무의 내용

유아교육기관 사무의 내용은 크게 원무에 관한 사무와 서무에 관한 사무로 나누어지며 자세한 내용은 다음과 같다.

① 원무에 관한 사무

㉮ 기획 : 교육과정 편성, 유치원 연혁 작성, 연중행사의 기획 및 의식에 관한 사항, 가정 방문, 부모교육, 부모 참관에 관한 사항, 현장학습, 추후 지도, 각종 평가에 관한 일 등 유치원의 전반적인 행사 및 교육에 관계된 일

㉯ 학적 및 연구 : 재적부 및 입·퇴학 유아의 기록, 입학원서, 명부 작성, 생활기록부, 행동발달상황표, 졸업대장 정비 및 보관, 각종 교재 연구, 연구발표회 및 강습회 운영, 교육에 관한 조사와 통계 작성, 교육연구에 관한 제반 사항

㉰ 통계 및 기록 : 출결, 전학, 입·퇴원, 졸업 등에 관한 조사 통계 및 보고서에 관한 사항과 회의록의 기록·정리·보관 등에 관한 사항

㉱ 도서 및 교재·교구 구입 및 관리 : 유치원의 사무 중에 가장 중요하며 필요한 일

② 서무에 관한 사무

유아교육기관의 사정에 따라 교사가 서무의 일을 담당하는 유아교육기관도 있으나 그것은 지양되어야 하며, 유아교육기관도 서무 담당의 사무직원을 두어야 한다.

서무의 사무를 분류하면 다음과 같다.

㉮ 문서에 관한 일 : 문서 수발에 관한 사항, 제 증명 발급, 출근부 정리, 예식

준비, 물품 배급에 관한 사항

㉯ 용도에 관한 일 : 제반 용도에 따른 물품 주문 및 구입에 관한 사항

㉰ 비품 관리에 관한 일 : 책상, 의자, 기구, 기계, 청소 용구, 실외놀이 용구, 기타 일체의 비품의 정리, 보고, 제작, 수선 등에 관한 사항

㉱ 관리에 관한 일 : 원지, 원사, 원구, 기타 시설 비품과 운동장 시설, 풀장 등 관리

㉲ 회계에 관한 일 : 제 경비의 출납, 교사의 봉급·수당에 관한 사항, 예산·결산에 관한 사항, 기타 유치원 운영에 관련된 회계 사무

㉳ 후생에 관한 일 : 직원 간의 수양, 보건, 친목에 관한 사항, 외부 단체와의 연락·교섭, 동창회에 관한 사항, 유아의 국제 친선 및 자매 학교 결연·운영에 관한 사항

오늘날에는 유아교육기관의 사무가 매우 복잡해지고 그 종류가 증가되었다. 따라서 원장은 원무를 집행하는 책임자로서 원활한 사무 처리가 이루어질 수 있도록 업무분담의 조직을 체계화하여야 한다. 가능하면 업무의 배분이 공평하게 되고 능률적인 운영이 되도록 해야 할 것이다.

(2) 업무 분담

일반적으로 유아교육기관의 업무분담은 학년 초에 결정되며 교직원의 능력, 희망, 고유 업무 등을 고려하여 공평하게 주어져야 한다. 유아교육기관 업무분담에 관한 조직은 원장의 하향식 지시나 명령으로만 이루어지는 것이 아니라 조직 구성원인 교직원의 협동적인 분위기를 조성하여 교사들의 자발적인 참여의식을 높여야 한다고 본다.

05 유아교육기관의 시설·설비관리

1) 시설·설비의 개념

일반적으로 교육시설(school facilities)이란 교육을 위해 일정한 장소에서 계속적으로 활용되는 일체의 물리적 환경(physical setting)을 말한다. 교육시설은 교사 혹은 건물, 교지, 공작물 그리고 설비의 4가지 측면으로 구분될 수 있다. 건물은 그 용도에 따라 교사, 부속 건물, 체육관, 식당, 기숙사, 관리실 등을 포함하며 교지는 학교 건물이 소재하고 있는 토지로서 운동장, 실습장, 교재원, 녹지대 등을 뜻한다. 유아교육기관의 시설은 물적 요소뿐 아니라 인적 요소까지를 포함할 수 있으며 일반적으로 유아교육의 기능을 구체적으로 실현하고자 하는 목적으로 활용되는 일체의 물리적 조건인 건물, 야외 놀이터, 정원, 담장, 사육장, 교문 등을 뜻한다. 유아교육기관에서 설비의 개념은 시설의 모든 부속된 부분으로서 시설과 관련시켜 유아교육의 기능을 수행하는데 있어 필요한 모든 물적 요소의 총체라고 규정할 수 있다(김주건, 1999).

2) 시설·설비의 중요성

유아교육기관의 환경은 인적 환경과 물리적 환경으로 구분할 수 있다. 인적 환경은 부모, 교사, 또래 집단, 형제들과 같이 인적 요소를 포함하는 환경을 뜻하며 물리적 환경은 건물, 교지, 실외 놀이시설, 내·외부의 각종 설비, 교재·교구 등의 물리적 요소를 포함하는 환경을 의미한다. 유아교육기관의 시설·설비는 그 자체가 유아교육의 물리적 환경이기 때문에 유아교육에서 중요한 기능을 한다. 여러 연구에 의하면 유아교육기관의 물리적 환경, 즉 그 기관의 시설과 설비, 공간의 구성과 배치, 학습자료의 양과 활용 상태 등이 유아교육의 효과를 좌우한다고 보고하고 있다. 그러므로 유아교육기관 종사자들은 이러한 환경 변인의 중요성을 인식하고 기관의 시설·설비를 좀 더 효율적으로 활용할 수 있는 방안을 강구하고 아울러 이를 개선·보완하려는 노력을 끊임없이 기울여야 할 것이다.

3) 유아교육기관의 시설·설비 특성

유아교육기관의 시설은 획일화되고 정형화된 고정된 학교시설과는 달리 유아들이 신체적으로나 정서적으로 안정감을 갖고 편안하게 생활할 수 있도록 부드럽고 온화한 분위기를 조성해야 한다. 유아교육기관의 제반 시설들은 유아가 안정된 분위기 속에서 즐겁게 학습할 수 있도록 실용성, 유용성, 건강성, 아름다움 또는 매력을 지니고 있어야 한다(김주건, 1999). 유아교육기관에서 이루어지는 학습활동은 다른 교육기관의 학습활동과는 많은 차이가 있기 때문에 기관의 시설·설비도 그러한 교육의 방향, 목적에 따라 알맞게 계획·운영되어야 한다.

일반적으로 유아교육기관의 시설이 갖추어야 할 바람직한 특성은 다음과 같다(임재택, 2001).

① 교육과정 운영에 적합해야 한다.
② 심미적인 부분을 고려해야 한다.
③ 안전과 건강에 대해 고려해야 한다.
④ 융통성과 미래성을 고려해야 한다.
⑤ 상호 기능적 조정이 가능해야 한다.
⑥ 경제적이어야 한다.
⑦ 효율성과 이용도가 높아야 한다.

4) 시설·설비 관리 시 고려사항

유아교육기관은 다른 교육기관의 시설·설비와는 비교되는 독특한 특성을 가지고 있기 때문에 시설·설비를 계획하는 과정에서 특히 고려해야 할 사항들이 있다. 유아교육기관의 시설에서 고려해야 할 사항은 다음과 같다(Decker & Decker, 1992).

① 유아교육시설은 유아 중심적이어야 한다. 유아들의 발달수준, 흥미, 욕구 등이 고려되어야 함은 물론 교육목적을 효율적으로 달성하도록 하기 위해 유아교육기관의 시설과 설비는 유아중심으로 계획·조성되어야 한다.

② 유아들과 교직원들의 안전을 최대한 중요시해야 한다. 유아교육시설을 계획할 때 나이 어린 유아들과 교직원들의 안전과 보호를 위해 다음 몇 가지 사항들을 염두에 두어야 한다.

- 건물에 사용되는 기자재는 내화성이 있어야 한다.
- 신속하고 안전하게 대피할 수 있도록 몇 개의 비상구를 만들어야 한다.
- 벽이나 건물의 적당한 위치에 소화기를 설치해야 한다.
- 출구는 화재가 번지는 것을 막을 수 있는 내화성 문이어야 하고 앞뒤로 열릴 수 있도록 만들어야 한다.

③ 건물의 형태는 유아들의 발달수준이나 흥미 및 요구에 맞게 결정되어야 한다. 건물의 설계 시 심미적인 특성도 고려해야 하며, 기존 시설을 이용하는 경우에도 유아들의 발달수준이나 흥미 등을 최대한 고려하여 수리·보완하는 노력이 필요하다.

④ 건물은 장애아들을 고려해서 계획하는 것이 중요하다. 신체적, 시각적으로 손상 받은 유아들을 위하여 특별한 건축 설계나 교실 배정이 고려되어야 한다. 지체부자유아들이 일반교실에 통합 운영될 때는 소음이나 활동수준이 더 통제되어야 한다.

⑤ 공간과 교구의 배치를 변화시킴으로써 건물 사용의 효율성을 높일 수 있다.

⑥ 시설이나 설비를 계획할 때는 융통성을 중요시해야 한다. 유아교육시설의 가구나 비품은 교육활동의 성격이나 필요에 따라 늘리거나 좁히는 등 변화를 주어 사용할 수 있으므로 건축 계획 시 충분히 고려해야 한다.

⑦ 유아교육기관을 설립하고자 할 때에는 시설의 위치를 중요시해야 한다. 행

정상의 편의나 비용 절감보다는 대상 유아들의 필요나 욕구를 충족시킬 수 있고 각 기관이 교육목표를 효율적으로 달성하는 데 도움이 될 수 있느냐를 고려한다.

유아교육기관의 시설과 설비는 각 기관의 철학적 방향과 교육목표, 유아들을 지도하는 교사들의 능력, 교육활동의 유형과 편의성, 비품과 교구 활용의 용이성, 작업 장소와 놀이 장소의 인접성, 보고 듣기의 용이성 및 유아들의 안전 등을 고려하여 계획되고 운영되어야 한다(김주건, 1999).

핵심내용 및 토의주제

1. 유아교육기관 운영관리의 개념을 정의하고 필요성에 대하여 생각해 봅시다.

2. 유치원 원장, 원감, 교사가 갖추어야 할 개인적 자질과 전문적 자질에 대하여 이야기 나눠 봅시다.

학습자 활동

1. 「유아교육법」에 명시되어 있는 유치원 교직원의 구분과 임무에 대한 내용을 찾아서 정리해 봅시다.

2. 「유치원 시설기준」에 명시되어 있는 유치원 시설 및 설비 관련 내용을 찾아 정리해 봅시다.

CHAPTER

10

유아교육평가

01 유아교육평가의 이해

1) 유아교육평가의 개념

유아교육평가는 교육목표를 실현하기 위해 행하는 모든 교육활동의 과정과 결과에서의 의사결정에 필요한 정보를 수집, 정리, 피드백하는 전반적인 과정이라 할 수 있다. 유아가 무엇을 알아야 하고 할 수 있는지, 유아가 어떻게 배우는지, 유아를 어떻게 가르칠 것인지, 유아가 무엇을 배웠는지를 어떻게 결정할 것인지와 같은 유아교육과정의 하나하나는 상호 관련되어 영향을 미친다. 따라서 유아교육의 평가는 교육활동이 진행되는 거의 모든 단계에서 이루어진다.

이러한 평가의 개념은 유아교육현장에서 측정이나 총평 등의 유사한 용어들과 혼용되어 사용되고 있다. 측정(measurement)은 일정한 규칙에 따라 어떤 사물에서 수치를 부여하는 것으로 유아교육현장에서 유아의 창의성을 알려고 한다면 창의성 검사의 각 문항에 대해 정해진 규칙에 따라 점수를 할당하는 것을 들 수 있다. 측정은 말 그대로 사물이나 사건을 수량화시키는 것이다. 평가(evaluation)는 측정처럼 어떤 현상이나 사건을 양적으로나 질적으로 기술하고 수집된 결과에 대한 가치 판단을 하는 것을 포함하며, 총평(assessment)은 한 개인의 행동특성 및 이에 영향을 미치는 요소들을 파악하는 총체적인 평가이다. 평가와 측정의 중간개념으로 체계적인 가치판단에 관심을 두기보다는 측정활동을 통해 특정 목적을 달성하기 위하여 근거자료를 수집하는 과정에 중점을 두는 활동이라고 정의 내리기도 한다(한국교육평가학회, 2004).

종합하면 유아교육평가란 교육목표를 실현하기 위하여 행하는 모든 교육활동의 과정과 결과에서 의사결정에 필요한 정보를 수집, 정리, 피드백하는 전반적인 과정이라고 할 수 있다. 유아가 무엇을 알아야 하고 할 수 있는지, 유아가 어떻게 배우는지, 유아를 어떻게 가르칠 것인지, 유아가 무엇을 배웠는지를 어떻게 결정할 것인지와 같은 유아교육과정의 하나하나는 상호 관련되어 서로 영향을 미친다. 따라서 유아교육평가는 교육활동이 진행되는 거의 모든 단계에서 이루어져야 한다(김연진 외, 2013).

유아교육에서의 평가는 다음과 같은 교육적 의의를 지닌다.

첫째, 어떤 평가방법을 사용하든지 그 결과는 영유아에 대한 인식과 이해 정도를 높여준다.

둘째, 교육 프로그램의 질을 높여주고 구체화한다.

셋째, 특별한 도움이 필요한 영유아가 있을 경우, 이들을 위한 지도계획을 세울 수 있게 해준다.

넷째, 교사의 책임과 역할을 향상한다.

다섯째, 부모들에게 보내는 기록의 자료로도 사용될 수 있다.

2) 유아교육평가의 목적 및 필요성

유아교육평가는 유아교육의 목적과 밀접한 관련성을 맺고 있으며 유아교육의 목적에 따라 평가의 목적 및 내용, 방법이 달라진다. 유아교육의 궁극적인 목적은 유아의 전인적 성장 발달에 있기 때문에 유아교육평가의 목적도 이에 근거를 두어야 할 것이다. 유아교육평가는 궁극적으로 유아교육의 결과가 유아의 전인 발달에 도움이 되었는지를 전체적으로 파악하는 것을 목적으로 하여야 한다.

유아교육평가의 목적에 대한 여러 학자들의 견해를 종합해 보면 다음과 같다(Decker & Decker, 1992 ; 이영석, 2000 ; 이정환·박은혜 외, 2003).

① 유아의 행동 변화에 따른 현재 발달 상태를 이해하고 적절한 학급 배치, 즉 정치(placement)에 필요한 기초자료를 제공해 준다.
② 현재 유아의 행동, 언어 및 인지발달, 정서·사회성 발달 등 제반 사항과 관련된 발달의 측면을 기술·설명해 준다.
③ 유아에게 적합한 학습목표를 제공해 주며 유아의 흥미와 발달단계를 이해

하여 학습의 동기유발 수준을 높여 준다.

④ 일정한 기간을 두고 계속 평가함으로써 유아발달의 제 측면의 변화와 진보의 정도 및 영역을 알 수 있다.

⑤ 평가과정을 통하여 교사는 각 유아의 개별성을 재검토할 기회를 의도적으로 갖게 되며 평가자료를 기초로 유아 개인에게 보다 알맞은 프로그램을 계획할 수 있다.

⑥ 교사는 평가를 통하여 교육과정과 교수방법의 효율성을 결정하고 측정할 수 있으며 유아교육기관이 처한 특수한 상황이나 특정한 교육목표에 부합되는 교육 프로그램을 제공하고 있는지를 보다 깊이 투시할 수 있다.

⑦ 평가기록을 학부모에게 제시하여 유아에 대한 부모 이해를 높이고, 부모가 자녀의 발전과 성취의 정도를 파악하여 가정에서 자녀에 맞는 지도를 할 수 있게 한다.

⑧ 평가는 다음과 같은 행정적인 결정을 하는 데 도움을 준다.

- 교육과정에 대한 수정·보완 계획을 세울 때
- 교육과정에 대한 철학과 활동의 변화를 결정할 때
- 교육과정에 대한 교직원의 요구를 확인할 때
- 지역사회와 관계 행정기관에 유아교육의 현황과 문제를 알릴 때

유아교육평가의 목적은 유아의 전인적 성장과 발달을 도모하기 위한 제반 교육 프로그램의 적절성과 타당성을 밝히며 유아의 현재 발달수준과 행동의 변화를 평가하는 데 있다고 할 수 있다.

유아교육평가의 목적에 기초하여 평가의 필요성을 살펴보면 다음과 같다.

① 유아교육현장에서의 평가는 유아 개개인의 전인적 성장 발달을 도와주기 위한 것으로서 그 필요성이 강조된다.

② 유아평가는 유아의 발달적 수준을 파악하기 위해 필요하다. 유아기는 발달속도가 빠르고 가소성이 높은 시기이며 유아마다 발달수준에 차이가 있을

수 있으므로 개인의 내적 차이를 알아보기 위해서도 필요하다.

③ 유아평가는 유아 간의 개인차를 비교하여 집단 전체의 특성을 이해하는 데 도움을 주기 때문에 필요하다. 교사는 유아 간의 차이를 고려하여 교수 방법을 계획하여 지도하고 상호작용할 수 있다.

④ 유아평가는 교수학습 방법의 적절성 여부, 교육환경이나 교육자료의 제공 정도, 정기적인 평가 및 교과과정 편성·운영의 반영 정도 등을 파악하기 위하여 필요하다. 평가를 통해 교육과정의 영역별 내용이 통합적으로 운영되고 있는지 알 수 있고, 교수학습 방법이 유아의 흥미와 활동의 특성에 적합한지 등을 알 수 있다.

⑤ 유아평가는 유아의 학습준비도를 판단하기 위해서 필요하다. 만 5세 유아의 경우 초등학교 입학 전, 학습에 필요한 기초 지식과 기능을 습득하였는가를 평가함으로써 유치원과 초등학교 교육의 연계성을 제고할 수 있기 때문이다.

⑥ 유아평가는 유아에게 미친 학습효과 및 발달상의 변화를 발견하기 위해 필요하다. 유아가 기관에서 제공되는 교육 프로그램을 통해 입학 초기 행동보다 어떤 측면에서 발달하고 변화하였는가를 비교해봄으로써 교육의 효과를 확인할 수 있다.

⑦ 유아평가의 자료는 부모상담이나 부모교육을 위한 자료로 의미가 있어 필요하다. 유아의 성장과 발달 파악, 효율적 교육과정의 운영, 부모상담을 위한 자료, 생활기록부 작성 시 활용 등의 목적으로도 유아평가는 필요하다.

유아평가는 유아의 개인적인 발달수준을 구체적으로 파악하고 학급 유아들의 발달수준의 범위를 발견하기 위해서, 학습효과 및 발달적 변화를 비교하고 다음 단계의 학습에 대한 준비도를 판단하기 위해서 필요하다. 또한 교사가 유아의 발달에 적합하게 교육을 계획하고 지도하는 데에도 도움을 줄 수 있다. 나아가 유아교육기관의 효율적 운영 및 교육의 질 제고와 교육기관의 질 관리를 위한 수단으로도 필요하다.

02 유아교육평가의 영역 및 방법

유아교육기관에서의 유아교육평가 영역은 유아평가, 교사평가, 부모평가, 유아교육기관평가 등으로 나누어진다.

1) 유아평가

유아에 대한 평가는 전통적 의미의 평가에서 가장 중요시되어 온 평가영역이다. 유아평가는 직접 유아를 대상으로 교사에 의해 제공된 다양한 교육활동을 통해 유아가 어느 정도의 발달수준을 보이고 있는지를 평가하는 것이다. 따라서 유아교육 프로그램을 실행한 후 프로그램이 유아의 행동에 어떤 변화를 보였는지를 확인하여 유아교육 프로그램의 효과를 측정하는 데 사용되는 평가이기도 하다. 또한 유아평가는 유아의 발달 정도, 특정 유아교육 프로그램과 유아와의 상호작용의 효과, 유아 개개인의 능력 및 특성과 잠재력에서의 개인차 등을 평가하여 교육에 반영함으로써 유아 개개인의 전인적 성장과 발달을 도와주는 데 있다.

유아평가를 위해서는 다음과 같은 일반 원칙을 준수해야 한다.

① 유아평가는 다양한 상황에서 다양한 시간에 이루어진 관찰에 기초해야 한다.

② 평가방법과 도구는 프로그램의 목적, 목표와 학습 기회에 따라 선택해야 한다.

③ 유아평가는 유아가 무엇을 할 수 있는지, 무엇을 하려고 하는지 등에 초점을 맞춤으로써 학습과 발달을 지지하고 강화해 주어야 한다.

④ 유아평가는 수행뿐 아니라 과정도 고려해야 한다.

⑤ 효과적인 평가는 유아들의 현재 성공이나 결과만을 다루는 것이 아니라

유아들이 무엇을 배우고자 하는지에 대해서 초점을 맞추어야 한다.

⑥ 교사는 교수계획 및 교수방법을 결정짓는 사람이며, 측정과 평가는 교사의 교수계획과 교수방법 결정에 있어 핵심적인 부분이다.

⑦ 유아교육기관에서 이루어지는 모든 평가의 과정과 결과에는 실수가 있을 수 있다.

유아를 평가하기 위한 자료수집 방법으로는 관찰법, 면접법, 작품분석, 검사법, 포트폴리오 평가 등이 있다.

(1) 관찰법

관찰법은 교사가 유아를 이해하기 위해 사용하는 기본적인 방법으로 일상생활에서 발생하는 자연스러운 유아의 행동을 직접 관찰, 기록하는 방법이다. 관찰법에서는 일정한 도구 없이 교사 자신이 평가도구가 되므로 관찰자의 관찰능력과 객관적 기록이 매우 중요하다. 또한 유아를 객관적으로 평가하기 위해서는 관찰 대상의 행동과 말을 직접 기록하여 행동특성을 파악해야 한다. 관찰법은 특별한 훈련 없이 시간적 구애를 받지 않고 교사가 유아와 함께 활동하거나 생활하면서 활용할 수 있다는 장점이 있다. 그러나 관찰자의 편견이 개입되거나 관찰자의 기술에 따라 타당도가 달라질 수 있다는 단점이 있어, 교사는 유아의 행동에 대한 계획된 정기 관찰과 비정기 관찰을 병행하여 실시하는 것이 바람직하다. 일반적으로 유아의 우발적 행동에 대한 관찰은 일화 기록의 형태를 취하게 되며 하루 몇 명, 10분 정도씩 관찰 인원과 시간을 정해 놓고 실시할 수 있다. 더불어 발달영역 및 관찰 가능한 행동이 구체적으로 서술된 행동관찰목록이나 평정척도 등의 양식을 사용할 수 있다(이은해, 2003).

관찰법에는 일화기록, 행동목록법, 평정척도법, 시간표집법, 사건표집법 등이 있다.

① 일화기록법(anecdotal records)

일화기록은 개인의 특성을 이해하기 위하여 구체적인 행동사례나 어떠한 사건에 관련된 관찰을 상세히 기록하는 방법이다. 즉, 한 가지 상황에 초점을 맞추어 기록하는 방법으로 특별한 형식 없이 유아의 하루 일과 중에서 흥미가 있고 기록할 만한 가치가 있다고 판단되어지는 행동과 사건을 관찰하고 그 결과를 서술, 기록하는 방식이다.

Randall(1936)은 일화기록을 '글자로 묘사된 사진(word picture)'이라고 정의하여 일화기록의 사실성을 강조하였고, Beaty(1986)는 일화기록을 '특정 행동이나 상호작용이 발생한 후에 기록되는 자세한 설명이 포함된 이야기'라고 하였다.

따라서 행동이나 사건의 기록은 누가 읽어도 상황을 파악할 수 있게 장면, 상황에 대해 자세히 기록해야 하며 관찰한 날짜와 시간 등도 기록해야 한다. 유아가 참여하는 놀이의 종류나 수준, 친구 관계, 활동몰입 정도, 일상생활 수행 정도 등 관찰 가능한 여러 행동을 구체적으로 기록하고 그 결과를 문장으로 기술할 것을 제안한다.

예시: 영유아 놀이 일화기록

관찰 대상	○○○	생년월일	(성별)	관찰일	
관찰 교사	○○○	관찰시간	~		
관찰 장면	교실의 쌓기 영역에서 자동차길 구성				
관찰 내용	쌓기 영역에서 우레탄 블록을 수평으로 길게 놓은 후 "선생님! 찻길이에요."라고 말하고 큰 자동차를 굴린다. 그리고 "나는 소방차가 좋아!"라고 하며 벽돌 무늬 종이 블록을 가지고 울타리가 있는 공간을 구성한 후 그 안에 소방차를 넣어둔다. 옆에서 놀이하던 □□가 자동차를 가지고 논다. □□가 가지고 놀이하는 자동차를 보며 "그거 좋다. 그거 이리 줘 봐."라고 말한다. □□가 "싫어, 니 꺼 있잖아."라고 말하며 거부하자 뺏으려 한다. 교사가 다가와 ○○에게 "○○야, □□가 가지고 있는 자동차가 필요하구나. 그런데 □□가 필요해서 먼저 가지고 놀이 하고 있었고, ○○가 필요하면 친구에게 빌려 달라고 말해보자. 그리고 ○○가 필요 없는 자동차는 다른 친구들도 가지고 놀 수 있도록 양보하면 어때?"라고 말한다. ○○는 교사를 바라보지 않고 "싫어요. 난 이게 다 필요해요."라고 말하며 계속 자동차를				

	바닥에 굴린다. ○○는 □□의 놀이를 바라보다가 놀이 하던 자동차를 바닥에 두고 미술 영역으로 간다.
해석, 평가	블록을 이용하여 자신이 생각하는 구조물을 구성할 수 있다. 필요한 놀잇감을 또래와 나누고 공유하는 데 어려움이 있다. 또래와의 갈등 상황에서 자신의 생각을 긍정적으로 표현하는 것에 어려움이 있다. 친구와의 놀이 상황에서 놀잇감을 공유하는 것(기술, 태도 등)에 대한 꾸준한 지도, 기회 및 경험 제공이 필요하다.

② 행동목록법(checklist)

관찰자가 단순히 어떤 기술이나 행동 혹은 발달특성이 나타나는지를 알아보고 싶을 때 쓰이는 관찰방법이다. 행동목록법은 관찰자가 특별한 훈련을 받지 않고도 관찰대상의 행동을 단순한 방법으로 기록할 수 있으며, 행동의 유무 등 기록이 능률적이고 양적인 처리가 쉽다. 사전에 관찰할 행동특성에 대한 항목을 선정해 두고, 이 행동특성의 출현 여부에 초점을 두어 체크한다. 즉, 관찰할 행동의 목록을 미리 만들어 놓고 특정 행동의 유무를 표시하는 방법으로 관찰 시간의 절약과 비교적 쉽게 행동을 관찰할 수 있으며 관찰 결과를 학습계획 및 행동평가에 간편하게 적용할 수 있어 보육현장에서 흔히 사용되는 방법이다. 또한 반복적 사용을 통해 영유아 개인의 단계적인 발달상을 기록하고 관찰하는 데 도움이 된다. 그러나 다양한 정보를 제공하지 못하는 점과 행동의 빈도, 지속시간, 특성 등에 대한 정보를 제공하지 못하고 자세하게 행동을 설명해 주지 못한다는 한계가 있다.

예시: 교사의 식습관 지도 행동목록법

구 분	내 용	o, x
바람직한 식습관	영유아의 먹는 양은 개별적인 차이와 건강 상태 등을 고려하여 조절해 주고 충분히 먹었는지 살핀다.	
	영유아의 연령 및 식습관에 따라 개별적이고 순차적인 계획을 가지고 식습관을 지도한다.	
	바른 식습관(포크와 수저 등 도구 사용, 맛있게 먹기, 즐거운 대화 나누기 등)의 모델을 보여 준다.	
	건강한 식습관을 기르기 위한 놀이 및 활동, 이야기 나누기 등을 계획하고 실시한다(음식의 소중함, 만들어준 분께 감사 등).	

구 분	내 용	o, x
자율성	영유아가 식사 도구를 사용하여 스스로 먹을 수 있도록 지원한다.	
	먹고 난 후 식기를 정리할 수 있도록 환경을 구성하여 안내하고 영유아 스스로 정돈해 보도록 격려한다.	
	음식을 흘리거나 물을 쏟는 등의 영유아 행동에 자연스럽게 대처하며 긴장감을 느끼지 않도록 한다.	
	영유아가 스스로 잘 먹었을 때, 칭찬과 격려의 말과 행동을 한다.	
즐거운 분위기	영유아와 함께 맛있게 음식을 먹는다.	
	영유아가 음식을 먹는 동안 즐거운 대화를 나눈다.	

③ 평정척도법(rating scale)

정해진 범주에 따라 질적인 특성의 정도를 평가할 때 사용하며 이를 반복 사용하는 경우 영유아의 행동이나 발달에 대한 정보를 얻을 수 있다. 가장 낮은 수준에서 가장 높은 수준의 연속성 있는 단계로 수량화된 점수나 가치가 부여된 기록지에 평정한다. 따라서 평정척도법은 특정 행동의 출현 유무만을 표시하는 체크리스트법의 한계를 보완한 것이라 할 수 있다. 평정척도법은 관찰과 동시에 작성할 수 없으며 관찰을 충분히 하고, 결과를 요약하는 수단으로 사용될 수 있다. 보통 3단계, 5단계, 7단계로 평정하며 평정결과는 일정 기간이 지난 후 전체적인 발달평가에 유용하게 쓰인다.

평정척도법 사용 시 유의점은 다음과 같다.

- 관찰 행동특성의 평정은 객관적이고 관찰 가능한 용어로 명확하고 간결해야 한다.
- 평정척도 작성 시 관찰자가 관찰하지 못한 문항에 대해서 무리하게 평가하기보다는 판단을 보류할 수 있도록 척도 한편에 '관찰 못함'이라는 항목을 만들 수 있다.
- 극단적 수준의 특성은 제시하지 않아야 한다. 지나친 경우 평정자가 체크하지 않을 수도 있다.
- 가치 판단적인 용어는 사용하지 않아야 한다.
- 척도 단위는 평정이 이루어지는 상황, 조건, 요구되는 정확성 및 평정자의

훈련 여부에 따라 결정하며 보통 5~7점 척도가 적당하다.

평정척도법은 작성이 쉽고 수량화하기 편리하므로 다양한 영역에서 많이 활용한다는 장점이 있지만 평정자의 주관이나 편견 등으로 인하여 평정의 오류 발생 가능성이 있다는 단점도 있다. 이를 보완하기 위해 관찰대상으로 한 대상에 대하여 모든 항목을 평정하기보다는 한 가지 특성에 대하여 모든 대상을 평정하고 또 다른 특성을 평정하는 것이 대상 간의 차이를 변별하는 데 있어서 도움이 된다.

예시: 영유아 친사회적 행동 평정척도

범 주	문 항	부족	보통	우수
사회생활 기본능력	다른 사람이 말하는 것을 듣고 이해한다.			
	다른 사람에게 친절하게 말한다.			
	친구가 방해하는 행동을 할 때 적절한 방법으로 양해를 구한다.			
기관 적응 능력	교사의 지시사항을 이해하고 따른다.			
	어려운 과제가 주어졌을 때 포기하지 않고 계속 도전, 노력한다.			
	교사가 다른 사람과 이야기 나눌 때 끼어들지 않고 기회를 기다린다.			
친구관계 형성능력	아는 사람을 만나면 반갑게 인사한다.			
	우울해 하는 친구를 위로할 수 있다.			
	자신의 것을 친구들과 잘 나눈다.			

④ 시간표집법(time sampling)

미리 선정된 관찰대상의 행동들을 정해진 시간 동안 일정 간격을 두며 반복적으로 관찰하는 방법으로 특정 행동이 정해진 시간 내에 얼마나 자주 일어나는지의 행동 출현 빈도를 수집하는 방법이다. 시간표집법은 정해진 관찰 기간 동안 계속 관찰하는 것이 아니라, 일정한 시간 간격으로 행동을 관찰하여 그 결과를 기록하는 방법이다.

예시: 영유아 교사 의존성 시간표집법

관찰 유아	○○○	생년 월 일	
관 찰 자	○○○	관 찰 일	
관찰 시간	10:00~10:10(10분간)	대상 연령	
관찰 행동	교사에 대한 의존성	관찰장면	놀잇감 가지고 놀이하는 장면

※ 1회에 30초씩 관찰하고 30초 기록한다.
단, 30초 동안 동일한 행동이 여러 번 나타나더라도 1회만 표시한다.

시간 간격 / 관찰 행동	30초(1회)	30초(2회)	30초(3회)	30초(4회)	비고
놀이 하면서 교사를 바라본다.	v				
교사에게 손을 뻗는다.	v	v			
교사에게 다가간다.				v	

⑤ 사건표집법

사건표집법은 단순히 어떤 행동의 발생 유·무만을 관찰하기보다는 행동이나 사건이 발생하기를 기다렸다가 관심 행동이나 사건이 일어나면 일정한 형식에 따라 행동의 순서를 자세하게 기술하는 방법이다. 관찰되는 행동이 얼마나 자주 일어나는지, 얼마나 지속되는지, 행동의 동기는 무엇인지 등의 표집 행동 원인이나 행동의 심각 정도를 파악할 수 있다. 사건표집법 활용을 위한 관찰 지침은 다음과 같다.

① 관찰 행동이나 사건을 명확히 정하고 행동이나 사건을 조작적으로 정의해 둔다.
② 관찰 행동특성을 규정한 다음, 언제 어디서 행동을 관찰할 것인지 정한다.
③ 어떤 종류의 정보를 기록할 것인지를 미리 결정해 놓는다.
④ 관찰 양식지는 가능한 관찰자가 사용하기에 쉽고 편리하도록 만든다. 시간, 사건 전 행동, 사건 후 행동을 충분히 기록 할 수 있는 여백을 둔다.
⑤ 행동특성을 자세히 기록하기 위해 녹음기, 비디오 등 영상 매체를 사용할 수도 있다.

예시: 놀이 부적응 행동 사건표집법

유아 이름	○○○	생년월일	
관 찰 자	○○○	관 찰 일	

1. 관찰 행동 : 놀이 중에 나타나는 부적응 행동
2. 관찰 지침 : ① 유아가 놀이 중 관찰 행동을 보였을 경우, 아래에 /로 표시한다.
   ② 관찰 내용을 확대, 축소하여 운영할 수 있다.

놀이 영역	또래 상호작용	놀림	도중 포기	던지기	놀잇감 뺏기
쌓기놀이					
미술놀이	////	///		////	

(2) 면접법

면접법은 관찰법과 달리 언어를 매개로 하여 유아나 부모와의 직접적인 상호작용을 통해 자료를 수집하는 방법을 의미한다. 면접을 통해 유아와 관련된 정보를 부모나 유아 주변의 성인을 통해 수집할 수 있으므로 면접은 유아를 대상으로 하는 연구에서 필수적인 조사방법이다. 최근 유아교육기관에서 부모참여가 강조되고 있고 이러한 맥락에서 면접법을 통한 부모상담은 가정에서의 유아 생활모습을 폭넓게 이해하는 데 도움을 준다. 면접법은 다른 평가방법에 비해 융통성이 있어 여러 가지 자료를 수집할 수 있으나 객관성과 신뢰성, 타당성을 높이기 위해서는 면접자에게 고도의 기술과 훈련이 요구된다. 면접법의 특성은 다음과 같다.

① 면접 상황에서 사용되는 질문 내용은 일반적으로 피면접자의 이해 수준과 면접의 목표, 유아교육기관의 철학에 적합한 도구를 만들어서 사용하는 것이 좋다.

② 면접 대상자는 유아의 부모 이외에 다른 가족들도 면접 대상에 포함될 수 있다.

③ 면접 시 포함되는 구체적인 질문 내용은 다음과 같다.

- 출생 이력, 가족력 또는 병력 등
- 발달수준(특히 정의적 발달과 운동 기능)
- 유아의 사전 경험(지역사회기관 방문, 여행 경험, 사전 집단경험 등)
- 유아의 관심과 흥미(TV 프로그램, 책, 놀이기구, 게임 등)
- 가족 상황, 가족 관계, 부모 상황(부모 기대, 양육태도, 교육관 및 양육관 등)

면접법은 유아와 부모를 직접 만나 언어적인 반응을 통해 여러 가지 자료를 수집하는 방법으로 유아의 경우 의사소통 능력이 원활하지 않기 때문에 유아교육기관에서는 주로 부모와의 면담을 통해 유아의 가정에서의 행동특성을 포함한 전반적인 정보를 수집할 수 있다. 면담은 유아의 등·하원 시간을 활용하여 간단하게 진행하는 비공식적 면담과 미리 계획하여 진행하는 공식적 면담으로 분류될 수 있다. 비공식적 면담의 경우 충분한 시간적 여유가 없어 다양한 자료를 수집하는 데 한계가 있으므로 효율적인 면담을 위해서는 공식적인 면담을 계획하여 진행하는 것이 바람직하다.

(3) 검사법

검사법은 유아의 내재된 속성을 파악하기 위해 고안된 도구로 표준화 검사와 교사 제작 검사로 구분할 수 있다.

① 표준화 검사

표준화 검사는 검사의 목적, 내용, 대상, 실시 절차, 채점 및 결과 해석이 표준화되어 있는 검사를 의미한다. 표준화 검사는 이미 타당도와 신뢰도가 검증된 것으로 객관적인 자료를 수집하는 데 용이하며, 산출된 규준(norm)을 기초로 다른 유아들과 상대적으로 비교해 볼 수 있는 검사이다. 유아용 표준화 검사의 종류는 다음과 같다.

표 10-1 학습준비도 및 사회·정서 영역별 표준화 검사 분류표

분류	검 사 명	저자 · 제작연도	대상	출 판 사
학습 준비도 · 학습 능력 검사	초등학교 입학 선별 검사	김정권 · 여광웅, 1978	유치원	자행회
	학습준비도검사	이은해, 1979	학령전 유아	연세대 유아학과
	학급준비도검사	이연섭 · 김성일, 1980	학령전 유아	한국교육개발원
	유아학습준비도검사	한국교육개발원, 1987	2~6세	동아출판사
	기초학습기능검사	한국교육개발원, 1987	5~12세	한국교육개발원
	학습능력검사	박병관, 2000	초등학생	한국심리검사연구소
사회 · 정서 · 기타 영역 검사	창의성검사	정원식 · 이영덕, 1969	초등 고학년	K. T. C.
	간편창의성검사	정원식 · 이영덕, 1970	초등 고학년	K. T. C.
	가정환경검사	한국행동과학연구소, 1973	3~6세	한국행동과학연구소
	CAT 유아용 투사검사	김태련 · 서봉연 · 이은해, 1976	6~9세	이화여대출판부
	사회성숙도검사	이규성 · 김정희 · 이성진, 1976	0~12세	한국행동과학연구소
	BGT 성격진단법	이상로 · 변창진 · 이희도, 1979	5~11세	중앙적성출판사
	사회성숙도검사	김승국 · 김옥기, 1985	0~성인	중앙적성출판사
	MMTIC	김정택 · 심혜숙, 1993	초등 2학년~ 중등 2학년	한국심리검사연구소
	유아성격검사	송인섭, 1993	4~7세	학자심리검사연구소
	그림좌절검사 (유아용)	김태련	유-초등 6학년	중앙적성연구소
	종합창의성검사	전경원, 1995	4~6세	한국유아교육원
	유아음악적성검사	한국가이던스, 1995	만 3~7세	한국가이던스
	EQ검사	문용린, 1997	초등 · 중등	대교눈높이 심리진단 센터
	진로발달검사	안창규, 1997	초등 고학년~ 중등 1학년	한국가이던스
	다차원인성검사	박병관, 2000	초등학생	한국심리검사연구소
	TCT-DP	홍용의, 채선희, 2001	모든 연령	한국메사연구소

출처: 두산백과사전 EnCyber & EnCyber.com 참고.

표준화 검사는 검사를 실시하고 결과를 해석하기 위해 전문화된 훈련이 필요하다. 검사를 선택할 때 검사자는 검사의 정확한 목적과 검사도구의 특징을 평가할 수 있어야 한다. 동시에 검사도구의 타당도와 신뢰도, 시간과 비용의 문제,

검사의 실시, 채점 및 해석의 용이함도 고려되어야 한다.

유아교육평가에서 유아의 발달 및 성취수준 평가, 프로그램 효과 검증, 부모 참여 효과 평가, 교사평가 등 다양한 영역에서 표준화 검사가 유용하게 활용되고 있다.

② 교사 제작 검사

교사가 평가를 목적으로 필요에 의해 평가 내용, 방법, 절차 등을 결정하여 검사 도구를 제작하여 사용하는 경우이다. 즉, 평가에 적합한 검사 자료가 없어 평가의 목적과 내용에 따라서 검사 도구를 교사가 직접 제작하여 사용하는 검사이다. 이렇게 만들어진 검사 도구는 검사 문항과 프로그램의 목표, 검사 문항과 유아발달수준과의 연관성 등 검사하고자 하는 내용이 들어있다는 장점은 있으나, 프로그램의 목표를 반영할 수 있는 객관화된 검사 문항을 선정하는 과정이 매우 어려우며 신뢰도나 타당도 등에서 검증되지 않은 검사 도구이기 때문에 검사 결과에 따른 유아 간 비교가 어렵고 일반화하기에도 한계가 있을 수 있다.

(4) 유아 포트폴리오 평가

유아가 일상생활이나 수업 중에 직접 활동한 자료를 수집하여 측정하는 것으로 유아의 작품이나 쓰기 자료 등은 유아의 발달상황을 파악하는 데 도움이 된다. 장기간에 걸쳐 유아의 활동 과정 및 결과를 증명해 줄 작품들을 수집하여 시간의 흐름에 따라 유아의 변화를 살펴보는 평가방법이다. 포트폴리오를 통한 객관적인 평가를 하기 위해서는 다음 사항을 고려해야 한다.

① 그림, 공동작업, 개별작업, 구성 활동, 비디오, 녹음, 사진, 쓰기 자료 등 유아의 다양한 작품을 수집한다.

② 수집된 자료가 평가자료로 가치가 있으려면 지속적, 체계적으로 수집해야 하며, 내용에 따라 월별, 분기별, 학기별 일정 간격을 두고 유아의 자료를

수집한다.

③ 수집된 작품에는 날짜와 작품에 대한 유아의 설명, 태도, 활동, 맥락, 특정 행동 동기, 다른 유아들과의 관계 등을 자세히 기록한다.

④ 유아가 자신의 작품에 대해 돌아보고 반성한 결과들을 포트폴리오에 포함한다.

⑤ 유아 작품에 대한 교사, 부모, 또래의 의견이나 조언, 기타 작품의 특이한 사항에 대한 기록도 포함한다.

⑥ 결과물을 수집하고 평가하는 과정에서 교사의 편견이 개입되지 않도록 유의한다.

포트폴리오 평가는 유아의 작품을 통해 발달과 성장의 변화 과정을 확인할 수 있다는 점에서 의미있는 평가방법이다. 그러나 자료를 수집하고 기록, 평가하는 과정에 오랜 시간이 소요되며 자료를 보관하고 관리하기 위하여 충분한 공간이 확보되어야 한다. 또한 모든 유아가 일관되게 포트폴리오 평가에 참여하도록 지도하는 것이 어렵고 부모를 위한 사전, 사후 포트폴리오의 성격과 활용방법에 대한 안내가 필요하여 일관된 평가체계를 갖추는데 한계가 있다.

2) 교사평가

교사평가는 교사가 하는 일의 가치를 판단하기 위해 교수활동에 관한 정보를 수집·분석하고 그 가치를 매기는 행위이다(염승렬, 2008). 유아평가뿐 아니라 교사에 대한 지속적인 평가를 하고 그 결과를 교육계획에 반영하는 것은 교육과정의 운영을 보다 효율적으로 하기 위해 요구된다(교육부, 2019).

교사평가를 통해 교사는 자신의 수업방식, 유아와의 상호작용에 관한 정보를 얻음으로써 자신의 수행을 반성하고 스스로의 발전을 꾀할 수 있으며 교수-학습 과정을 개선할 수 있다(Goodwin & Driscoll, 1980). 즉, 유아교육의 질적 발전을 도모하고 자기 성장의 효과를 기대할 수 있으며 유아교육기관의 입장에서는 교사의 임용, 인사관리, 교사의 교수방법 향상, 프로그램의 개선 등에 필요한 정보를 얻을 수 있다.

(1) 교사 자기평가

교사 자기평가는 자신의 강점과 약점을 인식하고 그 결과를 교육계획에 반영함으로써 교사로서의 교수활동을 개선하고 유아교육 운영의 효율성을 높일 수 있게 한다. 반성적 저널 쓰기와 같은 자기평가를 위한 포트폴리오를 활용하거나 자기평가 척도를 사용하여 평가가 이루어질 수 있다. 교사들은 자기평가방법을 바람직한 교사평가방법으로 인식하고 있으나(황해익, 2015), 자신에 대한 주관적인 판단이나 과대평가의 경향이 문제 될 수 있으므로 다른 평가자료와 함께 사용하는 것이 효과적이다.

(2) 상급자, 동료, 부모 또는 외부 관찰자

교사평가는 교사의 상급자(supervisor)인 원감, 원장 또는 장학사에 의해 이루어지며 동료 교사나 부모, 외부 관찰자에 의한 평가는 유아교육기관 내·외에서의 공개수업이나 시범 수업을 통해 이루어진다. 상급자에 의한 교사평가가 공평하고 객관적으로 이루어지기 위해서는 사전에 교사와 평가 준거와 양식을 협의하여 선정하고 그 기준을 교사에게 알려주어야 하며, 막연한 인상에 근거하기보다는 한 번 이상의 직접적인 관찰에 근거하여 평가하도록 해야 한다(이은해, 2003). 이 외에 공립유치원교사 선발을 위한 임용고시나 승급을 위한 시험제도 관련 평가가 있다.

3) 부모평가

부모에 대한 평가는 부모참여가 확대되고 부모교육 및 유아교육기관과 가정 간의 연계가 강조되고 있는 상황에서 중요성이 높아지고 있다. 일반적으로 부모평가는 부모의 지식과 태도 그리고 역할수행을 평가한다(이은해, 2003).

① 부모가 습득한 새로운 지식이나 태도에 대한 자료를 부모 대상 면접이나 설문지 조사를 통해 수집한다. 부모가 자녀에게 제공하는 자극, 경험, 양육 기술에 대한 구체적인 자료는 관찰 방법을 통해 수집할 수 있다.

② 가정통신문의 지시에 대한 부모의 반응, 부모회의 출석률, 자원봉사 실행 횟수, 부모가 주도하여 이루어진 교사 면담 등의 기록이 평가자료가 된다.

③ 유아의 수행이 부모교육의 효과를 반영한다는 측면에서 측정될 수 있으나 유아의 발달적, 행동적 변화가 전적으로 부모교육의 효과로만 볼 수 없어 유의해야 한다.

03 유아교육평가의 관리

1) 평가결과의 기록

유아교육기관에서 평가를 계획·실시하는 것도 중요하지만 평가결과를 기록·보관하는 것도 매우 중요하다. 유아교육기관에서 유아의 평가결과를 기록하고 정리할 때 고려되어야 할 점을 살펴보면 다음과 같다(이은해, 2003).

① 개별 유아에 대한 모든 평가자료, 즉 일화기록 등의 관찰기록 및 검사결과, 포트폴리오, 건강기록부, 생활기록부, 면담자료 등을 각각 개인별로 정리한다.

② 평가자료마다 평가 날짜, 평가자, 평가 시 유아의 태도나 상태 등 관련 상황에 대한 간략한 정보가 반드시 포함되어야 한다.

③ 한 시기에 편중되지 않고 1년간 체계적, 정기적인 자료 수집이 이루어져야 한다.

④ 담당 교사 이외에 다른 학급 교사가 관찰한 사항이나 한 상황에서 여러 명의 유아가 관찰된 경우 등에서 파일을 상호 보완(cross-filing)할 수 있는 체제

를 만든다.

⑤ 연간 2회~3회 유아별 평가결과 요약 및 해석을 정리하며 누락 여부도 확인한다.

⑥ 유아 개인별 평가결과 요약은 발달 영역별로 정리하는 것이 효과적이며 발달이 잘 이루어진 영역과 그렇지 못한 영역을 구분하여 서술한다.

⑦ 유아별 평가결과를 수집·기록함으로써 유아 간의 상대적 비교보다는 각 유아에 대한 개체 내 개인차에 초점을 두어 평가가 이루어지도록 한다.

평가결과의 기록은 교사의 중요한 임무 중의 하나이며 평가결과를 기록하고 활용하는 데 유의해야 할 점은 다음과 같다(이소영·임재택, 2020).

① 평가결과는 유아가 필요로 하는 교육경험을 계획, 제공하는 지침으로 활용한다.

② 한 유아의 평가기록을 여러 사람이 다른 관점에서 평가, 활용될 수 있도록 한다.

③ 교사는 유아의 발달을 평가, 기록하는 과정에서 대상에 대하여 깊이 생각해야 한다.

④ 평가기록은 문제 발생 시 필요에 의해 전문가(유아상담가, 의사 등)가 원인을 파악하고 문제해결 방안을 모색하는 데 효과적으로 활용될 수 있어야 한다.

⑤ 교사들은 유아의 평가기록을 통해 발달과정을 이해하고자 노력해야 한다.

⑥ 유아에 대한 평가기록은 부모들과의 면담자료로 사용될 수 있어야 한다.

⑦ 유아교육기관의 평가기록은 초등학교에서의 지도 및 교육 자료로 사용될 수 있다.

⑧ 유아교육기관을 지도·장학하는 행정기관에서는 유아발달 및 교육 프로그램 등 여러 가지 평가결과를 기록하고 보관할 것을 요구하고 있다.

2) 평가결과의 보고

유아교육기관에서 유아와 교육 프로그램에 대한 평가결과를 부모나 지역사회 혹은 관련 행정기관에 알리는 것은 유아교육에 대한 이해를 높이고 유아교육의 효과를 증진하는 데 매우 중요한 요인이 된다. 평가결과를 보고하는 목적은 부모와 교사 간에 유아의 발달 정도에 대해 정확한 정보를 기초로 의사소통의 기회를 갖게 되어 서로 간에 신뢰감을 형성할 수 있게 된다. 평가결과의 보고는 학기별 또는 분기별로 연 2회나 4회 이상 하는 것이 적절하다. 또한 결과 내용은 유아의 발달과 교육에 도움이 될 수 있도록 긍정적인 내용이어야 하며 발달과 성장의 과정을 자세히 서술하는 것이 적합하다. 유아의 발달 상태에 대한 평가기록 중 유치원 원아를 위한 대표적인 법정 장부로는 생활기록부가 있다. 생활기록부는 연령에 따른 유아들의 종합적인 발달상황을 기록하고 보존하여 활용하기 위한 것이다.

3) 평가의 활용

유아교육기관에서 이루어지는 평가의 결과는 유아의 전인적인 성장, 효율적인 교육과정 운영, 부모면담, 생활기록부 작성 등을 위한 기초 자료로 활용한다.

평가결과는 교사들이 교육을 위한 활동계획을 세우는 데 바탕이 되고 개인별 평가결과로 유아의 발달 정도에 맞는 학습 속도를 정할 수 있으며 개별 학습을 가능하게 하는 자료가 된다. 평가는 환경구성과 교수활동에 참고할 수 있는 자료를 제공해 주며 부모들에게 참고자료를 제공함으로써 가정과 유치원 교육과의 연계성을 이룰 수 있게 한다. 교사는 평가결과로 효율적인 면담을 실시하도록 하며 유아의 전인적 성장에 도움을 주는 데 주력하여야 한다. 또한 평가의 결과는 1년간의 유치원 생활을 교육과정 영역에 따라 종합적으로 평가하는 생활기록부 작성에도 중요한 자료가 된다.

한편, 교육 프로그램에 대한 평가결과는 교사가 보다 나은 물리적 환경구성, 적절한 교수-학습 계획과 수행의 효율성을 위해서 활용될 수 있다. 특히 형성평가의 결과는 교육과정을 직접 운영하고 있는 운영자들이 교육과정을 개선하는데 활용할 수 있도록 한다. 종합적인 평가결과는 활동계획을 세울 때 바탕이 되며 교육 프로그램 운영결과를 확인하고자 할 때에도 활용할 수 있다.

04 유치원평가

유치원평가는 유치원의 운영실태 진단과 개선방안 제안을 통한 책무성 제고와 평가결과 환류를 통한 운영의 효율성 및 유아교육의 질 제고를 목적으로 한다. 이와 함께 체계적인 정보 제공을 통해 학부모의 알 권리와 선택권을 보장하고 학부모 만족도를 제고하기 위해서도 필요하다 할 수 있다.

1) 유치원평가의 필요성

유아교육기관 평가는 유아교육의 질 관리, 교사의 전문성 향상, 질 높은 교육 제공 면에서 필요하다. 유아교육기관에 대한 평가가 시행되어야 하는 필요성을 구체적으로 정리하면 다음과 같다(이기숙·강수경, 2012).

① 유아교육기관 평가는 유아교육의 질을 체계적으로 관리하는 정책이 될 수 있다. 유치원평가를 통해 국가 수준의 체계적인 평가시스템을 구축함으로써 유치원의 운영 실태를 진단하고 개선 방안을 제안할 수 있다.

② 유아교육기관 평가는 기관의 질 개선뿐 아니라 영유아들의 교육을 담당하는 교사의 전문성을 향상할 수 있다. 교육 운영 및 영유아들과의 상호작용 등에 관한 실제적인 점검 과정을 통해 교사로서의 전문성을 신장시킬 수 있다.

③ 유아교육기관 평가를 통해 사회가 요구하는 질 높은 교육을 유아들에게

제공할 수 있고, 부모에게 질 높은 기관을 선택할 수 있는 기준을 제시할 수 있다.

④ 유아교육기관 평가는 유아교육의 정상적인 운영을 위한 질 관리를 가능하게 한다. 국가 수준 유치원 교육과정을 학부모의 편향된 요구와 행사, 특기 활동 중심으로 파행 운영하는 기관의 경우, 평가를 통해 유아교육의 질적 수준을 정착시킬 수 있다.

2) 국가 수준 유치원평가(*제5주기 : 2020년~2022년 3년간)

(1) 목적

① 유치원평가의 현장 적합성 제고를 위해 자율적인 유치원 교육 활동의 진단 및 개선을 통한 유치원 교육의 질을 향상한다.

② 2019 개정 교육과정을 충실히 운영할 수 있는 유치원 운영체계 구축 및 유아의 건강·안전 관리 강화를 통한 유치원의 책무성 및 공공성을 강화한다.

③ 유치원 교육공동체의 참여·소통·협력을 통한 자율과 책임의 유치원 자치문화를 조성한다.

(2) 기본 방향

① 유치원평가 주기는 3년이며 동일 주기에는 동일 방식으로 평가한다.

② 자체평가, 서면평가를 실시하되 현장의 업무 부담을 최소화한다.

③ 평가영역은 3개 영역 'Ⅰ. 유아중심 교육과정 및 방과후 과정', 'Ⅱ. 민주적 유치원 운영', 'Ⅲ. 안전하고 쾌적한 교육환경 및 유아를 위한 건강·안전'으로 구성한다.

④ 평가문항은 3개 영역 중 Ⅰ, Ⅱ 영역은 단위유치원이 교육목표에 따라 이를 달성하기 위한 문항으로 자율적으로 구성하되, Ⅲ 영역은 제시된 평가문항을 활용한다.

⑤ 평가결과에 대한 환류를 강화하여 유치원 운영 개선을 통한 유치원 교육 서비스를 향상한다.

⑥ 경기도교육청과 교육지원청의 협력을 통해 유치원평가의 효과성, 신뢰도를 높인다.

구분	4주기 기존	5주기 기본 방향
평가 절차	• 자체평가 → 서면평가 → 현장평가	• 자체평가 → 서면평가 단계 간소화
평가 방식	• 객관화·정형화 형식 현장 방문을 통한 외부자 중심 평가 • 획일화된 평가지표, 평가문항 제시	• 단위유치원의 구성원과의 협력·소통을 통한 유치원 자체평가 역량 제고 • 평가문항 자율 구성으로 유치원 자율성 존중
결과 환류	• 평가결과의 실질적 활용 부족	• 조직적이고 체계적인 후속 컨설팅 강화

(3) 평가의 주요 내용

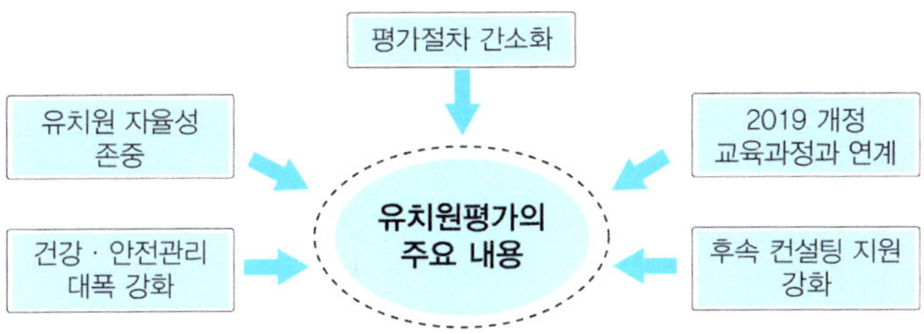

(4) 평가방법 및 절차

평가방법은 자체평가(평정척도)와 서면평가(정량평가)를 병행함으로써 유치원의 자율성은 존중하되 공공성은 강화한다. 평가 절차는 아래와 같다.

자체평가		서면평가		평가결과서 송부		결과 공시
유치원		서면평가단		심의위원회		유치원
• 유치원 전체 실시 매년 교육 활동 평가, 설문조사 분석, 평가결과서 제출 및 공개	→	• 건강, 안전 영역 한해서 서면평가 실시 • 평가보고서 작성 제출	→	• 유치원평가결과서 송부 • 이의신청 시 심의, 검토	→	• 유치원 알리미 공시

(5) 평가결과 활용

① 서면평가결과는 정량평가 기준으로 명시하여 유치원으로 송부하고 자체평가는 평정척도를 활용하여 자체평가서에 입력한다.

② 교직원, 학부모 등 유치원 교육공동체가 공감·공유할 수 있도록 유치원평가결과에 대한 토론회를 실시한다.

③ 구성원 간 논의 내용은 차년도 유치원 교육계획, 교육활동 수립 시 반영한다.

④ 차년도 정보공시(유치원알리미 http://e-childschoolinfo.moe.go.kr)에 공시한다.

⑤ 평가결과는 유치원의 질 제고를 위한 피드백 자료로 적극 활용한다.

⑥ 유치원평가결과, 개선이 필요한 영역에 대한 컨설팅 장학을 실시하며 유치원별 우수사례 공유 및 유치원 간 네트워크를 구축한다.

(6) 제5주기 유치원평가 영역별 평가 지표 및 항목

영역	평가 지표	평가 항목
Ⅰ. 교육과정 및 방과후 과정	Ⅰ-1. 교육계획 수립	Ⅰ-1-1. 국가수준의 공통 교육과정을 바탕으로 각 유치원의 실정을 반영한 교육계획을 수립한다.
		Ⅰ-1-2. 유아의 발달과 장애 정도를 고려하여 교육계획을 수립한다.
		Ⅰ-1-3. 가정과 지역사회와의 협력과 참여를 포함하여 교육계획을 수립한다.
	Ⅰ-2. 일과운영	Ⅰ-2-1. 놀이와 활동을 융통성 있게 운영한다.
		Ⅰ-2-2. 성, 신체적 특성, 장애, 종교, 가족 및 문화적 배경 등으로 인한 차별이 없도록 운영한다.
	Ⅰ-3. 교수·학습 및 평가	Ⅰ-3-1. 유아중심 놀이가 이루어지도록 지원한다.
		Ⅰ-3-2. 교사는 유아가 놀이에 대한 흥미와 관심을 갖도록 지원한다.
		Ⅰ-3-3. 유아의 특성 및 변화 정도와 교육과정 운영에 대한 평가를 실시한다.
		Ⅰ-3-4. 유아와 교육과정 운영에 대한 평가결과를 다음 계획에 반영한다.
	Ⅰ-4. 교사와 유아 상호작용	Ⅰ-4-1. 교사는 유아의 요구나 질문에 적절하게 반응한다.
		Ⅰ-4-2. 교사는 유아의 감정에 공감하고 유아가 스스로의 감정을 다룰 수 있도록 돕는다.
		Ⅰ-4-3. 교사는 유아의 놀이 상황을 주의 깊게 관찰하고 적절히 지원한다.

영역	평가 지표	평가 항목
	1-5. 방과후 과정	1-5-1. 방과후 과정을 적절하게 계획하여 운영하고 있다.
		1-5-2. 방과후 과정을 위한 환경을 갖추고 있다.
Ⅱ. 교육 환경 및 운영 관리	2-1. 놀이 공간의 다양성	2-1-1. 실내외 공간을 다양한 놀이와 활동이 가능하도록 구성하고 있다.
		2-1-2. 놀이 영역 간의 연계 및 놀이 확장이 가능하도록 실내외 공간을 구성하고 있다.
	2-2. 시설·설비의 적합성	2-2-1. 실내외 시설·설비가 유아의 발달수준에 적합하다.
		2-2-2. 유아의 놀이와 활동을 지원하는 공간을 마련하고 있다
	2-3. 놀이 자료의 구비 및 관리	2-3-1. 다양한 놀이와 활동이 가능한 놀이 자료를 충분히 구비하고 있다.
		2-3-2. 놀이 자료 및 비품을 보관하는 공간이 있고 체계적으로 관리하고 있다.
	2-4. 행·재정관리	2-4-1. 유치원운영위원회를 구성·운영하고 있다.
		2-4-2. 유치원생활기록부 작성 및 관리지침에 따라 생활기록부를 작성·관리하고 있다.
		2-4-3. 유치원 예산·회계를 체계적으로 관리하고 있다.
Ⅲ. 건강·안전	3-1. 시설 및 환경	3-1-1. 실내 공간을 청결하고 안전하게 관리한다.
		3-1-2. 실외 공간을 청결하고 안전하게 관리한다.
		3-1-3. 수도시설 공간을 청결하고 안전하게 관리한다.
		3-1-4. 전기 및 가스를 안전하게 관리한다.
		3-1-5. 안전시설 및 용품을 충실히 관리하고 사용법을 숙지한다.
	3-2. 건강 및 안전 증진	3-2-1. 질병 및 상해 관리와 감염병 대응관리가 적절히 이루어진다.
		3-2-2. 의약품을 철저하게 관리하고 있다.
		3-2-3. 건강 및 안전 증진을 위한 예방 관리를 실시하고 있다.
		3-2-4. 건강 및 안전 증진을 위한 교육이 충실히 이루어지고 있다.
	3-3. 급·간식 건강 및 안전	3-3-1. 균형 잡힌 급·간식 계획을 수립·제공하고 있으며, 식자재 관리가 적절하게 이루어진다.
		3-3-2. 조리 및 배식 과정이 안전하고 위생적이다.
		3-3-3. 급·간식 시간 및 이후 관리가 위생적으로 이루어진다.

05 어린이집평가(*2019년 의무평가제)

1) 추진 배경

2018년 12월 11일 「영유아보육법」 개정안이 공포됨에 따라 2019년 6월 12일부터 어린이집평가제가 시행되었다. 평가제 시행은 지금까지 평가인증을 신청한 어린이집에 한해 이루어진 어린이집 질 관리가 전국 모든 어린이집으로 확대되었다는 점에서 의미가 크다(한국보육진흥원, 2019). 보육서비스의 질 관리와 유지를 위해 도입된 평가인증제도는 어린이집의 물리적 환경뿐 아니라 보육과정 및 상호작용과 같은 과정적 질 관리가 이루어짐에 따라 보육서비스의 질적 수준을 향상하였다. 또한, 보육교직원의 역량 강화 및 전반적인 보육현장의 전문성을 제고하는 데 기여하였으며, 부모의 합리적인 선택권 보장의 중앙 및 지방정부의 효율적 보육재정 집행에도 기여한 것으로 나타났다. 하지만 평가인증제도가 어린이집의 자발적 신청에 의해 운영됨에 따라 미인증 어린이집으로 인한 질 관리 사각지대 문제가 발생하였으며, 최근 아동권리 보호, 아동학대 예방, 안전관리 강화에 대한 사회적 요구 증가로 전체 어린이집 질 관리에 대한 필요성이 제기되었다(한국보육진흥원, 2019).

이에, 2018년 12월 「영유아보육법」 개정을 통하여 보육·양육에 대한 사회적 책임 강화의 실현과 영유아의 건강한 성장 및 발달을 위해 모든 어린이집을 대상으로 하는 의무평가제의 법적 근거가 마련, 어린이집평가제가 시행되었다. 어린이집평가제는 전체 어린이집의 질 관리를 위하여 평가 자체에 목적을 두기보다 정기적인 평가를 통해 어린이집이 지속적으로 보육의 질적인 수준을 향상하고 유지할 수 있게 함으로써 영유아의 안전, 건강과 영양의 조화로운 성장과 균형적인 발달을 도모하고 부모가 믿고 맡길 수 있는 '안심할 수 있는 보육환경'의 조성에 기여하고자 한다.

2) 추진 목적

어린이집평가제 시행 목적은 다음과 같다.

① 상시적인 보육서비스 질 관리를 위해 주요 핵심지표를 중심으로 질 관리 표준을 제시하고 어린이집 스스로 질적 수준을 제고하도록 한다.
② 전체 어린이집에 대한 주기적 평가를 통하여 보육서비스 품질관리의 사각지대를 해소하고 전반적인 보육서비스 수준을 지속적으로 관리하여 국가의 책무성을 강화하고자 한다.
③ 궁극적으로 평가제를 통해 보육서비스의 질 향상을 제고함으로써 영유아의 안전과 건강, 조화로운 성장과 발달을 도모하고자 한다. 이를 위해 영유아의 인권과 놀 권리를 보장하고 영유아가 건강하고 행복하게 성장할 수 있는 안심 보육환경을 조성하며, 보육교직원이 영유아 보육에 집중할 수 있는 여건을 조성한다(한국보육진흥원, 2019).

3) 주요 내용

평가제는 전체 어린이집에 대하여 평가를 주기적으로 진행하고 결과 등급에 따라 관리하도록 설계되었다. 한국보육진흥원(2019)은 '어린이집에는 평가의무가 부여되므로 「영유아보육법」 제44조제4의6호에 따라 평가를 거부, 방해 또는 기피하거나 거짓, 그 밖의 부정한 방법으로 평가를 받은 경우 그에 따르는 시정명령 및 행정처분을 받을 수 있다'고 하였다. 평가인증제와 평가제의 특징을 비교하면 다음과 같다.

표 10-2 평가인증제 및 평가제 특징 비교

구분	평가인증제	평가제
평가 대상	• 평가인증 신청 어린이집	• 전체 어린이집
평가 절차	• 어린이집 신청 → 기본사항 확인 → 자체점검 → 현장평가 → 종합평가(총 4개월)	• 평가대상 통보 → 기본사항 확인 및 자체점검 → 현장평가 → 종합평가(총 3개월)
	• 참여수수료 어린이집 납부	• 참여수수료 전액 국가 부담
	• 기본사항 : 필수항목 9개, 기본항목 - 필수항목 미준수는 참여 제외, 기본항목 미준수는 차하위 등급 부여	• 기본사항 : 사전 점검사항 5개, 위반 이력사항 - 사전 점검사항 미준수는 D등급 부여, 위반 이력사항 발생 시 차하위 등급 부여
	• 소위원회와 종합평가위원회 심의, 등급 결정	• 소위원회와 종합평가위원회 심의, 등급 결정 • 필수지표 및 요소 미충족 시 A등급 불가
	• 재참여, 재평가 과정 운영	• 재참여, 재평가 과정 폐지
평가 결과	• 4등급(A, B, C, D), D등급 불인증	• 4등급(A, B, C, D)
평가 주기	• (유효기간) 3년(A등급 1년 연장 가능)	• A, B등급 3년 / C, D등급 2년
결과 공표	• 평가받은 어린이집의 결과 공시 - 평가인증 결과, 인증 이력 등 공개	• 전체 어린이집의 결과 공시 - 평가결과, 평가 이력 등 공개
사후 관리 및 등급 조정	• 인증 어린이집 사후관리 - 연차별 자체 점검 보고서 제출 - 확인점검(무작위, 월 단위 시기 안내) - 확인방문(배우자 및 직계존속비속 또는 1년 이상 재직교사 대표자 변경, 주소변경) - 인증유효기간 종료 • 법 위반 및 행정처분 발생 시 인증취소	• 평가 등급별 사후관리 - 연차별 자체점검보고서 제출(A, B등급) - 사후방문 지원(C, D등급 의무 실시) - 확인점검(평가 관련 민원 발생, 법 위반 및 행정처분, 정보공시 부실 어린이집 등에 대하여 불시점검) • 평가등급 조정 및 관리 - 법 위반 및 행정처분 발생 시 최하위 등급 조정
결과 활용	• 인증 어린이집에 대한 행·재정적 지원	• 평가 등급별 행·재정적 지원 등 • 지도점검 연계(2회 연속 D등급 어린이집)

출처: 한국보육진흥원 어린이집평가매뉴얼(2020).

4) 운영 체계

어린이집평가는 정해진 주기에 따라 대상을 선정하여 통보함으로써 시작된다. 대상통보는 총 2회에 걸쳐 진행되는데, 선정통보(1차)는 현장평가 6개월 이전에,

확정통보(2차)는 현장평가 2개월 전에 통보된다(한국보육진흥원, 2019). 확정통보를 받는 어린이집에 대해서는 통보 받은 익월부터 통합지표와 동일하게 기본사항 확인 및 자체점검→현장평가→종합평가의 과정이 3개월 동안 진행된다.

각 어린이집의 평가시기는 평가주기와 연계하여 정해지는데, 정해진 평가주기 외 신규 개원, 대표자 변경, 행정처분 등의 사유 발생 시에는 별도로 정해진 평가시기에 맞춰 통보가 이루어지고 평가 참여수수료를 국가가 전액 부담한다. 2020년에는 품질변동 요인별로 다르게 적용하였던 평가대상 선정시기를 일관되게 적용하도록 하였으며, 종전 운영자 변동 없이 국공립어린이집으로 전환한 신규 개원 어린이집은 기존의 평가결과와 유효기간을 유지하되, 확인점검을 통하여 보육서비스 품질 유지 여부를 모니터링하도록 개선하였다. 또한, 기본사항 확인의 위한 이력사항 및 평가과정 중 변동사항 확인의 적용 기준일을 선정통보 월로 변경하였다.

5) 평가지표

평가지표는 제3차 평가인증의 통합지표를 기반으로 하되, 어린이집의 고유한 특성을 반영하였다. 또한 2020년에는 개정 누리과정 및 개정 표준보육과정의 시행, 보육지원체계 개편 등 보육정책의 변화를 반영하여 평가항목을 일부 개선하였다. 평가제 지표의 주요 특징은 다음과 같다.

① 기존 지표 간 항목 수 차이로 나타났던 등급 산정의 불합리성을 해소하고자, 지표를 21지표에서 18지표로, 79항목에서 59항목으로 축소하였고 지표별 평가항목 수를 평균 3~4개로 균형 배치하였다.

② ‘영유아 권리 존중’, ‘놀이’, ‘안전’의 강조를 통해 영유아가 중심인 안심 보육환경을 조성하고자, 영유아 권리 존중(1-1) 지표를 필수지표로 지정, 그 의미를 강조하고 놀이중심의 보육과정 운영을 강화하였다. 또한 급·간식 위생 및 안전 항목 중 영유아의 등원부터 하원까지 안전하게 생활하는 데 반드시 필요한 필수요소(8개)를 지정하여, 필수지표 또는 필수요소 충족이

최상위 등급을 받을 수 있는 필수조건이 되도록 하였다.

③ 보육교직원의 근무여건 개선과 보육에 집중할 수 있는 보육환경 마련을 위하여 보육교직원의 처우, 스트레스 관리 관련 지표를 강조하고 직무역량 제고를 위한 항목을 강화하였다(한국보육진흥원, 2019).

표 10-3 평가인증제 지표와 평가제 지표 비교

구 분	평가인증제		평가제	
영역(4)	지표(21)	항목(79)	지표(18)	항목(59)
I. 보육과정 및 상호작용 (31→18)	1-1. 보육 계획 및 실행	4	1-1. 영유아 권리 존중(필수)	2
	1-2. 일과 운영	5	1-2. 보육계획 수립 및 실행	6
	1-3. 교수·학습방법 및 놀이지원	6		
	1-4. 교사·영유아 상호작용	6	1-3. 놀이 및 활동 지원	3
	1-5. 영유아 간 상호작용 시 교사 역할	4	1-4. 영유아 간 상호작용 지원	4
	1-6. 평가	4	1-5. 평가	3
	1-7. 일상생활	3		
	소계	31	소계	18
II. 보육환경 및 운영관리 (19→14)	2-1. 실내 공간 구성	5	2-1. 실내 공간 구성 및 운영	4
	2-2. 실외 공간 구성	3	2-2. 실외 공간 구성 및 운영	3
	2-3. 기관 운영	4	2-3. 기관 운영	4
	2-4. 가정 및 지역사회와의 연계	5		
	2-5. 어린이집 이용 보장	2	2-4. 가정 및 지역사회와 협력	3
	소계	19	소계	14
III. 건강·안전 (15→15)	3-1. 실내외 공간의 청결 및 안전	4	3-1. 실내외 공간의 청결 및 안전	3
	3-2. 급·간식	3	3-2. 급·간식	3
	3-3. 건강증진 위한 교육 및 관리	3	3-3. 건강증진을 위한 교육 및 관리	3
	3-4. 등·하원의 안전	2	3-4. 등·하원의 안전	3
	3-5. 안전교육 및 사고 대책	3	3-5. 안전교육 및 사고 대책	3
	소계	15	소계	15
IV. 교직원 (14→12)	4-1. 원장의 리더십	4	4-1. 원장의 리더십	3
	4-2. 교직원의 근무환경	3	4-2. 교직원의 근무환경	3
	4-3. 교직원의 처우와 복지	3	4-3. 교직원의 처우와 복지	3
	4-4. 교직원의 전문성 제고	4	4-4. 교직원의 전문성 제고	3
	소계	14	소계	12

출처: 보건복지부, 한국보육진흥원(2018).

어린이집평가제는 질 좋은 보육서비스를 나타내는 평가지표와 지침을 근거로 모든 어린이집이 스스로 질적인 수준을 향상하는 과정인 것이다. 또한 국가적으로는 보육현장 운영에 효율적인 지원을 통해 관리할 수 있는 시스템 구축을 필수적으로 욕구하는 제도이기도 하다. 따라서 평가제도는 어린이집의 질 관리 측면에서 효과적으로 활용되고 영유아의 발달을 촉진시키는 데 기여하고 있다.

핵심내용 및 토의주제

1. 제4주기 유치원평가와 제5주기 유치원평가를 비교하고 차이점, 변화에 대하여 이야기를 나눠 봅시다.

2. 유아평가결과를 기록하고 활용함에 있어 유의해야 할 사항을 이야기 나누고, 효율적인 활용 방안에 대하여도 생각해 봅시다.

학습자 활동

1. 유치원이나 어린이집에서 관찰 가능한 유아의 놀이 상황을 설정하고, 관찰법 종류 중 1가지를 선택하여 <관찰-기록-평가>의 교사 역할을 수행해 봅시다.

2. 어린이집평가인증제와 비교하여 어린이집평가제에서 강조하고 있는 내용을 A4 1쪽으로 정리하여 봅시다.

CHAPTER

11

통합교육

01 통합교육의 정의

「장애인 등에 대한 특수교육법」은 통합교육을 '특수교육 대상자가 일반 학교에서 장애 유형이나 장애 정도에 따라 차별을 받지 아니하고 또래와 함께 개개인의 교육적 요구에 적합한 교육을 받는 것을 말한다'라고 정의하고 있다.

초창기 통합교육은 장애 학생에게 초점이 맞추어져서 어떻게 하면 장애 학생을 분리교육 환경이 아닌 비장애 유아와 일반 학교에서 함께 교육할 것인가에 관심이 집중되어 있었다. 하지만 이제는 점차 어떻게 하면 학교 환경을 변화시켜서 장애 학생뿐 아니라 모든 학생의 개별적인 욕구를 충족시키는 학교로 변화될 수 있을까 하는 것이 주요한 과제가 됐다. 학교의 모든 학생 각각의 개별성을 존중하고 개인적인 욕구를 충족시켜 나가는 교육체계로 변화하고 있는 것이다.

02 통합교육의 필요성

1) 윤리적 측면

사회 구성원으로서 함께 어우러져 사는 권리는 인간의 기본권이며 능력이나 외모가 다르다고 사회에서 분리하여 생활하는 것은 이런 권리를 박탈하는 것이다. 장애 유아를 분리하는 것은 사회가 거대화되면서 일어난 현상으로, 어떤 특정한 요소에 의해 바람직한 것과 그렇지 못한 것으로 인위적으로 인간을 분류한 비윤리적인 것이다.

2) 사회적 측면

중요한 교육 목적 중의 하나는 그 사회는 바람직한 구성원이 되게 하는 것이다. 또래 집단과의 상호작용이나 사회 접촉을 하지 못하면, 바람직한 사회 구성원이 되는 기술을 배울 수 없다. 또한 비장애 유아에게 타인을 이해하는 성숙한 사회인으로 성장하는 밑거름이 되고 이런 사람이 많은 사회는 더 성숙한 사회가 된다.

3) 발달적 측면

유아기의 놀이는 유아의 인지, 사회성, 언어 그리고 도덕성의 발달에 중요한 역할을 하며 놀이를 통해 유아는 새로운 역할을 경험하게 된다. 유아기의 통합된 환경에서 장애 유아는 마찬가지로 또래 유아와의 놀이와 상호작용을 통해 많은 발달을 할 수 있다. 모방을 통해 많은 것을 배우는 유아기의 유아에게는 정상적이고 바람직한 행동을 더 자발적으로 하려는 동기유발이 되기 쉽다.

4) 경제적 측면

장애 유아를 위한 시설을 새로 만들기 위해 투자하는 것보다 기존의 비장애 유아교육기관에 장애 유아를 통합시키면 더 경제적이다. 장애 유아와 그 부모의 입장에서도 집 근처의 유아교육 프로그램을 두고 멀리에 있는 특수 시설에 다닐 경우 시간, 돈 그리고 에너지가 낭비가 된다.

03 유아교육기관에서의 통합교육

1) 통합교육의 기본 방향

유아교육 환경과 프로그램이 장애 유아와 비장애 유아 모두의 성장과 발달에 바람직한 영향을 주기 위해서는 프로그램 운영에 있어 몇 가지 기본 방향이 필요하다.

① 기관의 일과운영 프로그램은 다양한 통합의 기회를 제공할 수 있다. 등원, 자유놀이, 그룹 활동, 점심, 간식, 낮잠, 오후 활동 등으로 이어지는 생활중심 프로그램은 장애 유아에게 다양하고 많은 통합 기회를 자연스럽게 제공해 줄 수 있다.

② 장애 유아의 교실 배치와 통합 프로그램의 계획에 있어서 생활연령(CA)은 매우 중요한 기준이 된다. 장애 유아의 발달수준(정신연령)에 대한 고려보다는 유아의 생활연령을 기준으로 하여 프로그램에 배치하는 것이 중요하다.

③ 장애 유아를 전담하는 교사(장애전담교사)와 일반 교실을 운영하는 교사 외에 다양한 관련자(Resource Person)들의 긴밀한 협력 관계를 유지하고, 협의 내용을 프로그램에 반영하도록 한다.

④ 유아교육 일반 모든 프로그램에 장애 유아를 포함하여 장애 유아에게 제한될 수 있는 환경을 최소화한다. 일반 보육환경과 교육 프로그램이 장애 유아에게도 유용하도록 고려하며 교사는 유연하게 프로그램 운영을 할 수 있어야 한다.

⑤ 통합의 효과를 높이기 위해서는 장애 유아발달 정도 및 특성에 따른 개별화 교육이 진행되어야 한다. 교사와 유아가 일대일로 상호작용하는 것뿐 아니라 다양한 형태로 교육 프로그램이 각 유아에게 맞추어지는 것을 말한다.

⑥ 가정과 연계된 통합 프로그램은 장애 유아의 바람직한 발달을 돕는다. 부

모와 교사가 활동을 나누고 장애 유아가 최우선적으로 습득해야 할 과제(Priorities)를 중심으로 구체적인 활동을 정하여 연계하여 지도해 나가도록 한다.

⑦ 통합의 성공은 장애 유아의 훈련 정도보다는 비장애 유아와 교사들이 장애 유아에게 어느 정도 적응하느냐에 달렸다. 장애 유아를 훈련·교육하는 일은 비장애 유아들과 교사들이 장애 유아와 함께 생활하고 친구가 되었을 때 가능하다.

2) 통합교육의 시기

통합교육의 시기는 일반적으로 나이가 어리면 어릴수록 좋다고 한다. 그 이유는 장애 유아나 비장애 유아 모두 나이가 어릴수록 장애에 대한 편견이 없고 쉽게 동화될 수 있기 때문이다. 실제로 장애 유아에 대한 비장애 유아의 태도 변화에 대한 연구결과를 살펴보면 초등학교 고학년보다 저학년에서 상호작용이 더 많이 나타난다고 보고하였다. 또한, 장애 유아를 위한 특별한 교구, 교재, 교육방법이 있는 것이 아니며 일반적인 다양한 교구, 교재, 교육방법이 장애 유아에게도 모두 유용하기 때문에 학업의 성과에 중심을 두는 학령기보다는 유아가 흥미를 가지고 탐색하며 환경과 상호작용하는 데 중점을 두는 학령전기가 더 통합에 적절하다. 장애 유아가 일반통합에서 성공하기 위해서는 독립적인 신변처리 능력과 사회성 기술이 필요하므로 무조건적인 조기 통합교육보다는 유아의 발달연령과 생활연령을 고려하고 유아가 통합을 위한 충분한 준비기능을 획득하였는지를 신중히 판단한 후에 이루어져야 한다.

3) 통합교육의 형태

① 완전통합 – 비장애 유아와 장애 유아가 같은 학습자료 학습기회를 가지고 동일한 교육 상황에서 수업을 하는 형태로 장애 유아에게 필요한 모든 지원 서비스가 일반 학급의 교육과정을 통해서 제공되는 것을 의미한다.

② 역 통합 – 비장애 유아들이 장애 유아의 수만큼 장애 유아반에 이동하여 활동에 참여하는 통합 형태이다.

③ 학급 대 학급 통합 – 비슷한 연령의 비장애 유아 교실과 장애 유아 교실이 함께 프로그램을 진행하는 통합 형태를 말한다.

④ 영역별 통합 – 장애 유아의 능력과 발달특성에 따라 교사주도의 영역별 활동에 참여하는 통합 형태로서 주로 미술이나 체육활동 등으로 이루어진다.

⑤ 자유놀이 통합 – 교사 주도가 아닌 자유놀이, 영역별 놀이 시간에 통합되어지는 형태로 또래교사 관계가 형성되기도 한다.

4) 장애이해교육

장애이해교육(장애 인식 개선교육)은 장애에 대한 비장애 유아의 편견을 해소하고, 세상에 존재하는 다양성을 이해하고 인권을 존중하는 공동체적 사회를 구현하고자 하는 목적으로 실시하는 교육이다. 장애의 정의, 유형, 특성, 인권, 차별금지 및 정당한 편의 제공, 장애 유아 고용촉진 및 직업 재활 관련 법과 제도 등 다양한 내용을 다룬다. 교육 대상은 모든 국민이며 학교에서는 학생, 학부모, 교직원을 대상으로 학기별 1회 이상 교육을 실시하도록 되어 있다.

(1) 장애이해교육의 범위와 내용

범 위	내 용
장애이해 전반 교육활동	• 장애 유형, 호칭, 특성 등에 대한 바른 인식 • 장애인 차별금지 및 권리 구제 등에 관한 법률 • '장애인의 날'의 의의, 장애 인식 개선 주간 행사 안내 • 장애인 편의시설 설명 • 특수학급에 대한 바른 이해
장애이해 체험활동	• 장애 이해 관련 도서 소개 및 독후감 쓰기 • 장애 체험 활동
구체적 문제해결 사례	• 장애에 대한 편견 없애기 • 사회적 제약과 불이익 해결 사례 및 방법 소개

(2) 장애이해교육 전략

① 장애 유아와의 접촉 경험 제공

직접적이고 구조화된 접촉은 장애 유아에 대한 비장애 유아의 긍정적인 태도 변화를 가져온다. 장애 유아와의 물리적 통합만으로 장애 유아에 대한 태도 변화를 기대하기 어렵기 때문에 긍정적 상호작용을 유도할 수 있는 기회를 제공한다면 비장애 유아의 긍정적인 태도 변화를 이끌어 낼 수 있다.

② 장애체험활동

장애체험활동은 비장애 유아들이 장애 유아의 입장이 되어 보고 그 느낌이나 감정을 생각해보는 기회를 제공함으로써 장애 유아들을 이해하고 수용하도록 지도하는 것이다. 장애 유아에 대해 단순히 동정심을 느끼게 할 수도 있고 놀이나 게임을 하는 것처럼 여기며 참여하게 될 가능성도 있음을 유념하여 신중하게 진행해야 한다.

③ 역통합교육

역통합이란 또래 친구들이 특수학급으로 찾아오는 형태의 통합교육을 의미한다. 비장애 친구들이 특수학급에서의 수업에 또래 교수의 역할을 하는 것이다. 이러한 역통합교육은 특수학급에 대한 이해를 새롭게 해주고 특수학급에 대한 비장애 유아들의 오해를 해결해 줄 수 있는 계기가 될 수 있으며, 통합학급까지 확대될 수 있는 친구 관계 형성의 계기도 제공할 수 있다.

5) 통합교육의 교육적 효과

(1) 장애 유아 측면

장애 유아의 입장에서 통합교육은 정상 발달을 보이는 또래 모델을 통해 적절하고 나이에 맞는 행동을 관찰할 수 있는 기회가 되며 사회적인 상호작용 행동을 습득하고 의사소통에 있어서 발달을 촉진할 수 있다.

① 장애 유아가 함께 놀고 싶은 친구를 선택할 기회를 갖는다.
② 장애 유아가 갖고 있는 잠재적인 능력을 발휘할 기회를 갖는다. 비장애 유아를 위해 고안된 다양한 자료들이 장애 유아의 흥미를 유발하고 기대하지 않았던 여러 기술을 습득할 수 있는 기회가 될 수 있다.
③ 비장애 유아에게서 배울 수 있는 기회를 갖는다. 비장애 유아의 행동을 관찰하고 모방하며 바람직한 상호작용을 통해 고정적인 행동 양식을 감소시키고 사회적으로 수용될 수 있는 다양한 행동 양식을 배울 수 있다.

(2) 비장애 유아 측면

장애 유아를 통해 사람들마다의 개인차를 인식하고 수용, 이해할 수 있게 되며 발달적, 행동적, 태도적 측면에서 이타적인 사고와 태도를 갖게 된다.

① 장애 유아와의 긍정적 상호작용을 통해 장애에 대한 두려움을 감소시킬 수 있다.
② 사람 간의 차이점과 유사성을 이해하고 장애 유아를 수용하는 것을 학습할 수 있다.
③ 사람들을 돕고 돌보는 것을 배울 수 있다. 장애 유아와 함께 생활하게 되면서 도울 기회를 갖게 되고 나아가 다양한 사회적 행동을 발달시킬 수 있다.
④ 타인을 언제 어떻게 돕는가를 학습할 수 있다. 장애 유아에게 적절한 때에 필요한 만큼의 도움을 주는 사회적 기술을 배울 수 있다.

04 유치원-가정 연계 통합교육

장애 유아가 일반통합에서 성공하기 위해서는 옷 입고 벗기, 화장실 가기, 자기 소유물 관리 등의 신변 처리 및 자기관리 능력과 의사소통 능력, 놀이 및 또래와의 상호작용 능력 등이 필요하다. 부모·형제와의 관계, 집 주위 또래 간의 관계를 통해 도움을 받을 수 있으며 부모의 중재는 그 효과를 높일 수 있다.

① 장애 유아를 인정하고 수용하자. 부모의 장애 수용은 사회의 태도와 직결되므로 여러 모임에 자녀를 데리고 다니고 이웃에게도 자녀의 문제를 솔직하게 이야기하여 필요시 도움을 받을 수 있도록 한다.

② 과잉보호를 하지 말자. 자녀 스스로 해야 할 일과 도와주어야 할 일을 구별하고 부모의 도움이 유아의 나이에 적절한가를 생각하여 지나치게 간섭하지 않는다.

③ 재활의 전문가가 되어야 한다. 부모는 일관성 있는 말과 행동으로 자녀에게 좋은 모델이 되어야 한다. 필요에 따라 이웃에게 자녀를 적절히 대하는 방법에 대해 정보를 주어 과잉보호나 오해가 없고 사회성 발달에 도움이 되도록 한다.

④ 교육에 있어 장기적인 계획을 세운다. 자녀가 성장했을 때 필요한 기술(독립적 거주, 지역사회 참여기술, 직업기술 등)을 지금부터 가르치고 자녀의 발달을 장기적으로 지켜보는 자세를 가져야 한다.

⑤ 부모는 오래 참고 기다려야 한다. 인내심을 가지고 기다려야 하며 이때에는 가족 간의 화합과 결속력이 서로에게 특히 어머니에게 가장 큰 힘이 될 것이다.

⑥ 장애 유아를 위한 일에 적극 참여한다. 장애 유아의 생활 및 인식 개선을 위한 여러 가지 활동에 적극적으로 참여한다.

05 통합교육을 위한 과제

성공적인 통합교육을 위한 법적·정책적 지원과 통합교육의 실제를 지원하는 연구 결과들이 뒷받침됨에 따라 오늘날 특수교육과 일반교육의 관계를 재정립해야 한다는 목소리가 커지고 있다. 통합교육을 위한 앞으로의 노력을 제언하면 다음과 같다.

① 장애와 장애 유아에 대한 이해와 통합교육 필요성 인식이 필요하다. 통합교육의 환경으로 가장 중요한 것은 일반인들이 장애와 장애 유아에 대한 올바른 이해와 통합교육의 필요성을 인식하고 이를 적극적으로 수용하는 것이 선행되어야 한다.

② 특수교육 체제의 연속성과 체계성이 필요하다. 다양한 형태와 수준에서 특수교육이 수행될 수 있는 교육 체제의 연속성과 체계성이 요구된다.

③ 일반학급 규모의 적정화가 요구된다. 장애 학생의 효과적이고 효율적인 통합교육을 위해서는 일반 학급의 크기가 적정해야 한다.

④ 교육과정의 다원화가 필요하다. 지역 수준, 학교 수준, 학급 수준, 교사 수준, 학생 수준의 교육과정으로 분화될 필요가 있다.

⑤ 교사의 양성이 요구된다. 학생의 특성과 요구를 이해하면서 그 위에 장애 학생의 특별한 요구를 이해하고 충족시킬 수 있는 능력이 필요한 것이다.

⑥ 시설·설비의 확충이 필요하다. 장애 유아를 위한 사회환경 조건의 구비는 통합의 중요한 요소이며 물리적 환경의 개선이 있어야 통합교육의 성공을 이룰 수 있다.

핵심내용 및 토의주제

1. 유아교육기관에서 통합학급을 운영하기 위해 교사와 학급 유아들이 어떤 태도와 마음가짐, 준비 등을 해야 하는지 생각을 나눠 봅시다.

2. 통합교육의 형태 중 『역통합의 장단점』을 장애 유아와 비장애 유아 측면에서 이야기를 나누어 봅시다.

학습자 활동

1. 유치원이나 어린이집 현장에서 이루어지고 있는 장애이해교육 실제에 대하여 조사하고 A4 1쪽으로 정리해 봅시다.

2. 「장애인 등에 대한 특수교육법」에 명시하고 있는 통합교육 관련 내용을 조사하여 A4 1쪽으로 정리해 봅시다.

강문희·윤애희·정정옥·이경희(2007). 유치원·보육시설 운영관리. 서울: 학지사.
강숙현(2002). 발달에 적합한 영·유아 평가. 경기: 교육과학사.
강순원 외(2011). 영유아의 마음을 여는 보육학개론. 한신대학교출판부.
경기도교육청(2019). 2019학년도 교원능력개발평가 매뉴얼.
계영애·강정원(2001). 유아 인성교육을 위한 인성적 덕목과 교수전략에 대한 교사들의 인식 연구. 중앙유아교육학회.
고문숙(2014). 유아교육개론. 경기: 정민사.
고미경 외(2007). 유아교사론. 서울: 창지사.
고수미(2011). Piaget와 Vygotsky의 유아놀이론에 관한 비교 연구. 영남대학교 교육대학원 석사학위논문
곽덕영 외(2009). 유아교육기관 운영관리의 이론과 실제. 서울: 학문사.
교육과학기술부(2012). 유아 인성교육을 위한 부모 훈련 프로그램 및 연수자료집.
교육과학기술부(2012). 유치원 기본과정 내실화를 위한 인성교육 프로그램.
교육부(2013). 3-5세 연령별 누리과정 해설서.
교육부(2014). 유아교육법.
교육부(2019). 2019 개정누리과정 놀이 이해 자료. 세종: 교육부.
교육부(2019). 교원능력개발평가 제도개선 연구.
교육부(2020). 2019 개정누리과정 현장지원자료(고시문, 해설서).
교육부(2020). 교원자격검정 실무편람.
권영례·김소라 공저(2015). 영유아교사론. 경기: 양서원.
권혜진·김경은 외(2016). 아이와 교사가 즐거운 놀이지도. 경기: 양서원.
김명희(2011). 다중지능에 의한 유아교육 프로그램 평가. 서울: 창지사.
김민영(1997). 幼兒期 父母의 社會階層別 놀이 認識에 관한 硏究. 전북대학교 교육대학원 석사학위논문
김연진·박해미·연미희·최은숙·한은경(2013). 유아교육개론. 서울: 태영출판사.
김영모·표갑수·홍금자·김진이(1999). 아동보육개론. 한국복지정책연구소.
김옥련(1993). 유치원경영관리. 경기: 교육과학사.
김주건(1999). 유아교육기관의 경영관리. 서울: 창지사.
김지은 외(2006). 유아관찰 및 평가. 경기: 양서원.
김향자·연미희·한은경(2017). 유아교육개론. 서울: 동문사.

참고문헌

두산백과사전. EnCyber & EnCyber.com

류진순(2003). 실외놀이터의 질적 수준에 따른 유아의 실외 상상놀이에 관한 연구. 덕성여자대학교 대학원 석사학위논문.

명지전문대학 부속유치원 편(2015). **명지전문대학 유치원교육과정**. 고양: 공동체.

문미옥(2008). **영유아 교육과정**. 서울: 창지사.

박진이·마혜진·이정욱(2019). 2007 개정유치원 교육과정과 3-5세 연령별 누리과정의 비교를 통해 살펴본 교육과정 적정화 방안 탐색. 한국유아교육학회 Vol.39 No.2

방인옥(2008). **유아교육개론**. 경기: 정민사.

배미경(2012). 프로젝트 접근법이 유아의 사고력 증진에 미치는 영향. 한국보육지원학회 8 (8): 157-177.

보건복지부(2013). 어린이집 표준보육과정 교사용 지침서. 세종: 보건복지부 육아정책연구소.

보건복지부(2014). 영유아보육법.

보건복지부(2017). 어린이집 원장·보육교사 자격검정 업무편람.

보건복지부(2020). 표준보육과정.

서명원·유경량·채승희·권미혜(2013). **놀이지도**. 경기: 파워북.

송진숙·권희경·김순기(2006). **결혼과 가족, 그리고 부모됨**. 서울: 창지사.

신유림 외(2014). **놀이지도**. 서울: 창지사.

신은수·김명순·신동주·이종희·최석란(2002). **놀이와 유아**. 서울: 이화여자대학교 출판부.

신은수·김은정·유영의·박현경·백경순(2011). **놀이와 유아교육**. 경기: 학지사.

신화식 외(2004). **영유아교육 프로그램**. 서울: 교문사.

신화식(2007). **개별화 교육을 위한 몬테소리 이론과 실제**. 경기: 양서원.

신화식(2011). **영유아교육 프로그램**. 경기: 교문사.

심우엽(2005). 놀이와 아동 발달 및 교육. 한국초등교육학회 초등교육연구 Vol.18 No.1.

심재연(2011). 유아놀이 유형과 유아의 언어·사회적· 정서능력과의 관계 분석. 중앙대학교 대학원 석사학위논문.

양옥승·나은숙·신은미·조유나·황혜경(2015). **유아교육개론**. 파주: 정민사.

연미희·김진숙(2015). **부모교육**. 서울: 동문사.

염승렬 외(2008). 대학부설 과학영재교육원의 교육활동에 대한 대학생이 된 수료생의 평가. 한국과학교육학회지 Vol.28 No.1.

윤기영·서규선·김지영·조경희·이미숙(1997). 유아교육기관의 통일교육. 서울: 창지사.

이경화·김동춘·김정원·조화연·전선옥·이연규·이문정(2013). 유아교육개론. 경기: 양서원.

이기숙(2010). 유아교육과정. 경기: 교문사.

이기숙·강수경(2012). 유아교육기관평가. 서울: 창지사.

이기숙·장영희·정미라·엄정애(2016). 유아교육개론. 경기: 양서원.

이기숙·홍순정(2013). 유아교육과정. 한국방송통신대학교출판문화원.

이상은(2007). 유아교육기관의 실외놀이 활성화를 위한 기초조사 및 프로그램 개발. 덕성여자대학교 대학원 박사학위논문.

이소영·임재택(2020). 아이중심 놀이중심 관찰 기록. 경기: 공동체.

이숙재(2001). 유아놀이활동. 서울: 창지사.

이숙재(2014). 영유아 놀이의 이론과 실제. 서울: 창지사.

이순형·민하영·권혜진·정윤주·한유린(2012). 부모교육. 서울: 학지사.

이연섭 외(2001). 흔들리는 가정과 교육. 서울: 교육과학사.

이연섭·이성숙 역(2002). (새들을 위한 놀이공원 프로젝트에서) 분수. 서울: 다음세대.

이영석(2000). 포트폴리오 평가방법의 적용 원리와 실제. 서울: 교육과학사.

이영자(2006). 유아교육기관 운영관리. 서울: 창지사.

이윤경·문혁준·안선희·김선영·김성희·김지은·나종혜·신인숙·천희영·최은미·황혜신·황혜정(2013). 유아교육개론. 서울: 창지사.

이윤경·전진아·이지영(2014). 자폐 범주성 장애 위험 영아와 언어발달지체 영아의 의사소통적 제스처 사용 비교. 한국자폐학회 자폐성 장애연구 Vol.14 No.3.

이윤식·김재웅·진동섭(2018). 교육행정 및 학교경영의 이해. 서울: 교육과학사.

이윤옥(1998). 유아를 위한 인성교육 프로그램. 서울: 창지사.

이은해(2003). 어린이집 프로그램 관찰척도 사용지침. 서울: 다음세대.

이은화(1998). 교육개혁과 유아교사 양성기관의 발전 과제. 한국교사교육 15(1), 11-56.

이은화·배소연·조부경(2001). 유아교사론. 경기 : 양서원.

이재연·김경희(1993). 부모교육. 파주: 양서원.

이정환·박은혜 외(2003). 유아교육개론. 이화여자대학교출판문화원.

이화정(2000). 실외놀이시설에 대한 유아의 선호도와 놀이시설별 유아의 놀이 형태. 덕성여자대학교 대학원 석사학위논문.

임부연·오정연·최남정(2008). 비구조적인 자유놀이 시간에 유아들이 보여주는 '진짜 재미있는 놀이'에 대한 현상학적 연구. 유아교육연구. 28(1), 185-209.

임수양·권세경(1999). 유아놀이지도. 지선사.

임재택(2001). 유아교육과정. 경기: 양서원.

임재택(2001). 유아교육기관 운영관리. 경기: 양서원.

임재택·하정연·조채영(2002). 선생님! 바깥놀이 해요. 경기: 양서원.

임혜숙(2012). 창의적 인성개발. 한국학술정보.

장상옥·로레인 맥스웰(2009). 보육시설의 흥미영역 계획을 위한 한국과 미국 유아놀이의 유형과 집중시간 비교. 대한건축학회 논문집 : 계획계 Vol.25 No.2.

정경용(2006). 프로젝트 접근법이 유아의 문해력 증진에 미치는 효과. 한국아동교육학회 15 (15): 299-310.

정길택(2015). 놀이속성과 어린이 놀이시설의 관계연구. 단국대학교 대학원 박사학위 청구논문.

정미라 외(2006). 자녀양육과 부모. 파주: 양서원.

조복희(2010). 아동발달. 파주: 교육과학사.

조복희·곽혜경·김혜순·연미희·이영환·장혜자(2014). 유아발달. 파주: 교육과학사.

조복희·이윤형(2020). 영유아발달. 파주: 교육과학사.

조부경·백은주·서소영(2001). 유아교사의 발달을 돕는 장학. 경기양서원.

중앙육아종합지원센터(2013). 어린이집 원장 및 보육교사 윤리강령.

지성애(2012). 놀이지도. 경기: 정민사.

지옥정 외(2020). 유아교육개론. 서울: 창지사.

지옥정·김수영·정정희·고미애·조혜진(2013). 유아교육개론. 서울: 창지사.

채영란(2015). 유아교육개론. 경기: 정민사.

최명숙(2002). 유아 놀이에 대한 유치원 교사와 초등학교 교사의 인식 비교. 전남대학교 교육대학원 석사학위논문.

최민수(2011). 유아교육현장에서의 영유아 인성교육 방안 모색. 한국유아교육·보육행정연구, 15(4).

한국보육진흥원(2019). 어린이집 평가제.

한국보육진흥원(2020). 어린이집 평가매뉴얼.

한국아동학회(2001). **아동발달백서**. 한국아동학회.

한국유아교육학회(1999). **유아교육사전: 용어편**. 서울: 한국사전연구사.

한만길(2001). **통일교육의 이론과 실천-평화와 통일을 위한 교육**. 파주: 교육과학사.

황해익(2015). **보육교사론**. 경기: 정민사.

Almy, M.(1975). *The early childhood at work*. New York : McGraw-Hill.

Armstrong, T.(1994). *Multiple Intelligence in the classroom*, 전윤식·강영심 역(1999). 복합지능과 교육. 서울 : 중앙적성출판사.

Campbell, B.(1997). Variations on a theme. How teachers interpret multiple intelligences. *Educational Leadership*, 55, 14-19.

Campbell, L., & Campbell, B. (1999). *Multiple intelligences and student achievement* : Success stories from six schools. Alexandra, VA : ASCD.

Carol Seefeldt & Nita Barbour(1987). Functional play: A tool for toddler learning, *Day Care and Early Education volume 14*, pages 6-9.

Davies, M.(1996). Outdoor: An important context for young children's development. *Early child development and care*, 115, 37-49.

Decker, C. A., & Decker, J. R.(1992). *Planning and administering early childhood programs*, 5ed, Macmillan Publishing Company.

Dempsey, J. D., & Frost, J. L.(1993). *Play environments in early children education. In B. Spodek. (Eds.), Handbook of research on the education of young children*. NY: Mamaillan.

Duvall, E. M.(1977). *Marriage and family development*(5th Ed). Philadelphia: J. B.: Lippincott.

Edwards, C.(1998). *The hundred languages of children: The Reggio Emilia approach - advanced reflections*. Ablex Publishing.

Elias, M. J.(2004). The Connection between social-emotional learning and learning disabilities : Implications for intervention. *Learning Disability Quarterly*, 27(1), 53-63.

Ellis, M. J.(1973). "Why People Play"(Book Review), *Journal of Leisure Research; Arlington, Va., etc.* Vol. 5, Iss. 3(Summer 1973): 73.

Frost, J. L.(1992). *Play and playscapes*. Albany, NY: Delmar.

Frost, Joe L. Klein, Barry L(1979). *Children's play and playgrounds*, Boston : Allyn and Bacon, c.

Gardner, H.(1993). *Multiple intelligence : The theory in practice*, 김명희 역(1998). 다중지능 : 이론과 실제. 경기: 양서원.

Gardner, H.(1998). The hundred languages of children: The Reggio Emilia approach to early childhood education, advanced reflections. *Ablex Publishing* 15-18.

Goodwin, W. L., & Driscoll, L. A.(1980). *Handbook for Measurement and Evaluation in Early Childhood Education*. Washington: Jossey-Base.

Hatch, J. A. & Freeman, E. B.(1998). Kindergarten philosophies and practices : Perspective of teachers, principals, and supervisors. *Early Childhood Research Quarterly*, 3, 151-166.

Henniger, M. L.(1994). Planning for outdoor play. *Young Children*, 49(4), 10-15.

Hoerr, T.(2000). *Becoming a Multiple Intelligences School*. Alexandria, VA: Association for Supervision and Curriculum Development(ASCD).

Hughes, C., & Ensor, R.(2008). Does executive function matter for preschoolers' problem behaviors? *Journal of Abnormal Child Psychology*, 36(1), 1-14.

Hughes, C., & Ensor, R.(2011). Individual differences in growth in executive function across the transition to school predict externalizing and internalizing behaviors and self-perceived academic success at 6 years of age. *Journal of Experimental Child Psychology*, 108(3), 663-676.

Johnson, J. E., Christie, J. F., & Wardle, F.(2005). *Play, development, and early education*. Boston: Pearson / A and B.

Johnson, J. E., Christie, J. F., & Yawkey, T. D, 신은수 외 공역(2001). 놀이와 유아교육. 서울: 학지사(원서 1987 출판).

Kagan, S., & Kagan, M.(1998). Multiple intelligence : *The complete book. San Juan Capistrano*, CA : Kagan Cooperative Learning.

Katz, L. G.(1972). Developmental stages of preschool teachers. *Elementary School*

Journal, 73, 50-54.

Katz, L., & Chard, S.(2000). *Engaging children's minds: The project approach* (2nd ed.). Stamford, CT: Ablex.

Katz. L. G.(1995). 유아들의 마음 사로잡기. 이화여자대학교출판부.

King, N.(1982). Work and play in the classroom. *Social Education*, 46. 110-113.

L. C. Katz and C. J. Shatz(1996). Synaptic Activity and the Construction of Cortical Circuits, *New Series*, Vol. 274, No. 5290(Nov. 15, 1996), pp. 1133-1138.

Le Master, E. E., & De Frain, J.(1983). *Parents in contemporary America*(4th. ed.). Homewood: The Dorsey Press.

Malaguzzi, L.(1998). The hundred languages of children: The Reggio Emilia approach - advanced reflections. *Ablex Publishing*. 41-89.

Martlew, J., Stephen, C., Ellis, J.(2011). Play in the primary school classroom? The experience of teachers supporting children's learning through a new pedagogy, *EARLY YEARS -STOKE ON TRENT*-Vol.31 No.1.

Mitchell, L. M.(2007). Using technology in Reggio Emilia-inspired programs. 46(46): 32-39.

Pellegrini, A. D.(2009). *The role of play in human development*. Oxford University Press.

Peters, D. L., Neisworth, J. T., & Yawkey, T. D.(1985). *Early childhood education: From theory to practice. Monterey*, CA: Brooks & Cole Publishing Company.

Piaget, J.(1962). Play, *dreams and imitation in childhood*. New York: Norton.

Rubin, K. H.(1977). Play behaviors of young children. *Young Children*, 32(6), 16-24.

Rubin, K., Fein, G., & Vandenberg, B.(1983). play. In P. H. Mussen & E. M. Hetherington(Eds.), *Carmichaels manual of child psychology. Social development* (vol. 4). N.Y: John Wiley & Lons.

Saracho, D. N.(1988). A Study of the roles of early childhood teachers. *Early Child Development and Care*. 38, 43-56.

Simmons, S.(2001). Multiple intelligence at the middle level : Models for learning in art and across the disciplines. *Art Education, May*, 18-24.

Slavin, R.E.(1994). *Using Student Team Learning*(2nd Ed.). Baltimore, MD: Johns

Hopkins University, Center for Social Organization of Schools.

Smilansky, S.(1968). *The Effects of Sociodramatic Play on Disadvantaged Preschool Children*. New York: John Wiley & Sons.

Spodek, B.(1987). *Early childhood teacher beliefs*. Paper presented in annual meeting of American Educational Research Association. Washington. D.C.

Spodek, B.(1995). Professionalism and early childhood practitioner. *Early Child Development and Care*, 114, 65-79.

Sylva, K., Roy, C., & Painter, M.(1980). *Child Watching at Playgroup and Nursery School: Oxford Pre-School Research Project*. London: Grant McIntyre.

Thomas, R. M.(1992). *Comparing theories of child development*(3rd Ed.). Balmont, C. A.: Wadsworth Publishing Co.

Vaghn, S., & Klingner, J. K.(1999). Teaching reading comprehension through collaborative strategic reading. *Intervention in School and Clinic*, 34, 284-293.

Valsiner, J.(1997). *Culture and the development of children's action*(2nd Ed.). N. Y.: John Wiley & Sons, Inc.

Veevers, J.(1973). *Voluntarily childless wives: An exploratory study*. Sociology and Social Research, 57, 356-366.

Veevers, J.(1973). *Voluntarily childless wives: An exploratory study. Sociology and Social Research*, 57, 356-366.

Wing, L. A.(1989). The influence of preschool teacher's beliefs on young children's conceptions of reading and writing. *Early Childhood Research Quarterly*, 4, 61-74.

Wiseman, D. L, Cooner, D. D. & Knight, S. L.(1999). *Becoming a teacher in a field-setting*. Wadsworth Publishing Company.

[참고사이트]

건강지원센터 http://www.familynet.or.kr

교육부 http://www.moe.go.kr

유아교육진흥원 http://seoul-i.sen.go.kr

유치원 알리미 http://e-childschoolinfo.moe.go.kr

육아정책연구소 http://kicce.re.kr
육아종합지원센터 http://central.childcare.go.kr
한국가베교육협회 http://gabe.or.kr
한국보육진흥원 http://www.kcpi.or.kr

저자소개

연미희
미국 오레곤주립대학 대학원(유아교육) 교육학석사
경희대학교 대학원(아동학) 가정학박사
현 명지전문대학 유아교육학과 교수

한은경
한국교원대학교 대학원(유아교육) 교육학석사
성신여자대학교 대학원(유아교육) 박사과정수료
현 공립병설 김포금빛유치원 원감

유아교육개론

초판 1쇄 발행 / 2021년 3월 1일
초판 2쇄 발행 / 2025년 3월 20일

공저자 / 연미희 · 한은경
발행인 / 이 중 수
발행처 / **동 문 사**

서울특별시 서대문구 홍제원 1길 12
(홍제동 137-8)
Tel : 02)736-3718(대), 736-3710, 3720
Fax : 02)736-3719
등록번호 : 1974.04.27 제9-17호
가격 : 20,000원

ISBN : 979-11-6328-271-6(93370)
E-mail : dong736@naver.com
www.dongmunsa.com